故乡记忆

Hometown Memory

晚清以来中西部村落文化变迁

The Changes of Village Culture in Central and Western China since the Late Qing Dynasty

2014年度国家社科基金项目「近代以来传统农区村落文化共同体研究」（14BZS113）

河南省第九批重点学科「思想政治教育」学科经费资助

贾滕 著

社会科学文献出版社

SOCIAL SCIENCES ACADEMIC PRESS (CHINA)

目 录

绪 论

一 国内外研究现状及选题的价值和意义

（一）研究对象

传统农区是以农耕生产为主且农耕历史悠久、农耕文化影响深远的社会经济区域，[①] 本书尤其关注当今以农业经济为主而仍然不够发达的中西部地区——既关注其区域经济特点，更关注其社会文化特点及其历史变迁。所涉区域范围与学界通常所指的"中原""华北"大体重合，同时考虑到山西汾河平原、陕西关中平原以及南阳盆地等地悠久的农耕历史以及传统文化的延续性，也将这些地区作为本书的关注对象。无疑，商业与交通运输业的发展进步，削弱了冀朝鼎所说的基本经济区的封闭性，但悠久的农业经济历史以及所形成的生活方式、礼俗文化，仍然是近代以来社会文化变迁的基础。

中国传统农耕文化产生于农业生产生活的实践之中，为农业生产服务，维持乡村生活秩序，追求"天人合一"的"和谐"精神。因而，"村

[①] 冀朝鼎给出了中国历史上基本经济区的定义："……在漫长的历史时期中，中国的经济结构，最初是由千百万个在不同程度上能自给自足的村落所组成，这些村落一般都是为了行政管理与军事行动上的需要而编制成的一种较大的组织形式（的一个基本单元）。……中国商业发展的水平，从来都没有达到能克服农业经济的地方性和狭隘的闭关状态的程度。……中国的统一与中央集权问题，就只能看成是控制着这样一种经济区的问题：其农业生产条件与运输设施，对于提供贡纳谷物来说，比其他地区，要优越得多……"（见冀朝鼎《中国历史上的基本经济区与水利事业的发展》，朱诗鳌译，中国社会科学出版社，1981，第9~10页）据此本书认为，与历史上主要发展农业经济的地方性区域相适应的生产生活方式，奠定了传统农业区域的村落文化共同体的基础。

落文化共同体"是指传统农区村落中因世代居住而相互熟悉，具有某种共同价值观念、共同行为规范从而有别于村落之外群体的较为稳定的文化行为主体构成的集体。这里的文化主体，是"结构—形势—环境"中的行为主体，而村落文化共同体是文化主体与其社会联系、生产生活环境的统一体，它们可以在给定的相对稳定的社会结构中，在共同认同、自觉遵从的"规范"下达成"集体行动"。因而村落文化共同体也可以理解为处于"礼俗社会"中，认同村落主流文化且被主流文化认同的文化共享群体，直接体现为在基于历史影响与现实结构制约的具体场景中当事者的相似行为及其集体行为。

近代以来，在国家主导现代化发展模式背景下，社会急剧转型，村落文化共同体的嬗变非但受村落"环境"影响，而且日益受"国家—民间"—"市场"多重互动关联因素的制约。

（二）国内外研究现状

随着现代化进程的加快，以及随之而来的城镇化的推进，迥异于传统甚至迥异于过去时日的"三农"问题凸显，引起学界对近代以来中国乡村文化变迁问题的极大关注，其研究多以"现代化"与"国家—民间"两种范式进行。

（1）"现代化"范式。代表性人物主要有陆学艺①、王沪宁②等。需要指出的是，费孝通③、许烺光④、李银河⑤、张思⑥、段友文⑦等社会学、人类学、民俗学学者对中国乡土文化特质的研究及其对中西文化的比较研究，在现代化视角下具有基础性意义。一般来说，现代化视角下的研

---

① 陆学艺：《"三农论"——当代中国农业、农村、农民研究》，社会科学文献出版社，2002。

② 王沪宁：《当代中国村落家族文化——对中国社会现代化的一项探索》，上海人民出版社，1999。

③ 费孝通：《乡土中国 生育制度》，北京大学出版社，1998。

④ Francis L. K. Hsu, *Under the Ancestors' Shadow*: *Chinese Culture and Personality*, New York: Columbia University Press, 1948; Francis L. K. Hsu, *Moving a Mountain*: *Culture Change in China*, *Contributor and Editor*, with Godwin C. Chu, Honolulu: University of Hawaii Press, 1979.

⑤ 李银河：《生育与村落文化·一爷之孙》，文化艺术出版社，2003。

⑥ 张思：《近代华北村落共同体的变迁》，商务印书馆，2005。

⑦ 段友文：《黄河中下游家族村落民俗与社会现代化》，中华书局，2007。

究往往比照西方，预设"标准"，以"实"证"理"，以"传统—现代"二分法进行对比研究。在工业化、城市化加速发展，社会急剧转型的背景下，此类研究对于我们了解村落的开放状况、村落文化的凝聚力状况以及乡村文化在"传统—现代""中—西"等矛盾之下的流变等，具有重要的"一般性"意义；而在此范式下基于历时性考察的文化人类学研究，对于认识乡村文化的特质及其变迁的地域性特征等，具有"特殊性"意义。

一般来说，宏观的现代化研究往往因其预设"乡村同质化"而忽视乡村（村落）文化的地域性、个体差异性等，微观解释力度不够；微观的文化人类学研究对于乡村（村落）文化的成因与变迁机制的一般规律性解读，在如何"以小地域凸显大学术"方面，还需要进一步放在区域文化变迁的背景下进行拓展。

（2）"国家—民间"范式。杜赞奇[1]，弗里曼、毕克伟、赛尔登[2]等西方学者通过"权力的文化网络"、国家与乡村的互动来研究中国乡村问题，在强调"国家"对村落文化产生巨大影响的同时，也注意到传统文化仍在村民的生产生活中发挥着独特的作用；张济洲[3]、林聚任等[4]通过历时性的村落个案研究，梳理了具体场域中"国家—民间"互动中的乡村文化变迁。而梁漱溟[5]提出的"文化复兴—乡村学校化"建设模式，李亦园[6]提出的"大传统"与"小传统"概念，也有明显的"国家—民间（社会）"论述指向；研究当代乡村问题的学者，如于建嵘[7]、贺雪峰[8]以及王铭铭、王斯福[9]等，围绕当代社会转型之下的"治理"问题等，对乡村（村落）

---

① 〔美〕杜赞奇：《文化、权力与国家：1990—2014 年的华北农村》，王福明译，江苏人民出版社，2003。
② 〔美〕弗里曼、毕克伟、赛尔登：《中国乡村，社会主义国家》，陶鹤山译，社会科学文献出版社，2002。
③ 张济洲：《文化视野下的村落、学校与国家：一个地方社区基础教育变迁的历史人类学考座》，教育科学出版社，2011。
④ 林聚任等：《一个北方村落的百年变迁》，社会科学文献出版社，2013。
⑤ 梁漱溟：《乡村建设理论》，上海人民出版社，2006。
⑥ 李亦园：《文化与行为》，台湾商务印书馆，1966。
⑦ 于建嵘：《岳村政治：转型期中国乡村政治结构的变迁》，商务印书馆，2001。
⑧ 贺雪峰：《新乡土中国》，广西师范大学出版社，2003。
⑨ 王铭铭、王斯福主编《乡土社会的秩序、公正与权威》，中国政法大学出版社，1997。

文化进行了深刻剖析——"国家"对乡村的制约性影响不容否定，但各具特点的"乡村"对"国家"的不同能动反应也是不争的事实。如何借助相关理论，基于较长时期的近代中国乡村（村落）文化变迁的本土实践，建构"微观"（"村落"）与"宏观"（"国家"）互动机制，提出切实可行的乡村文化发展路径，仍是我们面临的现实问题。

以上划分梳理仅具相对意义，很多研究往往两种范式综合使用，它们相得益彰。其实，正是正统意识形态与朴素乡里道义的有机结合，构成了中国几千年社会运行的基础。因此，立足于村落文化共同体中行为主体的复杂适应性特点，根据"国家"力求在主流价值观、共同信仰下达到的"集体行动"目标，围绕市场经济理念日渐深入影响乡村的背景，对"国家—乡村"文化良性互动的达成与否进行探讨，应该是一个较好的研究视角。

（三）选题的价值和意义

揆诸历史，基于传统农区经济、地理的独特性，探究村落文化共同体生成、演变机制，在"国家—民间"互动共生的逻辑框架下，提出当代中国城镇化进程中村落文化共同体重构的有效策略——回归"国家—民间"文化结合机制，这对于总结"中国式"经验、拓展现代化理论，对于当下的新农村建设、新型城镇化过程中的农村社区建设实践，均具有重要意义。

二　主要内容、研究思路、研究方法、创新之处

（一）主要内容

以"国家—民间"关系为主线，探讨近代以来社会转型对传统农区村落文化共同体演变产生的影响；探讨村落场域中，文化"主体"的适应性反应以及文化主体行为模式的改变导致的村落文化共同体变动机制；以一个传统农区典型村落百年变迁为个案，考察不同历史时期的"国家"在场与村落文化主体行为模式的变化情况以及村落文化共同体的解构与重构历程，进而提出当代村落文化共同体的重构策略。

具体来说，从村落文化主体的生存状况、行为以及村落话语体系等的"变"与"常"出发，描述历时性的微观场域下村落中的"国家"与"民

间"的互动：1949 年以前，在"国家"逐渐加强"汲取乡村资源"以及乡村日益衰败背景下，村落利益分化、村落文化共同体渐趋解体；1949～1978 年，主流文化对农村（村落）进行改造与村落传承的习惯、习俗、观念等的"拒"与"迎"，以及在主流文化影响下，形成了异于传统的村落文化共同体；改革开放以来，在现代化进程加快、社会急剧转型、"国家"有限"退出"的背景下，村落开放性增强、人口流动加快、个人主体性逐渐显现等对村落"规范"认同的冲击，以及由此导致的村落范围集体行动难以达成、村落文化共同体变化等。本书以一个传统农区典型村落百年变迁为例，大体对应以上三个时段进行微观考察。着重从作为村落文化"主体"的人、家庭等的行为模式（行事方式）、家庭结构功能，以及村落社会结构功能、共同利益与共识的变化等方面，分析村落文化共同体的解构与重构过程。

在"国家—民间"视域下，宏观、微观考察村落文化共同体变迁的基础上，根据"'国家'的外在强制、社会的转型等固然可以对村落文化产生巨大的影响，但同时文化'主体'在具体的生产生活经验中积累起来的文化仍然在生产生活中发挥着重要作用"①，以及村落仍然承担着共同生产生活的功能、村落规范仍然具有维持秩序的功能等基本事实，提出在当代新农村文化建设中，应该根据文化共同体生成演变的内在规律，发挥文化主体的主观能动性，在"国家—民间"互动中，重建新型农村社区文化共同体；通过"器物""制度""价值"等三个层面的结合，以社会主义核心价值观为引领，以经济发展为基础，以"组织"为载体，以制度为保证，发挥文化"主体"的能动性，以"地域化、特色化、专业化"等方式，在微观场域下以"事"成"己"、成"物"、成"人"，把"大道理"与"传统文化习俗"统一起来，重建村落文化生态系统，进而实现村落文化共同体的重构。

---

① 陈春声：《信仰空间与社区历史的演变——以樟林的神庙系统为例》，《清史研究》1999年第 2 期，第 1～13 页。

（二）研究思路

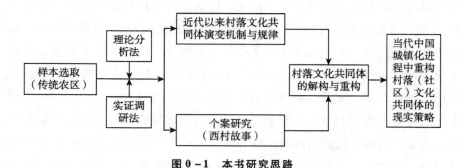

图 0-1　本书研究思路

（三）研究方法

　　实证调研法。通过档案查阅、现场观察、问卷调查、个别访谈等方法，分析乡村文化变迁的实然状态。

　　理论分析法。斐迪南·滕尼斯在《共同体与社会：纯粹社会学的基本概念》中指出，共同体是由具有共同习俗和价值观念的同质人口所组成的彼此关系密切又富有人情味的社会团体，是一种依存关系即共同体状态。据此，本书认为，中国村落，尤其是传统农区村落，由于农耕生活方式，持久地保持与农田和房屋的关系，形成了由血缘、亲缘、宗缘、地缘等社会关系网络构成的共同体生活。同时，根据系统论，村落文化共同体是一个微观社会单位，是社会大系统中的微观子系统，具有独特的结构与功能，而个人与家庭则是村落文化共同体内的行动单位、构成系统的行为主体。共同体在安全、生产生活秩序等方面满足主体的共同需求——能够满足主体的需求是共同体存在的前提，不能满足主体的需求是共同体走向解体的内因。文化共同体功能能否充分发挥以及文化共同体是否解体，取决于文化主体是否愿意依照村落传统规范行事，村落范围内能否达成某种程度的"集体行动"。本书还认为村落文化秩序是杜赞奇"权力文化网络"理论、施坚雅"基层市场共同体"理论的基础。

　　通过梳理相关研究成果，在分析现有文献资料的基础上，本书将厘清乡村文化变迁的实然状态，探究其驱动力量。

（四）创新之处

　　视角创新。本书以"国家—民间"关系为主线，凸显文化主体的地位和作用，在社会文化行为主体的"复杂适应性"特点与国家建构"集体行动"目标之间，寻求联结机制。本书在"国家—民间"互动视角下，立足于文化主体的复杂适应性特征，认为乡村文化演变的实然逻辑与应然逻辑之间有着具体的联结机制，即体现为联接"国家"与村落社会的"关键人"的"行事"及其影响；进而认为在国家引导下，充分发挥文化主体的能动性作用，通过村落文化主体的自组织，通过村落文化主体的"做事"①，从"器物""制度""价值观"三个层面，重建村落共识，构建新型的村落（社区）文化共同体，从而促成符合民族国家宏观利益的微观层面的"集体行动"。

---

① 关于"事"与人、"事"与现实世界，以及"事"之成德、成人，"事"的规范、意义等，可参见杨国荣《成己与成物：意义世界的生成》，人民出版社，2010；杨国荣《人与世界：以"事"观之》，生活·读书·新知三联书店，2021；赵汀阳《第一哲学的支点》，生活·读书·新知三联书店，2017。

第一章

近代以来的传统农区以及村落文化共同体

杜赞奇认为："在 20 世纪前半期的乡村中国，有两个巨大的历史进程值得注意，它们使此一时期的中国有别于前一时代：第一，由于受西方入侵的影响，经济方面发生了一系列的变化，第二，国家竭尽全力，企图加深并加强其对乡村社会的控制。"[①]

一方面，随着 20 世纪初大规模铁路的修筑，尤其是陇海铁路、芦汉铁路的修建，华北传统农区与沿海、沿长江口岸地区之间的经济交流大大加强，直接把区域内乡村纳入了世界资本主义市场体系之中——对 20 世纪二三十年代华北平原，特别是对那些历史上种植经济作物以及新引入经济作物的区域的研究也证明了这一点。[②] 世界资本主义的入侵对华北经济的影响逐步加深，逐渐改变着这一地区小农经济的本质，瓦解了乡村社会原来的文化秩序。另一方面，在内外交困之下，清政府主动求变，施行新政，并基于增加国家财政收入考虑，于 20 世纪初，将国家权力向乡村扩张。国家权力在乡村的扩张改变了乡村社会的政治、文化及社会联系。

[①] 〔美〕杜赞奇：《文化、权力与国家：1900—1942 年的华北农村》，王福明译，江苏人民出版社，2003，第 1 页。

[②] 彭南生、贾滕：《论近代农户收入的制约性因素——以 20 世纪二三十年代的华北棉农为例》，《史学月刊》2008 年第 1 期，第 107～115 页。

第一节　晚清至民国传统农区的嬗变

"社会选择哪一种稳定的均衡，将由历史来决定。"① 中华文化是一个具有地域特色的文化共同体，本书研究的对象"传统农区"其实也有不同的区域社会文化特点。例如，历史上屡遭灾害侵袭的豫东、皖北的区域社会变迁，相对于邻近区域更具典型性，天灾人祸对社会的变迁具有原发性影响。

中原传统农区灾害频仍、兵连祸结，农民生活痛苦不堪的悲惨情景历史上并不鲜见。河南内黄县现存刻于清代顺治元年（1644）的"荒年志碑"载："崇祯十二春，旱风相仍，麦减收，至六月，大旱，蝗虫遍残，四谷减收，至冬月，不降片雪……十三年春，红风大作，麦死无遗，受饿者面黄身肿，生瘟疫死者有半……十四年春，红风又作，麦死无遗……十五年至冬十一月，鞑兵遍至，杀人民，官兵甚多……十七年，闯王获京都，逼死崇祯，府县建官，国号大顺……及鞑王摄政，国号大清，改为清顺治元年……特志。"② 碑文反映了明清之际天灾人祸接二连三、乡村残破不堪之景象。

一　水旱灾害冲击

外患往往始于内忧。孕育中华民族农耕文明的黄河、淮河，自晚清以来屡有决口，致使水灾频发。

以黄河为例。1841 年安徽巡抚程楙采奏："据查豫省黄河漫水，灌入亳州涡河，复由鹿邑归并入淮，以致各属被灾较广，小民荡析离居。"③ 1842 年黄河"下游各处间被淹浸，又兼江水盛涨，江宁、安徽、江西、湖

---

① 〔英〕罗伯特 D. 帕特南：《使民主运转起来：现代意大利的公民传统》，王列、赖海榕译，江西人民出版社，2001，第 4~5 页。
② 此"荒年志碑"原立于内黄县城西南 23 公里井店乡小集王尉村，1954 年移置井店乡政府院内，原刻碑文阴刻也被复原。见王毓主编《河南档案珍品评介》，河南省档案局，1997，第 163~164 页。
③ 《清实录》第 38 册，《宣宗成皇帝实录》（六）卷 355，中华书局，1986，第 415 页。

北等省，均有被灾地方"①，而豫、皖二省受灾最重。时任翰林院检讨曾国藩在家书中亦云："河南水灾，豫楚一路，饥民甚多，行旅大有戒心。"在另两信中，他还讲到，黄河决口后，费银500余万两，河工始告竣，但至"腊底又复决口"，至次年4月3日（二月二十三日）才重新合龙。②

因流民众多，统治者深恐激化社会矛盾，多方设法加以控制，如程棻采《心师竹斋章牍存稿》提出："皖省江北民情犷悍，本年黄水为灾，无业游民，难保不流为盗贼，欲其不为匪而归我用，莫如召募之一法。"③ 清廷多次发布谕旨，缓征或蠲免豫、皖受灾地区地丁钱粮。这些地区包括河南的祥符、陈留等56州县，安徽的和州、怀宁等43州县。

1875年（光绪元年，乙亥年），山西、河南、陕西大饥，赤地千里。灾害持续数年，史称"丁戊奇荒"。对此，谭嗣同《刘云田传》云："光绪初元，山西、陕西、河南大饥，赤地方数千里。句萌不生，童木立槁，沟渎之殣，水邕莫前，殂夕横辙，过车有声，札疠踵兴，行旅相戒。"④ 证之其他资料，似非过分夸张。如《清史稿》之《夏同善传》云："光绪元年……晋、豫饥，请移海防关税经费恤之。"⑤ 《宗室宝廷传》云："晋、豫饥，应诏陈言，请罪己，并责臣工……复以灾广赈剧，请行分贷法。"⑥ 《黄体芳传》云："晋、豫饥，请筹急赈，整吏治，清庶狱。"⑦ 薛福成在光绪二年（1876）代李鸿章起草的信中更称："客岁南北荐饥，晋、豫尤甚。灾区之广，饥民之多，实二百年来所仅见。而劝赈之檄，逮于十省……"⑧ 但10月31日（十月初三日）上谕只轻描淡写地称"山西太原及右玉等处粮价昂贵""河南各属间有积水"。⑨

民国代清，但灾害并无稍减。1920年，黄河流域亢旱异常，直、鲁、

---

① 《清实录》第38册，《宣宗成皇帝实录》（六）卷369，中华书局，1986，第649页。
② 《曾国藩全集·家书》（一），岳麓书社，2011，第14、21、22页。
③ 中国史学会编《中国的近代史资料丛刊：鸦片战争》（四），上海人民出版社，2000，第553页。
④ 蔡尚思、方行编《谭嗣同全集》，中华书局，1991，第19页。
⑤ 赵尔巽主编《清史稿》卷441，中华书局，1977，第12420页。
⑥ 赵尔巽主编《清史稿》卷441，中华书局，1977，第12449页。
⑦ 赵尔巽主编《清史稿》卷441，中华书局，1977，第12455页。
⑧ （清）薛福成：《代李伯相复沈太史（谷城）书》，载（清）薛福成撰《庸盦文别集》卷3，上海古籍出版社，1985，第92页。
⑨ 《清实录》第52册，《德宗景皇帝实录》（一）卷19，中华书局，1987，第300页。

豫、晋、秦五省发生"四十年未有之奇荒"。东起海岱，西达关陇，南至洛阳，北抵京畿，禾苗枯槁，赤地千里；加之虫雹为患，饥民多达数千万，为近代北方继光绪"丁戊奇荒"之后的又一大荒之年。是年 11 月 15 日（农历十月初六日），北洋政府内务部赈务处致外交部函称，此次北方灾区甚广，涉及京兆、直隶、河南、山东、山西、陕西等地。总计有 340 余县受灾，灾区面积有 2712700 余平方里。至于灾民总数，多流亡迁徙，就食他方，一时不易确切统计，依各受灾县原有人口总数推之，约占 3/5，共 3000 余万人。"……（灾民）始犹采摘树叶，掺杂粗粮以为食；继则剥掘草根树皮，和秕糠以为生；近则草根树皮搜掘殆尽，耕牛牲畜屠鬻无遗，遂至典卖儿女，青年女子不过十数元，不及岁者仅值二三元。又其甚者，或因出外逃荒，将幼儿抛弃，或因饥饿不能出门户，合家投缳自尽。此外逃赴未被灾各地者，经过京汉、津浦、京奉、京绥各路站，日有数起，扶老携幼，露宿风栖，嗷嗷待哺之声，尤属惨不忍闻。此皆灾区之大略情形也。"[1] 灾情之严峻、乡村之凄惨、灾民之凄苦，不忍卒读。

据 1920 年 11 月 14 日（农历十月初五日）内务部致大总统徐世昌呈文透露，自春雨愆期之后，该部曾向各省区调查所属道县之仓储情形，"以为衰多益寡、酌盈剂虚之计。讵意公家固鲜储蓄，民间亦少盖藏，一旦成灾，赤地千里"[2]。不难发现，军阀混战不休、北洋军阀政府统治造成国弱民贫，地方当局和乡村社会普遍丧失了抗灾的物力和财力，是大灾蔓延的重要原因。是年 7 月（农历六月），英美帝国主义者支持的直系军阀，联合奉系军阀在京畿一带发动直皖战争，民间备遭兵祸，加之各地军阀争夺地盘的冲突与兵变，使灾情如雪上加霜。对此，当时报章屡有揭示。

南京国民政府时期，情况并无根本好转，尤其在日本帝国主义的侵略下，天灾人祸更加严重。1938 年 6 月 9 日，国民党政府为阻止日军西进，指示军队掘开黄河大堤，"以水代兵"。黄河大堤在河南郑州花园口决堤，河水沿贾鲁河倾泻而下，夺颍河入淮，河南、安徽、江苏三省 44 县共 54000 平方公里土地被洪水淹没，89 万人被浊浪吞没，惨遭没顶。外逃灾民达 391 万人，受灾人口 1250 万。而且，黄水把近 100 亿吨泥沙带到淮河

---

[1] 内务部印行《赈务通告》第 6 期，1920 年 12 月 25 日，第 37 ~ 39 页。
[2] 内务部印行《赈务通告》第 4 期，1920 年 12 月 5 日，第 4 页。

流域，在地面上留下了三米至五米厚不等的黄沙，使这里沙岗起伏、芦苇丛生，填塞了淮河干支各流，形成一大片广袤无垠的黄泛区。花园口决口后，黄河水乱颍、涡入淮，直至1947年3月，始堵口，恢复今黄河故道。

1942年自春至秋，河南旱灾严重。秋后，水、旱、蝗、风、雹等灾又交相侵袭，几乎无县无灾，灾民千余万，饥饿丧生者以百万计。据参政员马乘风报告："河南沿陇海线两岸各县，自西徂东，如灵宝、卢氏、陕县、洛宁、渑池、宜阳、嵩县、伊川、洛阳、孟津、偃师、巩县、登封、密县、广武、荥阳、汜水、郑县、新郑，各地春季缺雨，北风横吹，麦收几等于无。中部各县，如襄城、禹县、郏县、临汝、鲁山、叶县、舞阳、许昌、长葛、洧川、鄢陵、扶沟、临颍、西华等地苦旱，麦收不过二三成。豫南各县，如南阳、内乡、淅川、镇平、西平、遂平、汝南、新蔡、确山、上蔡、唐河、邓县等地，丰收原本可望，不意行将麦收之时，大风横扫一周之久，继之以阴雨连绵，农民坐视麦实满地生芽，徒唤奈何，收成不过三四成而已。麦收既不佳，秋种之后，八十余日，滴雨未见，秋收更属根本绝望。两季一无所收，遂构成河南之严重灾难。"①

除旱、水、风等灾外，洛阳、宜阳、新安、孟津、长葛、尉氏、鹿邑等县，同时又发生蝗灾，漫天蔽日之蝗虫，所过之处，禾苗被噬尽净，秋收绝望，民食已罄。根据祈大鹏的估计，当时"灾民过一千余万，非赈不活者有五六百万"②。面对如此严重的灾荒，国民党政府中一些高层官吏，忧心忡忡，深感河南"三面临敌，一、五两战（区），向以河南为就食之地，今灾情严重至此，万一有一隅之糜烂，将形成全局之不幸，中央非切实设法救济不可"③。这种建议尽管基本上还是以维护社会秩序、保持政权稳定为出发点，但仍遭冷遇。国民党政府对此次大灾严格保密，不予置理；地方官吏视救灾如儿戏，贪赃枉法，克扣赈款，欺压灾民。后国民党

① 《参政员马乘风报告》（无具体月日），中国第二历史档案馆藏，档案号：全宗号116，案卷号438。
② 《祈大鹏向行政院密电陈述河南情》（民国31年8月12日），中国第二历史档案馆藏，档案号：全宗号116，案卷号438。另据《国民政府年鉴》记载：待赈人数1146万，其中非赈不活者约200万。
③ 《参政员马乘风报告》（无具体月日），中国第二历史档案馆藏，档案号：全宗号116，案卷号438。

政府迫于舆论压力，不得不做出救灾姿态，拨发赈款，但赈济反成了地方各级官吏发财的捷径。（1942 年）10 月，灾情报告就送到重庆，政府派出两位视察员前往河南考察。他们回到重庆后报告：灾难严重，必须立即采取措施。国民党政府拨出两亿元作为灾荒救济款，同时，给河南省政府下达了减轻赋税的命令。结果，救济款送到河南已是次年 3 月，而且，国民党政府拨给的两亿元救济款实际只有 8000 万元。这些已经运到的钱也没有发挥出救灾作用，当地官员把这笔钱存入银行，让它生息增殖，同时又为怎样最有效地使用这笔钱而争吵不休。在一些地区，救济款分配给闹饥荒的村庄，地方官员还要从中扣除农民所欠的税款，农民实际能得甚少。1943 年 2 月，《大公报》报道了在这次可怕的灾荒中河南人民遭受的不堪忍受的苦难，引起当局不满，《大公报》因此被勒令停刊三天。①

德国人王安娜在她所著的《中国——我的第二故乡》一书中对此有更为详尽的描述。

> ……这次饥荒，虽然是因为年成不好，但造成这一结果，主要是政府毫不留情地向农民征收租税和利息，使得他们连种子和自用的粮食都不能留存。好几十万人转移到西部或沦陷区去，但都不能得到援助，他们只好重返故乡。就这样，许多人好不容易才回到家里，但却饿死了……洛阳的各条街道上都满是饿得奄奄一息的难民，但在饭馆里，官吏和军官们却吃着珍馐美味；商人和贪官把囤积的大米高价卖出，大发其财。他们赚到的钱随即用到投机方面去，又派手下的人去物色、收购农民的土地、孩子和财产。据传教士们的报告说，外国的救济机构为了把粮食分发给饱受饥饿之苦的灾民，想买进小麦，但这也要花很高的代价。官吏和军官们用枪杆子低价买进不久的小麦，现在却以极不合理的价钱卖出。重庆政府也利用饥荒的机会来发财。海外响应救济机构的号召，捐款救灾，这些钱在法定的金融商场上换成中国货币，但汇率只及黑市兑换价、亦即实际的价值的十分之一。政府的银行至少吞了救济金的一半。对有关河南省饥荒的目击者报告，

---

① 忻平、胡正豪、李学昌主编《民国社会大观》，福建人民出版社，1991，第 481～482 页。

政府很不高兴……两年饥荒（指 1942～1943 年），河南省死了二百万
至三百万人，由这悲剧而产生的上述丑闻，是抗日战争时期发生的最
大丑闻之一。①

这段材料，不仅使我们对河南的灾情有形象的了解，而且对当时政府的救
荒活动的实质也有更为深刻的认识。

1942 年河南发生大灾，一度路断人稀。"鲁山白果树村竟发现人吃人
的惨剧。豫东逍遥（镇）、向称富庶的许昌、襄县等地，市场上任何物价
都比人价贵，长成的少女，只要九个烧饼便可以换来。至于路旁的饿尸，
街头的弃婴，更是数见不鲜。侥幸不死的儿童，也都饿得满脸尽是皱纹，
两眼泛作灰色，使你不敢相信这是人间。"②

除了官方记载，时人也留下触目惊心的回忆。

"1942 年的灾荒，是河南现代史上的一件大事情。河南一百一十多个
县，三千多万灾民，都挣扎在死亡线上。死亡者达三四百万以上。流离外
省外乡而死者也不在少数。这一事件波及面之广，景状之惨，是值得我们
笔书于世的……我住的前王庄村，是周口李绍蘧（李八少）的田庄，98%
以上的乡邻都处在饥寒交迫境地。1942 年夏因旱灾严重，赤地千里秋禾基
本绝收，年前家家卖尽一切东西，糊口充饥，年后已十室九空。只得挖野
草，采野果，刨树根吃。后来竟连榆树皮也剥干吃净了。全村人人浮肿，
饿死几十人，逃离他乡的也不下几十户。同院居住，以推车为生的老刘
伯竟全家饿死……春节过后，家家户户耕牛宰光了……老弱病残者几乎
全被饿死。"③

"一进喂庄、罗口、常封、坞罗等村庄，十居六七封门闭户，外出逃
荒。问询得知：有往宜阳、洛宁、卢氏的，有往陕西华县、三原、眉县
的，自寻生路，生死未卜……1942 年春天至秋天，灾情更为严重。村庄及
路旁饿死男女老幼不计其数……往来途中，见死尸就有二十五具，肉去骨

① 〔德〕王安娜：《中国——我的第二故乡》，生活·读书·新知三联书店，1980，第 410～
412 页。
② 行总河南分署秘书室编《河南善救分署周报——两年业务纪念特刊》，1947，第 13 页。
③ 赵嘉澍：《追忆 1942 年大灾荒》，载范天平整理《中州百县水碑文献》（上），陕西人民
出版社，2012，第 561 页。

留之惨象，实在令人触目泪下。"① 灾荒年月的悲惨情景，令人感慨万千。

1946 年，河南、安徽一带黄泛地区灾情严重。1946 年 9 月 2 日（八月初七）《解放日报》转载 8 月初《大公报》消息："河南已成人间地狱，3000 万人民辗转于惨绝人寰的悲剧中。黄泛地区，七八年不能生产，人民以野菜、观音土充饥，面浮肿，肌肤绽裂，便溺脱肛。鄢陵、扶沟、尉氏、洧川一带妇孺，因要随时匍匐便溺，顾不得羞耻，只穿着露衩裤子。灾民并不时互相用细枝从肛门中挖出干粪，以免肛胀。泛区已成一片沙滩，高楼半陷土中，矮屋只见房顶，数十里不见人烟。"②

邓云特统计民国前 25 年灾害情况，"民国元年（1912）至民国二十六年（1937），较大灾害七十七次。计水灾二十四次；旱灾十四次⋯⋯各种灾害，大都同时并发"③，可见灾害频仍情况。

自然灾害对人类社会的危害大小，往往取决于国家、社会、受灾者的抗灾能力。同样的灾害，发生在不同国家、不同历史时期，产生危害的大小有天壤之别。显然，晚清至民国肆虐的灾害、严重的灾情，与当时民穷财尽、抗灾能力低下、无力自救有关，更与政权腐败、国家应对不力、社会秩序混乱等有直接因果关系。

灾害对于人们道德观念、行为方式的影响往往是颠覆性的。灾害之中，人们回归生存本性，更倾向于短期行为，甚者置伦理道德于不顾；灾害的影响也是长时期的，既然不能回归此前的生活，人们便往往不再尊崇原来的社会权威，不再受习俗的约束。

二 社会失序与官府榨取

灾害产生流民，灾害区域往往匪盗盛行。以中原地区腹地"豫东—皖北"一带为例。宋元以后，"豫东—皖北"逐渐成为一个典型的"附属区"。黄河泛滥相侵，而清朝国家经营的运河漕运截断淮河水系，使其上游排水不畅，造成灾害多发、经济落后、秩序混乱。诸多学者从历史

---

① 于同堂：《巩县灾情点滴》，载范天平整理《中州百县水碑文献》（上），陕西人民出版社，2012，第 562 页。
② 《三千万人深陷绝境，河南已成人间炼狱》，《解放日报》1946 年 9 月 2 日，第 3 版。
③ 邓云特：《中国救荒史》，商务印书馆，2011，第 39 页。

学、社会生态学的视角，归纳、分析了该区域生态环境以及社会变动情况，指出在自然与政治双重作用下，在此形成了一个高风险的社会经济系统。或者说，至少在这里，国家对水利农耕区精细化管理缺失以及危机应对能力低下，造成了从元末红巾军起义到明清两朝连绵不断的社会动乱，并积淀形成"正统文化衰落、民众疏于耕种、争勇斗狠"的地域社会特征[1]。嘉庆年间，安徽凤台县，"一有小水旱，菜色满野，流亡载途……（平常年景）其贫者，俟其获，随而拾其穗，远者携妻子老幼结草舍于田隅……俗俭啬。饮食衣服之靡少。千金之子，比屋可数。皆鹑衣蔬食，惟博及讼往往倾产不顾……能讦控于大府者，里中人指引以为雄。讼必敛钱于亲族戚党，人亦不以为怪黠者，因缘利而弄之矣……"[2] 近代以来，安徽北部、河南东部农民外出，始由灾荒而起，继而成为一种区域社会文化现象[3]。无论灾年、平年、丰年，农闲时外出逃荒（实为备荒），已成为当地人的习惯。"其始由凶年，其渐逮丰年，岂不乐故土，习惯成自然。"[4] 同时，该地又是近代土匪的重要发源地、土匪活动猖獗区。裴宜理（Perry）认为，这里滋生土匪是地理环境、人口密度、农作物构成等因素共同作用的结果。当地农村常见的土匪组织是非正式集团，由流民临时组织，多在家乡附近活动，偶尔抢劫主要是为了增加家庭收入。半正式土匪集团则有巢穴，四处抢劫。正式土匪是匪军，能向中小城镇发起进攻。[5]

民国肇始，河南、山东、安徽等地动乱蜂起。最严重的是 20 世纪二三十年代，几乎无地无匪患、无村不遭匪灾。尤其是北伐前后，大小军阀逐鹿中原，织梭过境，连年混战，几无宁日；抗日战争时期，日军占据铁路沿线、战略据点，网罗汉奸、土匪，四处劫掠，奸淫烧杀；日本投降后，国民党的正规军、杂牌军竞相抓丁拉夫，扩充势力。多年间，当局者收编土匪为兵、溃兵散而为匪，兵匪一体、反复轮回。正所谓国家多事、时局不靖、盗

---

① 见陈业新《明至民国时期皖北地区灾害环境与社会应对研究》，上海人民出版社，2008；马俊亚《被牺牲的"局部"：淮北地区社会生态变迁研究（1680—1949）》，北京大学出版社，2010。

② （清）（嘉庆）《凤台县志》卷 2，《食货》（六），李兆洛纂修。

③ 池子华：《中国流民史·近代卷》，安徽人民出版社，2001，第 254～256 页。

④ （清）张应昌编《清诗铎》（下册），中华书局，1960，第 563 页。

⑤ Elizabeth J. Perry, *Rebels and Revolutionaries in North China*, 1845 – 1945, California: Stanford University Press, 1980, pp. 10 – 21, 66 – 70.

贼蜂起。"从地区看，（河南省）全省几乎无一县（有些县甚至无一村）无'匪'，少则数杆、十数杆，多则数十以至数百杆，据估计，（20 世纪）二三十年代之交，全省各类'土匪'总计达 40 万人（不包括小杆）……"① 以豫东商水县为例，据 1935 年前后的调查："商水每届冬令，土匪蜂起，大者攻城夺寨，小者强架勒赎，其原因多由邻境无业贫民太多，谋生无路，兼之民性强悍，一届冬令，则潜入匪途，今冬大股土匪，方老八，赵鸿善等在汝、正、商、蔡、项、淮各县交界地方，骚扰数月，杀烧掳掠，村舍为墟，虽经防军追剿，尚未扑灭。"②

纵观民国几十年间，巨匪流寇来往、散匪窝匪猖狂骚扰，兵匪一体的政治使土匪更是多如牛毛。兹引笔者《乡村秩序重构及灾害应对——以淮河流域商水县土地改革为例（1947～1954）》中"匪患"一节，以商水县为例，概述其要。③ 商水县位于黄淮平原腹地，淮河支流沙河绕县境流过，土地肥沃，气候适宜农作物生长，是典型的传统农业区域。民国年间县境内危害重大之匪事列举如下："民国元年十一月初五日（1912 年 12 月 13 日），土匪扰北蔡寺地方，知县曾纪烜击贼于魏家楼，中炮死，与难者团兵二人，差役六人。""（民国）二年（1913），盗贼蜂起，富户大商时被抢劫"，"（民国）三年（1914）知县徐家璘擒毙贼匪无算"。④ 1922 年 9 月，河南自治军首领张庆（宝丰县人，绰号"老洋人"），率众至魏集、固墙等地绑票。1924 年 9 月中旬，路老九（鲁山人）率众 500 余，进入县境周家口，绑走富户李八少和一些贫民，李家以 30 万元赎人，贫民亦同时放出。

"1927 年 1 月 18 日，杆首史万成带众 500 余人，攻破大武寨，杀死群众 500 多人，被杀绝者 20 余家。1928 年 1 月 27 日（农历正月初五），史万成带众 200 余，攻破商水县城，盘踞近两个月，烧房 2700 余间，杀死百

---

① 王天奖：《民国时期河南"土匪"略论》，《商丘师专学报》（社会科学版）1988 年第 4 期，第 1～7 页。

② 河南省政府秘书处编印《各县社会调查·商水》，《河南统计月报》第 3 卷第 6 期，1937，第 74 页。

③ 贾滕：《乡村秩序重构及灾害应对——以淮河流域商水县土地改革为例（1947～1954）》，社会科学文献出版社，2013，第 22～28 页。

④ 民国《商水县志》卷 24，《杂事》（十一），（台湾）成文出版社有限公司，1975，第 1246 页。

姓 170 多人。后被韩复榘派部剿灭，史被生俘，解至鄄城毙命。1929 年 7月，县长乔凤鸣在曹楼与土匪牛绳五等部战斗中，被围困在窑内烧死……"[1]

商水县如此，河南各县乃至华北各地也莫不如此。豫西伏牛山山地，地瘠民贫，民风彪悍，民国以来，匪患猖獗，大股匪伙往来驱驰、纵横中原，危害豫、皖、苏、鲁、鄂、陕数省多年。

据《唐河文史资料》载，民国 18 年（1929）农历五月初，正值麦收时节，以魏国柱、崔二旦为首的南召、鲁山两股土匪千余人，一路烧杀抢掠，直扑唐河县苍台乡的栗湖赵、于湾一带。人们闻讯，不顾到手的麦子，弃家蜂拥至于湾寨。于湾寨内村民手中只有大刀、长矛等武器，而土匪有快枪，但土匪强攻数十日未破寨。

守寨过程一波三折，险象环生，但在生存危机面前，人们紧紧地团结在一起，最终化险为夷。例如，在土匪攻寨的第五个傍晚，于湾寨主于老四在自家宅院召集各自然村族人商议，要求 15 岁以上的男女老少齐上阵，人在寨在，誓与寨墙共存亡；各村族人要严守约定，随机应变，在奋力自保的同时随时相互增援。村民们利用原始武器一次次打退土匪的进攻……土匪围寨近 50 天后，寨内吃饭成了问题，人心浮动。于是，寨主于老四召集各村族人，鼓励大家："由于我们组织得力，方法对头，大家齐心协力，才使土匪寸步难行；土匪们久攻不下，也是进退两难，眼下双方是比耐力，谁坚持住谁赢。于湾寨村民要解决好大家吃饭问题，眼下粮食紧缺，我们就是吃糠咽菜、啃树皮，也要坚持下去，否则，稍有疏忽，将会寨毁人亡，后果不堪设想。"并且在一个夜晚派出三位水性好的村民，渡河搬兵。后来埠口镇派人带了几条快枪，趁黑夜向土匪营地放了一阵排枪，又用土炮"老白龙"打了一炮。土匪听到枪炮声，知道寨内搬有救兵，加上围寨久攻不下、无心恋战，趁黑夜撤走了。

"杆匪魏国柱围寨攻寨 57 天，村民们英勇抗击，最终赢得了抗匪保寨卫家的胜利！但是，人们回家后，发现麦子已腐烂在地里，秋苗又没种上，大部分房屋被烧毁，东西被抢光，一片凄凉景象……接着瘟疫肆虐，

---

① 商水县地方志编纂委员会编《商水县志》，河南人民出版社，1990，第 13～14 页。

人们不得不背井离乡，外出逃荒。"①

所幸，于湾寨尚有一定的社会自组织能力，在危急关头，于湾寨（村落）权威于老四能够在族人、村民支持下，动员人力物力，团结族人、村民，一致对外。而且村民（族人）中也出现了英勇无畏、勇于牺牲自己的积极分子。在危急关头，在公共利益（生命、财产安全）受到威胁关头，于湾寨村民达成了"集体行动"，成功御匪。

唐河县苍台乡的于湾寨在坚守50余天后幸免于难，但附近的呇岗乡廖庄寨就没那么幸运了。

廖庄寨内当时有住户30余家，大多数农户都过着有吃有喝的安稳生活。据当事人（当时四五岁）回忆，大约是1929年秋后，大土匪崔二旦（原名崔振声，鲁山县人）率匪攻破廖庄寨。寨破后，土匪烧、杀、抢劫、绑票，一夜之间使廖庄面目全非。当事人家老宅堂屋瓦房，被付之一炬。当时正是秋收后，所收粮食和一些比较值钱的东西一般都在堂屋内存放。肉票（被土匪抓走的人，多为老人）都被五花大绑，土匪每天殴打肉票叫家人去赎人，要枪要马。当事人家中卖了四亩地才把爷爷赎回来。"当时的腐败政府，无能力消灭土匪，加上不少穷人为了生计参加了土匪，因此土匪比较多。我小时候经常跑土匪，所以对廖庄寨被大土匪烧杀奸掳的惨剧记忆犹新。"②

廖庄寨村民本来过着有吃有喝的安稳日子，但不料想一场匪灾使很多家庭家破人亡。政府腐败，无力剿匪，穷人多、土匪多，在此社会环境下，"部分人的有吃有喝的安稳日子"终究也会被打破，社会共同走向破败、人们共同走向绝望——正所谓"吴佩孚、张作霖，赵三麻子老洋人，军阀混战兵变匪，国无宁日那有民！"

土匪公然抢劫，甚至围寨50余天官府竟然没有有效救援，土匪退走后又没有必要的社会救济，反映出国家失去了对社会的掌控，不能从宏观层面维持社会秩序，不能发挥社会管理、服务功能。结果，匪灾过后，村落

① 赵克恩、赵志尧口述，赵保胜、赵战国整理《杆匪魏国柱围攻苍台于湾寨纪实》，中国人民政治协商会议唐河县委员会编《唐河文史资料》第十三辑，2016，第170～174页。

② 李春甫：《廖庄寨记忆》，载中国人民政治协商会议唐河县委员会编《唐河文史资料》第十三辑，2016，第175～177页。

文化共同体失去了村落文化主体赖以为生的物质基础，人们无以为生，只能外出逃荒。

如果说灾害总是发生在局部范围的话，那官僚集团对社会财富的榨取，则往往是全面的、持续的，因而危害更大，更令社会绝望。

《河南近代大事记》载：

> 1862 年 8 月，协办大学士倭仁奏陈河南情况称：州县官贪得无厌，人民负担日重，捐输、厘金等勒索及于零星小户，劣绅吏役营私中饱。10 月，御史刘毓楠奏报清廷，称河南各州县官吏"以捕拿匪类为名"，任意残害人民，人民有"出言不逊"者，"情形可疑"者，或有亲族参加捻军者，立即擅杀，既不立案，亦不上报。①

1878 年 6 月，"清廷据翰林院侍讲张佩纶奏称河南吏治素劣，赈务不认真，因于本月谕令巡抚涂宗瀛严加参办"②。

1899 年 10 月 15 日，御史刘家模奏称，河南州县钱粮征钱者十之七八，每银一两折纳制钱 2600 文~2800 文，豫南且有折至 3000 文以上者；另外还附征"柜规""钱粮券钱""补数千底钱""辛工纸张钱"等，较之实际银价（每两银兑钱 1100 文~1400 文），浮收一倍以上，全省合计多收 380 万两。前抚刘树棠提取州县盈余 10 万两作为偿还外债之用，州县官吏更明目张胆，每两复加收 50 文，清廷据此奏，谕令巡抚裕长确切查明，酌中定价，不准额外加征，但实未遵办。③

1926 年 2 月，（河南）省署命令预征 1927 年钱粮，同年 8 月、10 月，再预征 1928 年、1929 年钱粮。④

军阀混战时期，驻军"吃地面"（军需、草料等让地方供给）现象甚为普遍。豫南潢川、固始、光山、息县等四县人民自 1924 年至 1925 年 3 月，每亩地被勒令交 50 串文（约合洋 20 元）来供应驻军。固始县知事丁

---

① 王天奖等编著《河南近代大事记》，河南人民出版社，1990，第 45~46 页。
② 王天奖等编著《河南近代大事记》，河南人民出版社，1990，第 77 页。
③ 王天奖等编著《河南近代大事记》，河南人民出版社，1990，第 99 页。
④ 王天奖等编著《河南近代大事记》，河南人民出版社，1990，第 247 页。

某因樊钟秀部逼交现洋 1 万元，无法应付，连夜逃跑。① 1929 年辉县、滑县见于册籍的负担，一年就分别为 100 万元、400 万元以上，人民实际负担数倍此数。②

1930 年，河南省当局铸行当 50 铜元，后又续出当 100、当 200 铜元，致使城乡物价两三年间上涨数倍。③

官府的榨取具有传导性，有权者、有产者总会转嫁负担，最显著的是土地出租者会提高租金。例如，1932 年，据河南 101 县报告，各地每亩地租剥削量如下：包租 2.37 ~ 5.71 斗，分租 43.2% ~ 57.8%，折租 2.15 ~ 4.71 元。④

租金提高，佃农收益下降，便会减少土地投资，导致产出下降，进而导致农民负债、破产。例如，1935 年，河南全省播种小麦 55416061 亩，总产 2491108800 公斤，平均每亩收获小麦 45 公斤，其他粮食作物的单产为：大麦 44 公斤，大米 32.5 公斤，小米 56.5 公斤，高粱 52 公斤，玉米 57.5 公斤，豆类 35.5 公斤。据调查统计，1934 ~ 1935 年，河南平均自耕农负债面 62%，半佃农 66%，佃农 71%。⑤

晚清民国时期，"人口—耕地"矛盾，官僚统治集团周期性的腐败、低效以及近代以来资本帝国主义对中国的欺凌掠夺使灾害对中国社会的影响加剧，致使中国社会陷入了"资本帝国主义掠夺"—"官僚腐败、榨取"—"灾害抵御能力低下"—"无力抵御侵略"—"灾害进一步侵袭"—"社会混乱"的陈陈相因的死循环之中。

国家与社会不能良性互动，一方面，使村落文化共同体越来越失去宏观结构庇护，导致村落内的宗族、家庭等基本组织、基本生活单元日益丧失其微观结构性功能；另一方面，由于无法合情、合理、合法地取得或保持社会财富、地位，地方精英"武化""黑恶化"，他们藐视法律，不受传统规范、道德约束，肆意行事。其结果是村落内部的对立、乡村社会的对立。而利益对立必然导致共识不存、社会撕裂，既有的村落规范再也不能

① 王天奖等编著《河南近代大事记》，河南人民出版社，1990，第 231 页。
② 王天奖等编著《河南近代大事记》，河南人民出版社，1990，第 286 页。
③ 王天奖等编著《河南近代大事记》，河南人民出版社，1990，第 294 页。
④ 王天奖等编著《河南近代大事记》，河南人民出版社，1990，第 312 页。
⑤ 王天奖等编著《河南近代大事记》，河南人民出版社，1990，第 33 页。

起到约束行为主体"行事"的作用，村落文化共同体走向瓦解。

第二节　村落文化共同体

在晚清民国时期，"人口—耕地"矛盾加剧、官僚机器退化、国家超额榨取，加上灾害侵袭、社会秩序混乱，以及资本帝国主义入侵等，使伦理道德失去了支撑基础，乡村社会文化秩序逐渐解体——政治失序、纲常名教坠地。因此，如果把文化看作社会的共识、把文化秩序看作社会达成维护共同利益的集体行动的内在机制的话，从近代以来国家层面的改良、革命乃至当代的改革开放中，均可以看到在社会文化失序状态下国家对于文化秩序建设、文化建构的不懈努力。

一　村落文化共同体

村落主要指大的聚落或多个聚落形成的群体，常用来指现代意义上的人口集中分布的区域，包括自然村落、自然村、村庄区域，表现为众多居住房屋构成的集合或人口集中分布的区域。规模较大的聚落，因其居住密度大、人口众多而成为"村镇""集镇"。

唐宋以降，文学作品中常见"村落"一词。例如，唐韩愈《论淮西事宜状》中的"村落百姓，悉有兵器，小小俘劫，皆能自防"①，唐张乔《归旧山》中的"昔年山下结茅茨，村落重来野径移"②，宋叶适《题周子实所录》中的"余久居水心村落，农蓑圃笠，共谈陇亩间"③，明代成书的《初刻拍案惊奇》卷二十中提到"萧秀才往长洲探亲，经过一个村落人家，只见一伙人聚在一块，在那里喧嚷"④，此外，清人郑燮《山中卧雪呈青崖老人》中有"银沙万里无来迹，犬吠一声村落闲"，等等。

一般来说，中原地区农耕历史悠久、农田广阔，村落依水、依山、依路、傍田而星罗棋布，在长期的自我选择中，错落分布，相互之间以农田

---

① 《韩愈集》，严昌校点，岳麓书社，2000，第 423 ~ 425 页。
② （唐）张乔：《归旧山》，载《全唐诗》卷 639，王仲闻、傅璇宗点校，中华书局，1960，第 7334 页。
③ （宋）叶适：《题周子实所录》，载氏著《叶适集》，中华书局，2010，第 603 页。
④ （明）凌濛初：《初刻拍案惊奇》，云南人民出版社，2011，第 190 页。

或道路相隔、相连。

其实，关于"村（落）"的早期形态及其概念演变，已有专门论述，①本书采用王斯福对村落这一概念的定义。"完全可以从地理学上，将一个居住的地方描述成是一个分散的或一个集中的聚落。但首先要把它看成是单独的'一个聚落'（a settlement）。确实，一个地方的辨别通常需要一个名字和一种历史。它们与描述一个地方的地理特征联系在一起。使得这个地方成为一个有限制的区域，一个共同居住但又细分为亲属与邻里的'内部'（inside）。这样一种'内部'本身又将被包括在一个更大的有限空间之内。这是一种包容性的等级式秩序。简言之，一个村落就是一个地域归属的界定……先把'村落'简单地理解为一个次级的地方，它超越了家庭和亲属的邻里关系。但既然其名字和边界是历史性的，那么相同的名字就可能有跟不同的居住者们相关联的不同故事，当然这个名字很可能就是讲述这相同或相似边界的地方故事中获得成功的那一个名字。"②

村落首先体现为一个具体地理意义上的名字，一个具体边界内的历史、文化，但更主要的是一种"超越了家庭和亲属的邻里关系"，可以将村落理解为具有共同经历和某种共同特征的"集合"。因此，本书所说的村落，指自然村而非当下的行政村。

二 村落文化共同体的"结构—功能"

把"共同体"这一概念引入对中国传统村落这种"集合"或"集体"的论述，有必要结合中国乡村社会的历史与现实，梳理、厘定"本土化"的"共同体"的特定内涵。

（一）"共同体"以及"文化"

关于"共同体"。斐迪南·滕尼斯在《共同体与社会：纯粹社会学的基本概念》中对"共同体"和"社会"进行了阐述和比较分析。在斐迪南·滕尼斯看来，"共同体"表示与"社会"相对应的一种人类共同生活

---

① 刘再聪：《村的起源及"村"概念的泛化——立足于唐以前的考察》，《史学月刊》2006年第12期，第5～8页。

② 王斯福、赵旭东、孙美娟：《什么是村落?》，《中国农业大学学报》（社会科学版）2007年第1期，第15～18页。

的理想类型，与"共同体""社会"紧密相关的两个概念是人的意志之"本质意志"和"选择意志"，这是形成"共同体"、产生"社会"的不同前提条件；"共同体"的形成需要其成员有共同的思想信念——"默认一致"，此种思想信念是把人作为一个整体的成员团结在一起的特殊的社会力量和"同情"，是"共同体的意志"。这种默认一致是建立在彼此熟悉基础之上的，受到一个人直接参与另一个人的生活即"同甘共苦"的倾向所制约，并反过来又促进这种倾向。① 对于这种"默认一致"，我们可以这样理解：它产生于"共同生产生活"实践中，并在"共同生产生活"的实践中得到强化。所以，结构和经验的相似性越高，或者本性、性格、思想越是具有相同的性质或相互协调，默认一致的或然率就越高。

滕尼斯的"共同体"概念，强调成员间的亲密关系和共同的精神意识，以及在此种关系和意识基础上形成的归属感和认同感。在他看来，共同体的形成不仅需要有共同的生活地域，还需要共同体成员在生产、生活、交往等方面具有高度同质性，即共同体意志"默认一致"。滕尼斯对"共同体"中人们通过温情脉脉的人际关系而形成的有机结合怀有深厚的感情，而对社会中人与人基于工具理性而形成的机械结合持悲观主义的观点。齐格蒙特·鲍曼承继了滕尼斯对"共同体"的期待以及关于"共同体"的悲观看法——"共同体"这个词所传递出的所有含义都预示着快乐，而且这种快乐通常是我们想要去经历和体验的，但这种快乐看起来又可能是因没有而感到遗憾的快乐。因此，"共同体"成了失去的天堂，但它又是一个我们热切希望重归其中的天堂。②

本书中的"村落文化共同体"，指在传统农区村落中因世代居住而相互熟悉，具有某种"默认一致"的共同价值观念、共同行为规范从而有别于村落之外群体的较为稳定的文化行为主体的集合，这里的文化行为主体，是"结构—形势—环境"中的行为主体，是其社会联系、生产生活环境的统一体，他们可以在共同认同、自觉遵从的"规范"下达成"集体行动"。因而，村落文化共同体也可以理解为处于"礼俗社会"中，认同村

---

① 〔德〕斐迪南·滕尼斯：《共同体与社会：纯粹社会学的基本概念》，林荣远译，北京大学出版社，2010，第58～59页。
② 〔英〕齐格蒙特·鲍曼：《共同体》，欧阳景根译，江苏人民出版社，2003，第2～5页。

落主流文化且被主流文化认同的文化共享群体。

相对于具有舶来品属性的"共同体"概念，"事"的概念有助于我们理解本书中的"村落文化共同体"的中国传统文化意蕴内涵。因为中国人向来重视具体情境中的为人处世，"处处事事""人情世故"等呈现出来的"事"，便是日常生活的全部。在一定边界的地理空间内，具有共同生产生活记忆的个体（家庭）之间可以经历重复博弈从而共同认同一系列规则，并以此见之于"行事"①。

关于文化。学界将文化分成两种："功能性"的文化和"主体性"的文化。功能性文化观强调，文化是由作为社会成员的人获得并掌握的东西，因此它与本能的生物学遗传或先天性行动方式区别开来，是超有机存在的，是个人适应外部环境的工具，因此它又具有超个人的社会性的承前启后特征；文化是动态的、可变的，它不是简单的、孤立的诸要素杂乱无章的堆砌物，而是具有结构的统一的总体，它显示出某种特殊的规律性，人们可以借助于科学的方法对它加以分析和把握。主体性文化观认为，文化不仅是人所创造的身外之物，它构成了人类的存在方式，因此对文化的理解应包括一个更为根本的部分即能动的人自身，人的实践活动是怎样，就形成怎样的文化世界。人的文化必然包含着人类性，它是人类精神的自我确证。诚如马克思所指出的，人的社会生活在本质上是实践的，实践是文化创造的动力。一方面，实践结果（物质文明与精神文明的总和）表征着文化的基本内涵，另一方面，主体在社会实践过程中也确证了自身。文化构成了一种生产形式或生命活动所制约的生命表现方式。人的生产生活方式"不仅应当从它是个人肉体存在的再生产这方面加以考察。它在更大程度上是这些个人的一定的活动方式，表现他们生活的一定形式、他们的

---

① 恰恰是这些日常之"事"，具有深厚的哲学基础。杨国荣说："'事'也就是人之所作。现实世界的生成，离不开人'赞天地之化育'的过程，这一过程意味着通过多样之'事'以变革本然的对象，在此意义上，现实世界以'事'为源……'事'与现实世界和人自身存在的以上相关性，决定了对世界与人的理解，离不开人之所做之'事'……以'事'为考察视域，相应地意味着从更本源的维度理解人与现实世界。"（见杨国荣《人与世界：以"事"观之》，生活·读书·新知三联书店，2021，第 3~4 页。）"事"总是与人的心理活动，与人的行为、行动联系在一起。知与行、说与做等，总是联系在一起的，而且两者又与道德文化联系在一起，因而，由"事"可以察"思"、知"行"、品"德"。

一定的生活方式。个人怎样表现自己的生活，他们自己也就怎样"①。马克思特别强调，广义的文化是根植于人的内在生命的人类群体相对稳定的行为方式。

文化的本质是人化，人创造了文化，文化反过来塑造了人；人是文化的主体，任何文化实践创造活动都是人的活动，文化的发展规律就是人的活动的发展规律。从历史来看，文化经过时代塑造、沉淀，从人的日常生活中分化出来，成了人的生存环境；文化积淀凝聚为传统，每一代人在传统中又继续创造着新的文化。从共时性状态看，作为融物质与精神为一体的文化构成了一般社会活动和精神生产的前提与基础。如，礼仪、习俗、行为规范等从起源上讲毫无疑问是人的实践结果，但是又给定地呈现在个体的面前，作为自在的和给定的规范体系支配着人们的日常生活。如此，文化既是一种理论形态，更是被体验的客观现实——任何社会人要完全摆脱文化的束缚是不可能的，不仅仅是语言构成了经验的内容并赋予经验以活力，现存传统、信念、习俗等都或多或少地决定了日常行为模式。文化是大家共同拥有、直接体验的世界，在交往实践中不断丰富和发展——通过交往形成了人类积累、交换、传递、继承和发展自己本质力量的特殊机制，即根本不同于动物自然生理遗传和进化的、为人类所特有的社会遗传机制。

崇礼的儒家文化在中国传统文化中居主导地位，故可把"礼"看作中国传统文化的标志。"礼有三本：天地者，生之本也；先祖者，类之本也；君师者，治之本也。"（《荀子·礼论》）其一，中国古代文化主要是在黄土地上以农业为基础发展起来的，具有农耕文化的特质，在这里，"天地"概括了天与地在内的、与农耕文化息息相关的整个自然界。其二，对"先祖"尊崇，表达了在农耕文明安土重迁生活理念下，祖先崇拜和宗族血缘纽带的坚韧性。其三，"君师"一体，君是政治权力的体现者，师是伦理道德的体现者。"君师合一"体现了在"大一统"、以世俗文化为主的背景下，中国文化的伦理政治本位特点。

考察乡村文化，有必要阐述儒家文化"大传统"和乡土生活"小传

---

① 《马克思恩格斯选集》第 1 卷，人民出版社，2012，第 147 页。

统"的概念以及二者的关系问题。

无疑，儒家的"三纲五常""修齐治平""仁政德政""德化天下"等所谓"纲常名教""道统"是中华文化的大传统（注："道统""政统"之辨——政权难免更替，甚至有少数民族政权统治中原的情况，但只要道统不改，中华文化便一脉相承）。这种"大传统"或者被称为传统主流文化，主要通过私塾、书院以及官学的教育机构而生成与维系，通过科举制度、旌表制度等强化，由一些特定的人群（儒士群体）所体现，属于精英文化。而以小农经济为基础、在集中的大一统王权统治之下的乡里社会，由于经济技术条件的限制，目不识丁者构成了人口的大多数，只能通过日常生活的实践经验、家庭生活的熏陶、代际的口耳相传、基层文化活动，以及节庆、祭祀等宗教或礼仪活动，把儒家主流文化"乡土化""生活化"，加上地域局限、文化交流限制，便形成了各具特点的"文化小传统"。传统中国由乡村构成，小农经营与家庭手工业相结合是人们在传统社会中的主要生活模式，村落（庄）之间互不相扰，村落之内，各家世代为邻，鸡犬相闻、守望相助，加上传统社会的交通与信息传播受限，"天高皇帝远""帝力于我何有哉"，"子曰"不如"谣俗"顺耳，儒家文化对于乡民来说，可谓是"尊而不亲"。章太炎指出："中土素无国教矣，舜敷五教，周布十有二教，皆掌之司徒，其事不在庠序，不与讲诵，是乃有司教分，亦杂与今世社会教育同类，非宗教之科。《易》称圣人以神道设教，斯即盬而不荐，禘之说也。禘之说孔子不知，号曰设教，其实不教也。观《周礼》神仕诸职，皆王官之一守，不以布于民常。"[1]

以农立国的传统统治者深刻了解乡村社会稳定有序、农业生产有条不紊、赋税钱粮源源不竭的意义——"夫中国，农国也，农村犹中国之心脏，言经济者必以养农为先，而后可以足国，犹人之血液集心房，而后可以养身"[2]。因此，精英文化之所以允许民间文化的存在，往往是由于其自身力量薄弱。农民只要不造反，并顺从地缴纳税赋，那么他们在日常生活中所做的一切，国家并不十分关心。

习俗和传统在乡村社会中持久地存在着，国家政治权力在乡土世界的

---

① 章太炎：《驳建立孔教议》，载汤志钧编《章太炎政论选集》，中华书局，1977，第 688 页。
② 钱穆：《政学私言》，九州出版社，2010，第 129~137 页。

"隐退"与"无为"无疑为各地"小传统"的兴起提供了现实空间。政治权力在乡土社会中的隐匿与潜藏状态为其他力量填补乡民的日常生活提供了空间，家族、宗族、宗教等诸多势力均在不同地区以不同状态充当着乡民世界的实际权威。正如吉登斯指出的，"阶级分化社会的体系整合基本上并不依赖于'意识形态的完全一致性'，其体系整合靠的是统治者和国家机构的上层精英对统治阶级的其他成员和行政官员行使意识形态霸权……统治集团和臣民之间具有一种互惠性和自主性，主要表现在统治阶级的税收需求与农民的经济和管理服务需求之间的调配关系上，前者的支配地位要依靠暴力工具来维持"①。

正常状态下，中国社会中的"大传统"与"小传统"之间是融合互进、彼此促进的关系。余英时认为："中国文化中的大、小传统之间的交流十分畅通……其中最重要的一点就是'雅言'传统——中国的方言虽多，但文字演变自商周以来大体上则一脉相承……根据中国人的一贯观点，大传统是从许多小传统中逐渐提炼出来的，后者是前者的源头活水。大传统（如礼乐）不但源自民间，而且最后又往往回到民间，并在民间得到较长久的保存，像'缘人情而制礼''礼失求诸野'之类的说法其实都蕴含着大小传统不相隔绝的意思。"② 实际上，"大传统"所包含的全部知识性的内容脱胎于"小传统"，只是"大传统"一旦发展成熟则变成了一种正规典范，而当这种典范赢得正统地位之后，所有的"小传统"便会有意无意地向这一典范靠拢和学习。概言之，中国社会中的"大传统"与"小传统"在文化意识层面是共通的，尽管两者的表现形式不一，然而从根本上来说是互为表里的——大传统对应的精英文化与小传统对应的民间文化并非是完全的"决定与被决定"的单向联系，更本质的应是某种"紧平衡关系"。

（二）村落文化共同体的"结构—功能"

秦汉以降，国家总是竭力对社会进行严密控制以维持大一统的统治格

---

① 〔英〕吉登斯：《民族－国家与暴力》，胡宗泽等译，生活·读书·新知三联书店，1998，第 95~96 页。
② 〔美〕余英时：《汉代循吏与文化传播》，载王健文主编《政治与权力》，中国大百科全书出版社，2005，第 45~46 页。

局。但就集权国家与乡村社会关系而言，由于疆域辽阔以及经济技术条件限制，前者对后者的控制总是力不从心，"皇权难以下县"。在这种情况下，道德说教或者说意识形态控制，在集权国家与乡村社会关系中便有了重要意义（这也就是前文所说的"大传统"和"小传统"的关系），而这种以意识形态教化为主、无法实质干预农民生产生活的"半管理"模式，促使乡村的基层单元，或者说家庭聚合单元的自然村落，在自我生存演变中，形成了内生性较强的、维持生产生活秩序的，以及自我提供公共产品并发挥超出家庭范围的生产、生活功能的地域性、血缘性共同体结构。

村落的边界、范围、影响。村落因内聚而产生边界，当然也因边界而强化其内聚性。宗族、地方信仰、通婚、水利协作、武装自卫以及行政区划等，既是产生村落内聚及其边界的原因，也是其结果。

村落与宗族、宗教（地方性信仰）。一般来说，宗族始终是传统社会一个非常重要的基层行动单位。南方宗族势力比较强，北方宗族势力比较弱；南方的宗族一般超越于村落之上，而北方宗族则与村落重合或者是村落内部的社会单元。村落内的碾、水井、道路等"公共物品"往往是某一宗族或某些宗族的"族产"。可以认为，在华北传统农区，村落作为共同体，与宗族这一联系纽带密切相关。而宗教（或者地方性信仰）及其组织，有的对村落的共同体起到了强化的作用，而有的则消解了村落的共同体特征。

通婚圈、市场圈、水利管理组织。杜赞奇通过对通婚圈和河北邢台一带水利管理组织的考察，对基层市场共同体提出了质疑："市场体系理论只能部分的解释联姻现象，即使辐射半径在限定联姻圈和其他社会圈方面有重要作用，但是联姻圈等有着自己独立的中心，并不一定与集市中心重合。"水利管理的闸会也是这样，与集镇只是在某种程度上部分重合。由此，杜赞奇推论："农村社会中大小组织并不一定以集镇为中心，其活动也不一定限制在集市的范围之内。不过，与市场体系的相互作用也会制约或促进其活动的开展。"[1]

村落中的文化网络。基于种种结构性因素的存在和复杂的相互关系及

---

[1] 〔美〕杜赞奇：《文化、权力与国家：1900—1942 年的华北农村》，王福明译，江苏人民出版社，1994，第 19 页。

其相互作用，杜赞奇提出具有综合性的社会结构概念——文化网络。"文化网络由乡村社会中多种组织体系以及塑造权力运作的各种规范构成，它包括在宗族、市场等方面形成的等级组织或巢状组织类型……这些规范不能用市场体系或其他体系来概括或取代，它是由各种集团和组织交织而成的天衣无缝的一个网络……任何追求公共目标的个人和集团都必须在这个网络中活动，正是文化网络，而不是地理区域或其他特别的等级组织构成了乡村社会及其政治的参考坐标和活动范围。"它是"地方社会中获取权威和其他利益的缘起，也正是在文化网络之中，各种政治因素相互竞争，领导体系得以形成"[1]。村落（庄）行为主体，在日常生活中总会有各种超出个体解决能力的问题，或者涉及多边利益的纠葛，"小事不出村"——生产生活所限，"大事告状难"——"成本—收益"所限，因此气死不告状，而文化与宗族往往充当着调停者与现实权威的角色，这正是"乡土文化"或者"乡村小传统"产生的合理性及其长期存在的必要性。

文化网络虽然不是一个有形的社会实体，但对于我们理解乡村社会权力结构、村落文化共同体的变迁，具有本质性的意义。文化网络由"各种规范构成"，而乡村习俗，构成了各种规范的主要内容。滕尼斯认为习俗是共同体的本质，是融合了传统的人心机制、社群关系、道德规范以及法权状态的整体文化结构。它源于共同体自然的长幼秩序，进而形成以"祖先崇拜"为原型的"宗教观念"和"仪式活动"。在此基础上，"习俗"不断地塑造着共同体成员的义务感，由此在每个人的心中培育起鲜活的"道德情感"。当然，随着现代商业社会的兴起，个体从传统的共同体秩序中摆脱出来，在无限的社会空间里自由流动、谋取利益，由资本操纵的时尚使传统文化日益变得落寞，传统的习俗无人传习。

在传统乡村，乡绅（乡村精英）及其所属宗族通过一系列仪式以及乡规民约使得乡村生产生活秩序运行呈现出"想象共同体"的特征，即主要是基于地域、宗族以及婚姻等关系而形成的观念、想象乃至信仰上的有机联结，并在长期的历史中积淀而成的共同体。村落是充斥着人情、礼俗与关系的社会，熟人社会的行动逻辑是村落的主导逻辑。

---

① 〔美〕杜赞奇：《文化、权力与国家：1900—1942 年的华北农村》，王福明译，江苏人民出版社，1994，第 13 页。

文化网络以家庭及其日常伦理道德为基础。中国传统乡土社会以血缘伦理为本位，人们常常认为自己、兄弟姐妹应该是属于家庭的。家庭应该是个团结的单位，成员之间拥有割不断的血缘关系和负有天然义务，几乎没有割裂血缘和家庭纽带而能真正独来独往的个人，即便有，也被视为特例甚至被视为另类。家庭是村落（庄）的基本生产生活单位，以家庭为中心，血缘宗亲（族）、邻居、姻亲等纵横关系把村落及其周边区域村落（庄）联系起来，进而社会之人通过种种直接、间接的关系辗转互相联系起来。

"伦理本位"的文化理念符合乡村社会日常生活的逻辑。在传统中国的乡村社会中，通过家庭这个生产和生活的基本组织，进而通过来自血缘亲情的家族和来自地缘的村落等初级群体，社会群体大体一致的生活方式和彼此之间相互亲近与沟通的人际关系得以形成，并在此基础上形成共同的价值核心和伦理性社会舆论。这种共同的价值核心和伦理性社会舆论构建了一种自下而上、自然形成的满足人们基本需要的道德秩序，生活在该群体中的人们处于"熟人社会"中，在乡村中处于固定的伦理位置与扮演固定的道德角色，一般不会有人冒"出局"的风险，随意破坏这种既定的秩序，因而人际间的不确定性较低。因为假如有人不小心逾越了自己的社会角色所规定的行为边界，就会受到舆论的谴责和道德的惩罚。这种道德秩序有利于形成一种团结互助的氛围，也帮助农民建立起对未来生活的信心，对人们应对生产生活中暂时的困难起到了积极的鼓励和支持作用。

可以认为，个体在家庭、家族和群体的保护下成长，个体的感情、意志经由对父（母）系权威的敬畏、祖先的敬畏，以及对英雄、神灵的敬畏而强化。对这些权威的敬畏也成为感情、意志的内容，进而成为行为习惯。行为习惯在自我与群体的反思性活动、实践中逐渐成为习俗并成为习俗的巨大保障力量。

村落的封闭与开放。黄宗智通过"阶层"分化和土地制度，论证了中国传统社会村落的封闭性假设。华北平原村落的闭塞性，除了与它的聚居型的居住形式、比较低的商业化水平有关外，更与村落内部的阶层结构有关。"农村人民生活的闭塞程度随社会阶层而异……中农过的生活是最闭塞的：他所有的财产和全部的工作都在自己村内，它的生产活动不会使他与村外任何人接触。但是一村的显要人物和贫农则不然。"① 与长江三角洲平原不同，华北平原村落内部的结构分化不是很严重，其成员以自耕农为主，因此华北平原农村的商品化程度比较低，村落也比较封闭。但是与华北平原相比，商业化程度比较高的长江三角洲地区的村落，也具有很强的封闭性，主要原因在于两个地区之间有不同的土地制度。

一言以蔽之，"村落文化共同体"是在伦理、习惯等制约下，通过宗族、民间组织等规范主体行为，以村落主体日常"行事"体现出来的、维持生产生活秩序运转的"人—社会—村落环境"的统一体。具体体现为农民日常行为中农耕生产上的各种结合关系，如普遍的搭套、合犋、换工、帮忙、役畜借用等农耕结合关系，体现在日常生产生活的守望相助等村落中的共同体意识及其共同行动上。

结语 文化生态系统属性视角下的村落文化共同体嬗变

"村落文化共同体"的中国特色。就中国乡村社会来说，关于村落共同体是否存在也有争论。② 但是，从中国历史出发，从中国乡村生活出发，我们也可以认为，中国传统乡村的村落文化共同体，乃是一种共同体特征"薄弱"的共同体。一是河网的缺乏造成的流动不便，以及季风气候下的降水不均匀、易旱易涝造成的精细水利管理需求，平原物产的同质化与谋生手段的单一、商品经济的滞后等，导致乡村社会逐渐成为自给自足的地域社会。生活与生产需要的农家聚居，水利与安全需要的合作，娱乐与信仰结合的仪式，地域社会中不断得以累积的村民社会关系，生产生活过程中累积的记忆，以及反复交往中的博弈及其沉淀的规则等，是一个个开放度较低的封闭性村落形成的原因，也是其文化共同体特征的体现。二是诸子分家析产制基础上形成的小农社会，缺乏强烈的宗族血缘认同，在村落

---

① 〔美〕黄宗智：《华北的小农经济与社会变迁》，中华书局，1985，第232页。

② 李国庆：《关于中国村落共同体的论战——以"戒能—平野论战"为核心》，《社会学研究》2005年第6期，第194~246页。

共同体中更多的是地域认同、家族（亲族）认同，加上缺乏共同财产（或共同财产较少），也就缺乏庇护与责任、安全与忠诚，因而协作与合作也多是随机的、因利益而产生的。所以，村落只是生产生活的场域，以及生产生活所需要的秩序，即一种文化维系。当生产生活秩序因天灾人祸难以维持时，村落文化共同体便失去存在基础。

需要指出的是，中华人民共和国成立后，通过土地改革、"人民公社化"运动对乡村社会进行了重构，实现了政权下乡、党团下乡，但农业经济基础并没有消除乡村的封闭性，生产力水平与社会发展程度也没有使个体摆脱对家庭的依赖。虽然农民的经济、社会及政治生活被纳入全国政治生活之中，国家层面的经济、社会及政治一体化明显增强，但我们看到，以自然村为基础的"生产队"，作为农村最基层的生产单位和核算单位，仍然具有基层社区及社会生产生活共同体的特征，农民的生活空间和生产空间重合，农村基层社区或社会生活共同体是一种生产共同体或经济共同体。① 因而，以自然村为基础的"生产队"也仍然可以看作村落文化共同体的历史延续。

村落文化共同体的文化生态系统属性。作为生产生活共同体的"村落文化共同体"，是受为外各种因素影响的秩序系统，从其存在形态来看，可视为一种具体而微的基本文化生态系统。"所谓文化生态是借用生态学的方法研究文化的一个概念，是关于文化性质、存在状态的一个概念，表征的是文化如同生命体一样也具有生态特征，文化体系作为类似于生态系统中的一个体系而存在，完全可以把文化体系类比为生态系统进行分析研究。"② 而"狭义的文化生态，可以定义为由社会环境决定的人民大众的心理状态，其核心为社会公理，是一个社会稳定和存续的基本条件"③。

与自然生态不同，文化生态具有明显的价值取向，因为不仅营造和维护文化生态的人具有鲜明的价值取向，而且已形成的文化生态本身也有价值取向。如文化生态所表现的社会价值取向，就包含了政治价值取向、经

① 项继权：《中国农村社区及共同体的转型与重建》，《华中师范大学学报》（人文社会科学版）2009 年第 3 期，第 2～9 页。
② 邓先瑞：《试论文化生态及其研究意义》，《华中师范大学学报》（人文社会科学版）2003 年第 1 期，第 93 页。
③ 王长乐：《论"文化生态"》，《哈尔滨师专学报》（社会科学版）1999 年第 1 期，第 47 页。

济价值取向、文化价值取向、职业价值取向及伦理价值取向等。文化生态是一个涉及面宽、内容极其丰富的系统，与自然生态相比，具有间接性、隐蔽性、滞后性。一种文化观念要被人们所接受，往往需要经历认识、认同、内化等长期的过程。

近代以来，传统农区村落文化共同体这一文化生态系统，随中国革命与现代化建设的推进，经历了破坏、侵蚀、冲击以及解构—建构的过程。

晚清民初，天灾人祸连连，非但乡村的自然环境遭到破坏，小农户经营者生产生活难以为继，环境承载能力下降，而且"国家—民间"关系异化、官民对立、穷富对立，以至于传统与现代对立、道德与私利对立，村落生产生活秩序难以维系，村落成为"人""财""物"的净流出地，村落"能量"耗散，村落文化生态遭到破坏，生态系统失去平衡。

中华人民共和国成立后，在农村开展了以土地改革为中心的一系列乡村社会革命，一方面重构了社会秩序，另一方面用现代科学知识、用集体主义的革命文化与革命道德教育农民，并把传统文化、传统道德作为批判对象。凡此种种，均为对传统村落文化共同体的冲击、解构。但是，农业生产力并没有随着乡村生产关系的变革而立即发生质的飞跃，村落的封闭性、人口流动的阻遏性因素依然存在，家庭仍是生产生活的主要单元，个体仍在家庭与村落（生产队）的庇护与限制之下。在强势的国家组织之下，即在宏观的社会结构制约下，虽然村落的生产生活秩序在运转，但矛盾亦在积累，农民的政治热情逐渐消退、生产积极性逐渐降低，进而在新的"人口—资源"矛盾之下，农民生活水平降低、个体—家庭矛盾冲突激烈。此时村落文化共同体主要体现的不是个体意志，更多的是国家意志，个体文化行为处于被动适应状态。作为文化生态系统，村落文化共同体自我循环的经济基础与道德基础受到冲击，文化生态基础逐渐瓦解。

1978年以家庭联产承包责任制为标志的农村改革，在某种意义上恢复了传统的农户小生产模式。因而20世纪80年代，修家谱、建祠堂等传统文化活动、传统文化行为在农村一度出现，但随着市场经济的深入发展、打工经济的兴起，农村"人""财""物"再一次持续净流出，村落传统文化生态体系尚未恢复便受到根本性侵蚀。"无论有何区域差异，改革开放以来尤其是20世纪90年代以来，快速进展的农民理性化，极快地侵蚀

着中国不同地区农村的传统,中国农村面临一场巨变。"① 乡村道德领域矛
盾和冲突日渐增多,乡村教育遭遇困境,乡村文化面临危机……

当今,在村落日益开放背景下,乡村文化建设中的村落文化价值更值
得关注。有效的乡村治理要以村落文化价值体系为基础,充分利用乡村空
间特点、熟人社会网络,以及自治、德治资源,提高乡村治理有效性。②
村落共有的文化背景既是当时村落社会公共性所在,也是更大层面社会共
识能够达成的原因;把握城镇化背景下的村落定位,推进新的村落文化公
共性的形成,是巩固社会团结和整合的基础。③ 传统村落(家庭联合体、
个体日常活动场域)因其传统的地缘、血缘以及空间结构之上的文化生态
系统,一直是真实的"治理单元"。发挥村落文化主体的能动作用,构建
自我维系平衡、和谐发展的乡村文化生态微系统,在当今的乡村建设中具
有重要意义。

---

① 贺雪峰:《乡村社会关键词:进入 21 世纪的中国乡村素描》,山东人民出版社,2010,第
1 页(自序)。

② 朱启臻:《村落价值与乡村治理关系的探讨》,《国家行政学院学报》2018 年第 3 期,第
32~39 页。

③ 董敬畏:《文化公共性与村落研究》,《华中科技大学学报》(社会科学版)2015 年第 3
期,第 126~131 页。

第二章

村落文化主体的自我演变

"中国社会——村落社会也。求所谓中国者，不于是三十万村落其焉求之。"① 近代以来，村落社会以其数量庞大的人口、广阔的地域，成为中国社会经济文化变迁的主体与主要场所。

在华夏大地，尤其是在传统农业发达的黄河沿岸、江淮河汉之间，为生产生活、安全生存，聚族而居由来已久。以豫东地区为例，淮阳县双冢龙山文化遗址面积 5 万余平方米，扶沟县凤凰岗龙山文化遗址面积达 21 万平方米，而淮阳县出土的西汉"三进陶质院落"模型，表明西汉时期以院落房屋构成的村落建设已达到相当水平。②

明清时期的项城袁宅、商水叶氏庄园，及民国初期沈丘槐店李氏住宅、淮阳白楼白氏住宅，均为中原地带村落建筑中典型的四合院建筑。但村庄集镇的形成，兴衰快慢与早晚不一。村落一般多在地势较高之处，历来有择高近水建村的习俗，因而大中型河道两岸村庄稠密而大，坡洼沙荒之处村落稀少而小。为符合建房坐南朝北通风向阳的要求，村镇大多呈东西长，而南北长的村庄较少；少数圆片形村落的形成，多由密集的聚居点扩展而成。例如，今天郸城县境内有千人以上的大村镇 89 个，占村庄总数的 3.8%，百人以下的小村 157 个，占 6.7%，其余 89.5% 的都是数百人的村落；就村落的分布来说，县境西部、南部和北部大村较多，东部大村较少。

村落的形成、分布、命名以及兴衰，受历史时代背景、环境的影响，

---

① 〔美〕艾恺：《最后的儒家——梁漱溟与中国现代化的两难》，王宗昱、冀建中译，江苏人民出版社，2004，第 124 页。
② 周口地区民政局编《周口地区民政民俗志》，中州古籍出版社，1998，第 552~557 页。

与此相关的一些历史记载和故事在村落世代流传。

第一节 村落命名

村落的分布、规模与命名,一般都与建村的历史和自然环境条件等因素相关。《周口地区民政民俗志》载,区内村庄的命名受多种历史因素影响。西华县共有 1099 个自然村,其中命名有据可考者 80 余个,其余多为世代相传。以姓氏及联物命名的 422 个,以岗、岭命名的 38 个,以沟、河、滩、堤等命名的 53 个,以桥、路、铺、店等命名的 58 个,以楼、门、胡同等命名的 105 个,以陵、墓、堆等命名的 48 个,以寺、庙、堂等命名的 32 个,以营、寨等命名的 82 个,以人、物、方位等命名的 261 个。郸城县 2338 个自然村中,以古迹命名的 6 个,以传统故事命名的 40 个,以历史人物命名的 43 个,以岗、岭、沟、河、桥、路等地物地貌命名的 112 个,以姓氏及联物命名的 1638 个,以行业及其他命名的 499 个。

(1)以姓氏命名。以姓氏命名的村庄较为普遍,而且又有以单姓命名、联姓命名、姓源命名、姓氏联物命名等之分。这类村庄多以某姓最早定居而得名,且因族大人众,一直沿用至今。也存在这样的情况即该姓氏之人早已迁徙他处或绝迹无从查考,村民均系他姓,但村名仍一直沿袭相因。单姓命名的村庄,如张庄、王庄、李庄、赵庄等遍及各地。联姓命名的村庄,如刘陈庄、李赵庄、闫张庄、葛刘郑庄等。以姓源命名的,如淮阳县齐老乡有太康张、杞县张村,项城县有陈州张、苏州李、汝阳刘等,太康县有祥符李、陈留张村等。以姓氏联物命名的,有淮阳县有张竹园村,商水县有黄寨,项城县有贾岭,太康县有王集,鹿邑县有张店等之类村镇。

(2)以地形地物命名。鹿邑县有贾滩集,系因旧时黄河南泛行洪于此,为黄河边沿滩地而名。淮阳县有许湾村,因位于老运河湾处,许姓居民先期定居,故村名曰许湾。扶沟县柴岗乡柴岗村,因明朝年间,村东南隅建有一阁,以阁而得村名,后因阁废,村落依岗而建,故更名为柴岗。太康县城东南 4.5 公里处,有陶母岗村,相传东晋陶侃葬母于此而得名。扶沟县东南 12 公里处,汴岗乡驻地汴岗村,唐初魏王李密南征途经这里病故，葬于此，故名殡王岗，后演变为汴岗。扶沟县东北 10 公里处，吕潭镇驻地吕潭村，相传明代有吕、赵、黄三姓居民，吕姓居多，故取名吕潭村。

（3）以职业命名。扶沟县韭园村，相传明洪武年间，有高、王二氏种菜为生并以韭菜闻名，后建村命名曰韭园村。以职业命名的村庄亦为常见，各地均有，诸如张菜园、机坊张庄、彭打鸡园、簸箕刘庄、打铁黄庄、杀猪张庄、靛行庄、鱼池沿、邓鱼池、手帕于、犁铧张庄、炮稔王庄等。太康县东北 22.5 公里马头乡驻地马头村，原名许尤镇，宋朝时运粮河经此，村东设有装货物的码头，便以码头为村名，后演变为马头。再如项城县贾岭镇小刘庄，因具有 300 年的唢呐从艺史，而被誉为"喇叭刘"村。今河南南阳镇平县贾宋镇经马庄、邓州裴营乡到邓州市城区的公路两旁，有几个相邻的张姓村落，叫羽茂（帽）张、扁担张、篦张等，以职业命名特征明显。

（4）以营寨命名。豫东周口一带，由于沙河横贯全境，形成天然屏障，人口众多，平原广阔，交通便利，战略地位重要，历来为兵家相争之地，如三国曹魏曾屯田于陈蔡，故境内以营寨命名的村镇较多。如淮阳县西 25 里"指挥营"村，沈丘县兀术营村，太康县西 25 公里常营乡常营村，太康县西南 10 公里处大许寨乡驻地大许寨村等。

（5）以方位坐标命名。如太康县西南 20 公里五里口乡驻地为五里口村。相传该村北距白坡寺 5 里之途，宋时运粮河经此并设有渡口，故名五里口，村名沿用至今。该县东北 22 公里处，转楼乡驻地转楼村，以村西头有转厢楼一座，而取名为转厢楼，后演变为转楼。还有诸如三里村、八里庙、二十里铺、斜地张、东王营、西王庄之类的村名。

（6）以古驿站铺命名。历史政权为传递官府公文、护送过往官员，于交通要道处，设立驿站、急递铺等交通机构，因此一些村落以古驿站铺命名，如西华县东 25 公里处清河驿乡清河驿村，郸城县东 31 公里处白马驿乡驻地白马驿村，陈州府于唐宋即在此设驿站，鹿邑县北 15 公里处马铺乡马铺村等。

（7）以古城命名。如项城县西 5 公里处南顿镇南顿集，淮阳县城东北 12 公里处临蔡镇驻地临蔡集，郸城县东南 23 公里处宜路镇宜路集，太康县西 18 公里处清集乡有扶沟乐城，郸城县东 13 公里处宁平乡宁平城，扶沟县西南 17.5 公里处固城乡驻地固城，鹿邑县西 20 公里处丘集乡平城等以古城命名。

（8）以历史、人物传说命名。项城县南 27 公里处高寺村，相传高氏择居于此，因旧时丘上建有佛寺称高丘寺，后村因之而名。淮阳县东南 21.5 公里处冯塘村，因西汉车骑都尉冯唐葬于此，村以冯塘而名，历代相因。太康县北 26 公里处高贤乡驻地高贤集村，因村北有孔丘弟子高子羔墓而名。郸城县汲冢镇，淮阳县汲公集，均以汉淮阳太守汲黯而名。淮阳县城东南 9 公里刘振屯乡境内朱买臣集，以朱买臣命名，村名世代相因。朱买臣，武帝时为会稽太守，破东越叛乱有功。早年因朱家贫困，其妻求离而去，"马前泼水"休妻，就发生在该村。郸城县北 12 公里处宁平乡境内有王子庄，相传为升仙的王子（王禅）故里，故称其王子庄，村名沿用至今。淮阳的安子岭，新站的马庄，项城南顿的鬼修城，沈丘的迷艇湖与醒城，郸城的拉沟（狗）河、皮子庙，太康的搬倒井、隐藏寺，扶沟的南良、北不良，商水的乌狗庙、饮马台，鹿邑县试量集、唐集乡张老一村等都是以历史人物命名的村。

（9）以古迹命名。西华县东北 10 公里处田口乡境内，有商高宗陵，居陵西者为陵西村，居陵前者为陵前村。太康县东 1 公里处有王陵村，相传夏帝太康、仲康均葬于此，因而村庄以王陵而名。淮阳县东北 5 公里处白楼乡境内有五谷台村。炎帝神农氏，初都陈，制耒耜教民稼穑，尝百草发明医药，留有五谷台、神农井、先农坛等圣迹。先民居于五谷台下，因此该村名为五谷台村。鹿邑县东 5 公里处太清宫，是老子的故里，太清宫始建于东汉，当地先民聚居之村落集镇，及后来的区、乡、镇，皆以太清宫而名。章华台村，在商水县城北 1 公里处，楚灵王筑高 2 米许、方圆 200 余平方米的土台一座，章华台村因台而得名。西华县城西 32 公里处纸坊乡境内有诸葛寺村，村名原为文昌寨、孔明寨，因村内显庆寺中有诸葛庵，故名诸葛寺村。周口市蔬菜乡与市区相交处，有水灌台村。该村有一观水台，台高 7.8 米，南北 10 米、东西 70 米，占地约 700 平方米，相传为大禹治水的观水台，该村因傍此台而名。

（10）联村而命名。即若干个单村联用统一村名。如郸城县北 14.5 公里处吴台镇吴台集村。相传吴台集原为李、马、陈、崔、田、晋、王、许、刘庄等9个小庄。5座庙宇、9村合并，称五台庙，清代为46大集之一，因而得名。淮阳县寨门乡境内有倒栽槐村。倒栽槐系沿沙河与沈丘县交界处的小刘寨、高庄、盛庄、新寨、孙营、张庄等13个相邻小村的联村名。西华县奉母乡有七里仓村，为一村、二村、三村、四村、五村之联村名。

独特的村落命名方式，反映了独特的村落文化与村落记忆。以今核桃李自然村为例。

核桃李自然村位于项城市南顿镇西3公里处，村民全为汉族李姓。《李氏家族》记载，南宋淳祐十年（1250），李姓先祖从山西洪洞县移民商水县固墙李火石村，明初，从李火石村迁此建村，村中栽种很多核桃树，因核桃而闻名乡里，故名核桃李。关于村名的来历，村民有世代相沿的传说。

宋末元初，李姓先祖从商水县固墙李火石村迁来时，有十四五户人家，大人小孩加在一起也就六七十口人。当家的中过举人，没考上进士，也没做过官，在家开个书馆，教远近几个村子的秀才们读书。他懂点医术，经常为乡邻看病拿药，本村人都叫他举人爷，外村的都叫他李先生。1276年，蒙古大军南下路过李火石村，横冲直撞，看着哪个不顺眼，不分青红皂白，扬起马鞭劈头打下，对于敢反抗者举刀就杀。举人爷觉得这里不是安全之地，认为说不定哪一天蒙古人就会杀光全村人，必须赶快找一个安全的地方，以保全村村民性命。

举人爷在行医期间曾到过核桃李，那时这里的老百姓为躲避元军都逃走了，村庄被蒙古军队烧成了废墟，土地也无人耕种，荒草一人多深。该村有一片约十几亩地的核桃林，有核桃树上千棵，树上结的核桃果疙疙瘩瘩成串子，压弯了枝条。举人爷心想，要是在核桃林中间建起房屋，外人则很难发现，这是个藏身的好地方。举人爷回村与村民商量搬迁事宜。举人爷说："咱住在这儿不是个事儿啊，万一哪天惹恼了蒙古人，他要是杀起人来可该咋办？还是搬走为宜！"有人问搬到何处，举人爷遂把自己的想法说了，大家多不赞成搬家。搬家的时候，只有举人爷一家、举人爷的一个侄子、与举人爷要好的三家愿意搬迁。他们拆了房屋，套车拉着梁檩砖瓦，搬到核桃李去了。初到新居，他们不敢走出核桃林，也不敢开垦周围土地。带来的粮食有限，不敢放开量吃，饿肚子咋办？举人爷说："核桃熟了，大家把它打下来，能打多少打多少，把外边的皮肉沤掉，把里边的坚果炒熟，以此代替粮食充饥吧！"时间长了，大家发现，核桃这种东西不但可以充饥，还有药效。经常咳嗽的不咳嗽了，食欲不振的吃饭多了，失眠多梦的能睡好觉了，小便不利的解手顺畅了。尤其是几个上了年纪的人，脸上的皱纹渐渐少了，白头发慢慢变黑了，腰腿不痛了，体质增强了，好像一下年轻了十来岁。举人爷再翻药书，发现核桃味甘、性温，入肾、肺、大肠经，可补肾、固精强腰、强健大脑、补气养血、通润血脉、润燥化痰、润肠通便，便用它治了不少病。大家都说举人爷有远见。后来，元朝代替了宋朝，只要百姓不反抗，便不再随便杀人。举人爷几家不用再躲避了，能走出核桃林开荒种庄稼了。因为他们姓李，居住在核桃林里，外人就称他们居住的地方为"核桃李"。村民觉得核桃救过他们的命，皆认同这一村名。

举人爷虽然成了元朝子民，可内心始终奉宋朝正朔，不用元朝年号。他在家中暗室里设置文天祥、张世杰、陆秀夫等抗元英雄的牌位，初一十五、逢年过节都要祭拜一番。举人爷有心推翻元朝统治，可苦于手下人少，办不成大事，临终前告诫子孙后代："我看这元朝长久不了，要是有人举起义旗反抗，你们不能袖手旁观！"多年后，红巾起义爆发了，核桃李村的年轻小伙子们踊跃参加义军，南征北战，不少人战死沙场。后来村里人口不多，就是因为年轻人战死的多。明世祖朱棣发动靖难之役，核桃李村的核桃树毁于战火，仅村名留下"核桃"二字。[①]

村落的命名、传说，保留着村落所蕴含的独特文化内涵，是村落文化的活化石。

第二节　家庭以及村落公共空间、公共活动演变

一般来说，在传统农业区域由宗族组成的血缘单姓村落（庄）或多姓村落中，家庭是家族的分支和基础组织，众多家庭比邻而居，形成共同生

---

① 刘松忠、李心文口述，唐金龙、刘胜宇撰写《核桃李的来历》，载项城市政协编《项城乡村历史文化要览》卷一，内部资料，2018，第294页。

活的群体。传统时代家庭多以祖孙三代数人或数十人组成，少数由四代组成，亦有数十人乃至上百人的家庭。《周口地区民政民俗志》① 载，商水县化河乡瓦房庄王宪章家，1936 年时全家 76 口人。传说西华县夏亭镇丛桑村张工艺家九世同居②，人口繁盛，家庭成员之间和睦共处，南北朝、隋、唐朝廷皆派臣赐匾额表彰。唐高宗曾驾临张宅，问何能九世同居，张禀："民子时代秉家训，宽厚仁慈传子孙，坦诚公正待事物，时刻常思一个忍。"并书"百忍图"献上，帝甚为赞赏，赐锦帛奖励之。这作为一方传闻世代相传。

一 家庭共同体及其变迁

晚清民国时期，社会急剧变迁，乡村的家庭结构、家庭功能等处于变动不居的状态。

（一）家庭共同体

恩格斯指出："父亲、子女、兄弟、姊妹等称呼，并不是单纯的荣誉称号，而是代表着完全确定的、异常郑重的相互义务，这些义务的总和构成这些民族的社会制度的实质部分……摩尔根说：'家庭是一个能动的要素；它从来不是静止不动的，而是随着社会从较低阶段向较高阶段的发展，从较低的形式进到较高的形式。反之，亲属制度却是被动的；它只是把家庭经过一个长久时期所发生的进步记录下来，并且只是在家庭已经根本变化了的时候，它才发生根本的变化。''同样'，马克思补充说：'政治的、法律的、宗教的、哲学的体系，一般都是如此。'当家庭继续发展的时候，亲属制度却僵化起来；当后者以习惯的方式继续存在的时候，家庭却已经超过它了。"③ 家庭是社会的基础单元，因而家庭在与社会互动中发展变化——虽然家庭中亲属的称谓未变，但随着社会发展变化，家庭的结构、功能发生了变化，已经"名相如而实不相如"了。

就家庭变迁问题，恩格斯从生产力发展的阶段性角度，论述了家庭产

---

① 周口地区民政局编《周口地区民政民俗志》，中州古籍出版社，1998，第 410~418 页。
② 九世同居虽未必真，但作为传说，反映乡村社会对本支百世、家庭和睦生活的期待、向往。
③ 《马克思恩格斯选集》第 4 卷，人民出版社，2012，第 37~38 页。

生与发展历史。就高等动物来说，"高等动物的群和家庭并不是互相补充，而是互相对立的"。"在较高等的脊椎动物中，据我们所知，只有两种家庭形式：多妻制和成对配偶制；在这两种家庭形式中，都只许有一个成年的雄者，只许有一个丈夫。雄者的忌妒，既联结又限制着动物的家庭，使动物的家庭跟群对立起来；由于这种忌妒，作为共居生活较高形式的群，在一些场合成为不可能，而在另一些场合则被削弱，或在交配期间趋于瓦解，在最好的情况下，其进一步的发展也受到阻碍。单是这一点就足以证明，动物的家庭和人类的原始社会是两不相容的东西；正在努力脱离动物状态的原始人类，或者根本没有家庭，或者至多只有动物中所没有的那种家庭……为了在发展过程中脱离动物状态，实现自然界中的最伟大的进步，还需要一种因素：以群的联合力量和集体行动来弥补个体自卫能力的不足。"① 因此，相对牢固的家庭，或者说今天世界上普遍的专偶婚家庭，是人类社会演进的结果。它既是对人类此前群体生活的反动，又是对其的补充，既是对人类此前群体生活的对立，又是新的群体生活的基本单元与基础。

说到底，制度是生产力基础之上的上层建筑，同样，婚姻制度的变迁源于生产力的发展。"随着财富的增加，财富便一方面使丈夫在家庭中占据比妻子更重要的地位；另一方面，又产生了利用这个增强了的地位来废除传统的继承制度使之有利于子女的原动力。但是，当世系还是按母权制来确定的时候，这是不可能的。因此，必须废除母权制，而它也就被废除了。这并不像我们现在所想象的那样困难，因为这一革命——人类所经历过的最深刻的革命之一——并不需要侵害到任何一个活着的氏族成员。氏族的全体成员都仍然能够和以前一样。只要有一个简单的决定，规定以后氏族男性成员的子女应该留在本氏族内，而女性成员的子女应该离开本氏族，转到他们父亲的氏族中去就行了。这样就废除了按女系计算世系的办法和母系的继承权，确立了按男系计算世系的办法和父系的继承权。"②

如果说男权社会的出现是农业生产发展、财富增加、男性地位比女性地位更高的结果的话，那么，专偶制家庭应该是生产的进一步发展、私有

---

① 《马克思恩格斯选集》第 4 卷，人民出版社，2012，第 41 ~ 42 页。
② 《马克思恩格斯选集》第 4 卷，人民出版社，2012，第 64 ~ 65 页。

观念下私有财产制度确立的结果。专偶制家庭"是在野蛮时代的中级阶段和高级阶段交替的时期从对偶制家庭中产生的；它的最后胜利乃是文明时代开始的标志之一。它是建立在丈夫的统治之上的，其明显的目的就是生育有确凿无疑的生父的子女；而确定这种生父之所以必要，是因为子女将来要以亲生的继承人的资格继承他们父亲的财产。专偶制家庭和对偶制不同的地方，就在于婚姻关系要牢固得多，这种关系现在已不能由双方任意解除了"①。也就是说，"专偶制是不以自然条件为基础，而以经济条件为基础，即以私有制对原始的自然产生的公有制的胜利为基础的第一个家庭形式。丈夫在家庭中居于统治地位，以及生育只可能是他自己的并且确定继承他的财产的子女——这就是希腊人坦率宣布的个体婚制的唯一目的。其实，个体婚制对希腊人说来就是一种负担，是一种必须履行的对神、对国家和对自己祖先的义务。在雅典，法律不仅规定必须结婚，而且规定丈夫必须履行一定的最低限度的所谓婚姻义务"。"可见，个体婚制在历史上决不是作为男女之间的和好而出现的，更不是作为这种和好的最高形式而出现的。恰好相反。它是作为女性被男性奴役，作为整个史前时代所未有的两性冲突的宣告而出现的。"②

恩格斯论述了家庭历史由来。家庭本是建立在压制之上的，因而家庭是一个"禁忌"之域，在历史上应该是一个命令而非说服的场域，是暴力强迫的场域，是一家之主以无可挑战的专制权力进行统治的场域。家庭结构本身展现了血缘关系（自然）向政治关系（文化）的转化，并且家庭是该转化的典范性地点——每个人都是在家庭中最初面对"小他者"（母亲）与"大他者"（父亲）。"名无固宜，约之以命，约定俗成谓之宜，异于约则谓之不宜。名无固实，约之以命实，约定俗成谓之实名。"③"实则已标识出建立在'名'（能指）上的政治秩序的无根性（'无固实'）；家庭共同体乃是以生产生活基础的、充满生机的建构——因而，它既是鲜活的，又是脆弱的。"④

---

① 《马克思恩格斯选集》第4卷，人民出版社，2012，第71页。
② 《马克思恩格斯选集》第4卷，人民出版社，2012，第75页。
③ （清）王先谦撰《荀子集解》（上），陈啸寰、王星贤点校，中华书局，1988，第420页。
④ 吴冠军：《家庭结构的政治哲学考察——论精神分析对政治哲学一个被忽视的贡献》，《哲学研究》2018年第4期，第93～102页。

当然，中国传统家庭也不例外。不过，中国传统家庭更讲求和谐、秩序。

"水火有气而无生，草木有生而无知，禽兽有知而无义；人有气、有生、有知，亦且有义，故最为天下贵也。力不若牛，走不若马，而牛马为用，何也？曰：人能群，彼不能群也。人何以能群？曰：分。分何以能行？曰：义。故义以分则和，和则一，一则多力，多力则强，强则胜物，故宫室可得而居也。故序四时，裁万物，兼利天下，无它故焉，得之分义也。"① 而家庭实际是一个最小的群（共同体），是人之所以"能群"的关键点。动物只有"生命"，而人有在政治共同体中的"生活"，"生命"是人与动物所共有的"实质"，而"生活"则是人所独有的，并且可以变化更新。对于人而言，环境不是当下给定的，而是一个可以通过潜在行动和生产"世界"不断加以改变的"敞开"。

俗语云："家有千口，主事一人。"家庭一般以辈高年长者为家长，家长作为一家之主控制家庭经济、行使家长之权。家长的权力、尊严，受封建宗法和道德规范支持。在传统制度、礼教的影响下，形成了家长"唯我独尊"的特权，形成了"一言堂"的传统。

家长统管全家生产生活，为突出其尊严地位，住必居于上房上首之处，坐必位于上首之席，食必以家长为先，且由后辈奉送于前。家长的权力须到其衰老不能操事时，方转让给下辈居长者或有能力者，但其尊位之礼遇不变。

家中长子地位高于其他同辈成员，故理所当然成为接班人。妇女在家庭中处于从属地位，虽称"内助"，而无自主权，有谓之"子尊父命，妻尊夫命，女尊母命"。只有在夫亡子幼的情况下，妇女才能操家长之权，待子成年便将家政之权交儿子执掌，按"在家从父，出嫁从夫，夫死从子"之"闺训"行事。

家庭成员分工，一般是男耕女织，男主外，女主内。男子负责田间耕作、耕畜饲养使役、农副业经营、社交活动等，女子除从事农事辅助劳作外，主要承担纺织、缝纫、饮食、饲养家畜家禽以及抚养子女等家务。主

---

① （清）王先谦撰《荀子集解》（上），陈啸襄、王星贤点校，中华书局，1988，第 164～165 页。

妇在儿子成婚之前，与儿女共同操持家务，儿媳娶进家门后则以儿媳妇为主（儿媳多者妯娌轮流或合作）操持家务。家务与饮食安排事先由家长或主妇选定，饭菜做成之后首先侍奉尊辈，次丈夫再弟妹及子女，待上下安排妥当后，做饭人才能进食。款待亲朋客人加菜设席时，妇女儿童一般不随众入席。

传统文化历来提倡三代同居、四世同堂。但由于家大人多事繁，不易统辖，且兄弟姐妹、婆媳、兄嫂、妯娌之间，多因家常事务而引起纠纷，故在弟兄成家后，往往分爨。一般分家动议由长辈提出，多请族内尊长及舅父主持公道，先由父母提出初步意见，兄弟妯娌协商，若有争议则由舅父仲裁断决。① 划分家庭财产时一般要全面衡量，本着照顾老人和尚未婚配的弟妹的理念，进行妥善分配，除财产外，还要对老人赡养、弟妹婚姻、亲戚交往、债务负担等责任、义务做出合理界定。民间有"若要好，大让小、小让老"之说。但多数贫寒之家，无更多的财产可分，有的只是简单栖身之所、一些破旧残缺不全的炊具和数月的口粮而已。

民间普遍存在着重男轻女、男尊女卑陋习，家庭财产继承权只限于男子，有"儿得庄，女得箱"的传统观念，即女儿只能分得父母箱柜内的衣物，而庄园、房产、土地、用具等主要财产全部归儿子继承。有女无男而招婿入赘者，又多受本族和村人歧视，女婿很难行使真正的继承权。无子之家，民间有择本家族侄儿为"养子"（亦称"过继儿"）之俗，亦有立孙子的。传统是立男、立幼、立贤、立爱，以使老人得到赡养，若收养异宗异姓之子，则称之为"螟蛉义子"。

家庭成员关系。夫妻是家庭的主轴，是家庭关系的基础。男女结为伴侣，以白头偕老为幸福追求，历来有"夫唱妇随""夫妇顺""恩爱夫妻""从一而终"的说法。夫妻之间，有话同知、有饭同吃、互敬互爱、同甘共苦，共同操置家务，兴家立业。在日常生活中，夫妻可能会因为各种矛盾而生气、争吵，甚至打闹。而经过磨合，加上孩子逐渐长大，多数夫妻之间和矛盾自然消除。俗话讲，"天上下雨地下流，俩口吵架不记仇"。

父子关系。以孝为本，子女均需遵从家长的管教。"孝顺"是子女的本

---

① 民间认为，父母待儿女有好恶之分，难免有偏爱之心，而舅父对外甥则一视同仁，故而信其公正。舅父裁决具有公认的权威，各方必须遵从。

德，"子遵父命"、父子之间无戏言，俗谓"父母是儿女头上一层天"。

婆（公）媳关系。公婆儿媳之间相处得好坏，是家庭能否和睦的关键。公婆与儿媳之间表面平静似无矛盾，实则相互埋怨。在与儿媳的相处中，明智者以媳妇虽系儿女，但不是"亲骨肉"，言行以"谨慎"为好。媳到婆家，公婆就是爹娘，当小辈的不能同上辈人"争高低"。婆（公）媳之间应相互尊重，遇事相互商量。

兄弟关系。历来有"兄弟如手足""兄则友、弟则恭"之说。在传统未分爨之家，主持操置家务的一般是父亲，父亲过世的则由兄长负责。

妯娌关系。亦称"姊妹关系"，妯娌关系好亦是家庭关系和睦的关键——"弟兄不和粮不见，妯娌不和家必散"。妯娌之间的矛盾多因生活琐事而生，家长须"一碗水"端平，勿使妯娌之间心生嫌隙。

叔（姑）嫂关系。叔嫂之间，姑嫂之间，理应互相照顾。嫂子贤惠而替父母操置家务，关心"小叔""小姑"穿戴与温暖，以行动做表率，遇事忍让，如此姑（叔）嫂关系方能和睦。

传统家教。在传统社会，不论贫富贵贱，庶民官宦商贾之家，各有家规家风，特别是书香门第，受孔孟之道影响，诗礼传家，更为重视家教、家规。《三字经》《百家姓》《千字文》《治家格言》《弟子规》《名贤集》《增广贤文》等蒙学读物，流传甚广，影响深远。修身是治理家庭的基础，《礼记·大学》讲"欲齐其家者，先修其身"。修身的重要性在有关家庭教育的经典著作中多有强调，如《教谕语》"立身修身之道，第一是要诚实"，教导世人在日常生活中，亦应重视修身，养成良好的道德品质。在待人接物中崇尚和睦，适当忍让，俗谓"万事和为贵，家和万事兴"。传统的家庭伦理提倡忍让，相互之间以忍让求全，强调"小不忍则乱大谋""忍一时风平浪静，退一步海阔天空""百忍成金"。要严于律己，宽以待人，注重自我反省——"责人之孝，必当思己之孝；责人之忠，必当思己之忠"。

为反映中西部传统农区乡村家庭情况及其时代变迁概况，兹引《周口地区民政民俗志》加以说明。民国24年（1935），全区（今周口市）家庭户60.9万户，其中外来寄居户、船户与寺庙户共360户。1982年第三次人口普查显示，该地区共163.2万户，其中家庭户162.8万户，集体户4367户。家庭户786.8万人，占该地区总人口的98.5%，户均4.8人。一对夫妇户占 5.1%，两代户占 46.9%，三代以上户占 20.6%。户主与其他亲属及非亲属生活在一起的户占 4.3%，单身户占 5.1%。1990 年第四次人口普查显示，该地区总户数 205.1 万户，其中家庭户 204.5 万户，集体户 5961 户。家庭户总人数占该地区总人口的 98.5%，户均 4.5 人。一对夫妇户占 5.4%，两代户占 67.9%，三代以上户占 19.1%。户主与其他亲属及非亲属生活在一起的户占 3.7%，单身户占 3.3%。家庭构成以两代户占比重最大，五代户最少，仅 37 户。据民国 24 年（1935）对 328.2 万人（缺商水县）的调查，其中识字人数 26.9 万人，不识字 301.3 万人，平均每百人识字人数仅 8.2 人，每百人识字人数最多的是太康县，为 11.6 人，最少的是鹿邑，仅 5.1 人。识字人数中绝大多数为男性，每百人中男性识字人数为 14.5 人，每百人中女性识字人数仅 1.2 人。1990 年第四次人口普查数据与 1964 年第二次人口普查数据相比，具有大专文化程度的人数从 2863 人增长到 27572 人，增长 8.6 倍，具有高中文化程度的人数增长 14.3 倍，具有初中文化程度的人数增长 11.7 倍，具有小学文化程度的人数增长 2.3 倍。1990 年全区文盲、半文盲占总人口的 24.3%。[①]

　　传统时代，家庭权利结构或者说家庭人际关系的显著特点是妇女地位低下。女孩自降生即受到歧视，生女孩称"小喜"，生男孩则曰"大喜"。男婴胎衣埋于屋内梁下，寓意"顶梁柱"，女婴胎衣埋于外窗下或粪坑里，寓意"门外之人"。女孩五六岁开始缠足，俗称"裹脚"。以三五尺长的宽布条，将幼小的脚强行缠紧，每天还要不时用手紧搠加压，直至脚趾骨弯至脚心或被压断，双足不再正常发育成长，一般要三四年方能裹死。脚掌坏死令人疼痛难忍、坐卧不安，夜不能寐、叫苦连天，有的人的脚甚至溃烂，以致难以行动。故有儿歌曰，"裹脚条，三尺三，娘心狠，把脚裹，天天勒，整三年，脚未裹成疼死俺"，"女儿哭来娘掉泪，谁也不该埋怨谁，莫怪为娘心太狠，怪你是个女流辈"，"可恨老娘心太偏，硬给女儿把脚缠，男女同是亲娘生，因何你要两样看？"由于重男轻女的世俗偏见，"面条不算饭，妇女不算人"，"女子幼时父监护之，壮时夫监护之，老时子监护之"，终生未有独立自主的权利。

---

① 周口地区民政局编《周口地区民政民俗志》，中州古籍出版社，1998，第 410～418 页。

即便是知书达理的知识女性，也不能摆脱时代强加的命运。荆布老人高梅阁①，字芳云，1783 年出生于河南项城县城内（今秣陵镇）之"诗礼之家"，丈夫张东林"业武不业读"，二人志趣迥异。在张家生活困难时，她典钗以事公婆，时"终夜饮泣，未尝告人"。1860 年病故于项城乡间，享年 77 岁，有诗集《行短集》存世。② 其《训子语》有言："……妇道从人，以顺为正。若舅姑良人，俱慈祥明理，自然一家和睦，事事容易。若遇狂荡暴谵、不可情理解者，则当罪己责躬，委曲防患，以全父母之声名遗体，以自免于羞辱。盖妻道较臣道尤难：以道事人者，不合则去；以身事人者，终身辗转不得也。"③ 寥寥数语，读来令人思索良多。高梅阁虽满腹诗书，但由于时代所限、"妻道"所限，"终身辗转不得"，难以改变自身家庭地位，难以追求诗书人生。

（二）家庭共同体变迁

随着社会经济的发展，加上家庭代际理念变化，乡村的家庭关系、家庭矛盾逐渐发生了变化。

1. "旧社会"家庭共同体变迁

"委托式家庭（中国传统家庭）完全靠传统的规则和常规来维系，这类家庭具有权威性，它要求每个家庭成员及他们的配偶和孩子对丈夫和年长的男子的权威不得冒犯，并强调忠于各自的职责、恪守传统规范。婚姻的安排则是一个反复权衡的过程，并注重经济和社会地位的相当，以及婚配的男女对扩大家庭群体的顺服。这种类型中的家庭关系实质是一种主从型的家庭关系。"④ 作为一个基本的社会组织单位，家庭的结构、功能、关系等与一定的生产方式相适应，随着社会制度的变迁，尤其是家庭婚姻制

① 司峻、袁伦中：《抗世蔑俗的晚清女诗人高梅阁》，《中州今古》1994 年第 2 期，第 12 ~ 14 页。

② 高梅阁虽生于诗书之家，但终老乡间，其家境一般，对于乡民疾苦能感同身受。兹举其诗一首为例。《五鼓闻春》："四邻春野确，梦寐忽为惊。月向窗边白，鸡才架上鸣。风霜侵曙苦，帷幄尚寒生。短布茅檐外，如何奈五更。"此诗与杜诗"穷年忧黎元，叹息肠内热"情感类似。见张恩岭《高梅阁诗赏析》，中国文艺出版社，2011，第 37 页。

③ 高梅阁：《训子语》，载项城市政协编《项城乡村历史文化要览》卷三，内部资料，2018，第 1555 ~ 1557 页。

④ 李红婷：《结构与功能：百年中国农村家庭历史变迁》，《民族高等教育研究》2013 年第 4 期，第 62 ~ 66 页。

度的变迁而变革。

就我们关注的传统农业区域来说，近代以来，人地矛盾突出，80%的家庭的人口数为4~7人。以中华人民共和国成立前豫东淮阳县家庭情况为例。

（1）巨富家庭。家资丰厚，几世同堂，土地数百顷，家庭成员数十人或几百人，不仅有大量的农业收入，而且经营有商业或兴办手工业作坊。此类家庭的核心人物多是地方绅士或官府要员。家庭成员依嫡庶长幼，分成若干等级。家长居支配地位，总揽全家大权，常以"三纲""五常""十义""修身齐家"等孔孟之道教育家庭成员，来维护家庭秩序和等级制度。此类家庭全县仅10余户，如清代新站雷家，民国时期的城南赵家、城北白家、城里于家、城西傅家等。

（2）富庶家庭。土地百亩至数百亩，有长工、佃户。一般有数十口人，主要经营农业，兼放高利贷或开办油坊、粉坊、染坊及其他小型手工业作坊，多发迹于荒年暴月。家长掌管全家大权，只负责指挥生产，不从事体力劳动，常以封建礼教约束家庭成员。此类家庭占县内总户数的8%~9%。

（3）殷实家庭。人口一般为5人至7人。家庭人均土地近乎社会人均土地，牲畜农具皆有，自耕自种，自给自足。正常年月，生活较为稳定，生活水平高于一般民众，家庭等级不像封建地主家庭那样森严，封建礼教在他们身上表现得不甚强烈、明显，遇较大天灾人祸则有倾家荡产之危险。此类家庭占县内总户数的40%左右。

（4）困难小户。一般人口为4人至6人，土地甚少，房屋简陋，只有一部分小件农具。农忙务农，农闲出卖劳力，债务丛集，年年为生活问题所困扰，社会地位低下，封建礼教在这类家庭中较为淡薄。此类家庭占县内总户数的30%~40%。

（5）穷苦家庭。此类家庭，其成员有的没有继承家业，有的因天灾人祸倾家荡产，有的身体残疾或者智力不全，原有的一点微薄家产耗费殆尽。甚者，上无片瓦，下无立锥之地。为了生存，他们或出卖劳力，或为人雇用，或四处讨饭，常以破庙为家，度日如年。此类家庭占县内总户数的10%~20%。①

---

① 《淮阳县志》，河南人民出版社，1991，第857页。

家庭财产决定家庭结构、生活方式。就淮阳县的家庭情况来看，所谓标准的委托式家庭（中国传统家庭），十不占一。因此，能够在家庭生产与消费、生育、赡养之外发挥教育、知识传承、祭祀与文化娱乐等功能，只是少数富有的"三代不分爨"家庭的事情。

但"耕读传家"是中国乡村社会的理想模式，"耕"打下物质基础，"读"是上层建筑——既是培养人的需要，也是家庭、家族兴旺发达的希望所系，因而，不少贫困家庭子弟，苦读不辍。"孰云藜藿可疗饥，始信凶年即此时；儿女膝前啼冻馁，挑灯犹训诵毛诗。"[1]

前文提到的高梅阁，认为"教子，人生极大事"。其子张安雅遵母命，悉心攻读，自志"宁可担粪种瓜终身力食为不识一字之愚农，耻为风流无行之才子浮华无用之词人"，著有《得所轩诗文集》12卷——时人谓之"本心独见，盖得力于母教多矣"。[2]

高梅阁之诗文，既是乡间读书人的人生体悟，也是对子孙后代的殷殷期盼。其《训子语》教子读书做人、责己事亲、行事以善。"见其文称其品，当效其人"，现在仔细品读，仍令人首肯心折。《训子语》内容如下。

训子语

道理全在琐屑俗事上，人生大事能有几件？日日所行，尽是琐屑俗事。

……教子，人生极大事，除事亲之外，无有大于此者……夫有子而不能教，是为父而不慈也……教小儿读书，先讲说于他，是教他为人，不是教他穷经。

……古人云：无屋漏功夫，做不得宇宙事业。少年聪明子弟，若不能吃些苦楚，谁与安逸有仇，肯做屋漏功夫耶？

……敬人正是自敬，慢人正是自慢。好说人好处，正是自己好处。好说人不好，正是自己不好。责人，则心常忿；责己，则心常和。

---

① 叶静可：《荒年》，载民国《项城县志》卷21《丽藻志》十，民国3年（1914）摄提阁石印本，第34页。
② 高钊中：《张菱湖茂才传》，载项城市政协编《项城乡村历史文化要览》，内部资料，2018，第1561页。

……我遇事先思其难，汝遇事先思其易。……我平生常自视不足，汝平生常自视有余。……

听汝说道理，尽有精微透彻处，奈何到行己接物时，便身与口异，往往做错？可见不曾实用功夫。致知格物，皆是躬行，知行本是一事。

……庄敬日强，越有精神。安肆日偷，越没精神。……昭烈戒后主曰："勿以善小而不为，勿以恶小而为之。"……天下极大之事，皆起于极细，成名杀身，小善小恶之积也。

……自谓无过恶者，只是不曾省察，终身养贼而不知。

多言妄动者皆无威，故君子戒慎，不失色于人。

能忍最难，不若责己。

……古无风水之说……借亲之骨，冀要福于子孙，不仁不孝之大者。是以学贵明理而不惑也。割席不正，孔子不食不坐。余平生最恶夫不正者……

古之丧祭，为享亲也；今之丧祭，为宴客也。丧事酒肉宴客，非礼之甚者。习俗已旧，非议礼制度之圣人，乌能革此淫俗哉？

……病三月，衣冠坐卧必正，盥漱必洁。及病革，言动不能，偶有弗正弗洁者，颐使目指，若甚恶之，必正之洁之然后安……

"地瘦栽松柏，家贫子读书。"衰世乱世的读书人及耕读之家，是千年文脉、道德传承的载体，亦是后世国家民族勃兴之根基。

以晚清民国年间内乡县马山口镇大寨村王镡为例，父子兄弟，耕读传家，可为典范。

王镡（1857～1932），名全基，字剑甫，号知无，系内乡县马山口镇大寨村人，出生于贫寒之家，自幼勤奋攻读诗书，年方二十，已精通"四书""五经"，并能组写篇章。21岁夏，正值清光绪三年（1877）"岁试"，经考入泮（考中秀才），并以才学兼优取为廪生（廪膳生员）。镡治学严谨，刚直忠诚，与人为善，故被当时一些富豪人家誉为"教子良师"，争聘其为家庭塾师。22岁至75岁期间，先后在西峡的蒲塘罗，黄狮店，镇平的高丘，以及内乡县城的书院、贤祠，城郊的东王营，夏馆、余关、王店、灌张，马山口的天宁寺①、大王庙、大寨等 25 处任教，54 年教学生 434 名。

清宣统元年（1909）受聘为内乡天宁寺忠义小学校校长，兼教国文。晚年在家开办义塾，就读者多系成年人。民国 17 年（1928），镡被聘为《内乡县志》主编，民国 21 年（1932）志书纂竣，同年 12 月镡病逝，享年 76 岁。

王镡自述："生于贫贱。八岁失恃，九岁入塾。吾乡六经而外，不知他书，余又无钱买书，抄读借读，终于井蛙。二十一岁入庠，次年遂为人训蒙。自是，奔走衣食者三十余年；中间乡试赴汴者十次，皆步行自负囊橐，又值暑后。近来精神疲惫，一为苦读，一为舌耕……而舌耕终于养父兄无补，乡试终于慰父兄未能……先兄推衣推食，抚弟恩至。鄙人二十七岁，尚不知孝悌为何，以后虽稍有知，而意未诚。父兄之志，无一慰者。"②

从王镡自述可知，父兄耕田供其读书，直至其兄、父病逝，40 余年不辍。

光绪二十四年戊戌（1898），王镡 42 岁，授业于明道书院，父逝，无力葬父，停枢中堂。

1914 年，王镡 58 岁，年近花甲，在舌耕 20 余年后，家居教孙辈三四小儿读书，乱世之中仍以耕读传家为务。"降灏已八岁，宜教之识字。其表兄启运，才质心地皆可进学。予恐惧其抛书误功，因命其来寨中读书，兼以教逢灏识字。适王店周家麟亦来相伴。乃以寨之东南李姓寨房，三四人读书其中。予逐日一至，半游息，半谈论焉。"③

作为传统读书人，镡积极作序作传，力赞厚德美风良俗。"……勤俭忍让，业耕读，业商贾。田产日增，祖业复完，虽居市厘不染一毫嚣尘气。亲友因公后嗣之昌，皆公之孝悌施德所留贻，议贞珉表之。余曰，表

---

① 内乡县天宁寺，当地民间讹称天明寺，在今内乡县马山口镇西南两公里处，历史上多次被毁而原址重建。
② 王镡：《六年丁巳年（公元 1917 年），六十一岁，家居》，载氏著《知无子备忘录》（未刊手稿，无页码），内乡县地方志办公室存。
③ 王镡：《三年甲寅（公元 1914 年），五十八岁，家居》，载氏著《知无子备忘录》（未刊手稿，无页码），内乡县地方志办公室存。

之城宜，且足以化乡人，厉钝俗焉。每慨夫厚于营家，薄于骨肉者，甘旨不奉堂上，手足日阋墙中，遇贫苦亲邻，一钱必争，粒米必吝，迹其视财如命，并己身饥寒不顾，彼固为子孙计也。岂知天道好还，囊旨所积一传再传，五家即分取以去。吁！守财奴未早思耳。何如王公。譬诸泉源之浚，而流之长乎？譬诸耕，前人种而后人收乎？夫公即才志轶宕，不修边幅，而笃伦理，轻荣利，世味淡而天性浓，如浑金、如璞玉；视世之修边幅家，小廉曲谨，而乾糇德色、反漓性真者远矣。公懿行，孙先生某已文为状，对余尤能道其详，因乐述表，以为有施必报之验。"①

与王镛同年而生的刘大鹏，虽然其所居之地晋中与南阳遥距千里，但刘、王之人生际遇颇多相似之处，这反映了同时代乡间知识分子及其家庭、家族命运趋向的某种一致性。

刘大鹏（1857～1942），字友凤，别署梦醒子，山西太原县（现为太原市晋源区）赤桥村人，幼年从师受业，23 岁毕业于太原县桐封书院，光绪二十年（1894）中甲午科举人。其后三次进京会试未中，以怀才不遇，隐居家乡。其间，曾在山西太谷县南席村票号商人武佑卿家塾中任塾师近20 年，1914 年回到家乡太原县，任县立小学校长，兼营小煤窑，并耕种有少量土地。一生基本上生活在晋中农村，子女较多、家境一般，饱受天灾人祸之苦，对下层社会生活体验深刻，对农民疾苦体察颇深，对官吏贪暴与政治腐败多有谴责；在地方上办过不少好事，乡里认为其"急公好义，遗爱在民"。民国 33 年（1944），邑人在晋祠圣母殿南侧，立刘友凤先生碑，铭曰："乡邦文献，关怀有缘，表扬潜德，著述连篇，天不憖遗，杀青何年。晋水潺潺，相与鸣咽，千秋万祖，其视此镌。"刘大鹏著有《退想斋日记》，共 200 多册 50 多万字，记录了他长达半个世纪的亲身经历，描述了当时当地农村的政治、经济、文化等社会情况。

从《退想斋日记》的真切描述中，我们可以看到一个乡村耕读之家自晚清民国至中华人民共和国成立期间的变迁。

"刘大鹏的情况并不特殊。他常常提到和他处于相同困境的朋友，他的观念和思想正是从他生活的社会和文化环境中而养成的。但是我并没有

---

① 王镛：《王公正本道碑序》，载氏著《知无子备忘录》（未刊手稿，无页码），内乡县地方志办公室存。

因为他有代表性而写他。真实的人总是非典型的。"①

刘大鹏非但因读书中举而秉持儒家思想，更因为他有良好的家教。35岁已为塾师，去看望父亲，其父仍嘱咐："明日即可回去，禀尔母亲知之，到馆尽心教授弟子，不可在此多住，耽误弟子读书，中旬后吾即回去。至于尔族伯母仙逝，一切营葬花费，吾家偿之，不必累尔诸族兄。"又谓之曰："吾前命尔为学，如敦宗族、和乡党，敬师友、正心术、端品行，以及赒恤贫穷，儆戒贪利，寡欲养神诸事，尔亦留意否耶？"又云："吾在此方，虽未能修德行道，然济人利物之事，亦常为之，故居人多称吾为善人，亦以吾救卖妻鬻子者故也。"刘大鹏应之曰："谨遵命。"②

刘大鹏秉持"士君子俭以养德"之信条。"余实不肖，而于俭之一字颇不甚远。前在省垣书院肄业，众友皆谓余俭约过甚，有一友诮之曰：子俭约尚矣，而饮食之奉，何乃菲薄如此？或者嫌其肚大乎？余曰：吾等在此肄业，是求德业之进，非求饮食之佳，子言余饮食过俭，而吾每日所食，不外好面、豆面，间或有肉有菜，尝以为父母在家，尚不知食此否，而余自奉如此，何幸如之？且余在此享福，亦父母之福荫也，夫子之言，似有未当欤？"③

对刘大鹏来说，农耕是知识传统里的一部分，村落农田即是践行自己信仰的广阔空间，此间他树立了勤劳、坚定和负责任的形象。农田是体现天道酬勤的最佳场域——人勤地不懒，一分耕耘、一分收获。力田耕耘，是他生活的常态。"家有稻田数亩，自己播种，目下成熟。雇几个农夫收割，余督次子瑄及家佣在田办理。"④"人工缺少，并未雇工，予终日在田，未曾一歇。"⑤

19世纪90年代，刘家有一亩半地，刘父用刘大鹏教书收入购置一些土地。1902年，购入一亩半地，到1926年，刘家共有6亩地，包括适种

① 〔英〕沈艾娣：《梦醒子：一位华北乡居者的人生》，赵妍杰译，北京大学出版社，2013，第7页。

② 刘大鹏：《退想斋日记》，乔志强标注，山西人民出版社，1990，第9页。

③ 刘大鹏：《退想斋日记》，乔志强标注，山西人民出版社，1990，第7~8页。

④ 刘大鹏：《退想斋日记》，乔志强标注，山西人民出版社，1990，第45页。

⑤ 刘大鹏：《退想斋日记》，乔志强标注，山西人民出版社，1990，第332页。

稻谷、小麦的灌溉田和一些只能用来种小米的旱田。①

终其一生，刘大鹏在农忙时节都会不时地下地干农活。"余适田畴，督率佣人耕种，旁观者多指而目之曰：此某某也，尚在田中耕种，毋乃不类乎？余闻之曰：言之者是不知余之所以然也。余家以耕读为业，不耕则糊口不足，不读则礼仪不知……"②

祖宗虽远，祭祀不可不诚。祭祀祖宗是孝的一种体现，更是教化子孙的一种仪式。"今日是先祖大人冥寿，父亲大人命敬办祭物。即于中庭神主前陈设祭祀……"③ 多子多孙也是孝的一种表现。刘大鹏有三任妻子，有 9 个孩子活下来——50 年间降生了 5 男 4 女。两个儿子玠和瑄大约在 19 世纪 70 年代出生，小女儿璧莫则出生于 1925 年，长孙出生于 1896 年，5 个儿子为他所生的孙子有 7 个活了下来。

刘大鹏喜爱孩子，而且延续其父耕读传家的教导。当清晨的第一缕阳光洒进来时，和刘大鹏一起睡在外间大砖炕上的两个孙儿全忠和精忠也起床开始温习功课了，茹忠也过来和堂兄弟们一起读书。刘大鹏看着儿孙们围坐膝下，听到书声琅琅，感到很欣慰，每天就在这个时候写日记。④ "父慈子孝"，他的日记中时常记述女儿们婚后回来看他。⑤

20 世纪二三十年代中国农村经济萧条，严重影响了刘大鹏家的生活。"年关在即，外债来逼，予家贫穷不免受窘，盖由生活程度今岁增高较去不止倍徙也。"⑥ 赋税增加、货币不稳，生存性的农业生产空前重要——这也是刘大鹏 74 岁仍与儿孙一起耕种的原因。"秋来佣工之人甚缺，予因不多雇工，暂作农人，虽不能抵一个工，抑且能抵半个工，加之五男鸿卿，三孙茹忠，二童亦能工作，故未多雇工，非但省许多工资，而又省许多饮

---

① 〔英〕沈艾娣：《梦醒子：一位华北乡居者的人生》，赵妍杰译，北京大学出版社，2013，第 114 页。

② 刘大鹏：《退想斋日记》，乔志强标注，山西人民出版社，1990，第 45 页。

③ 刘大鹏：《退想斋日记》，乔志强标注，山西人民出版社，1990，第 30 页。

④ 〔英〕沈艾娣：《梦醒子：一位华北乡居者的人生》，赵妍杰译，北京大学出版社，2013，第 8 页。

⑤ 〔英〕沈艾娣：《梦醒子：一位华北乡居者的人生》，赵妍杰译，北京大学出版社，2013，第 49～50 页。

⑥ 刘大鹏：《退想斋日记》，乔志强标注，山西人民出版社，1990，第 401 页。

食，斯正薪桂米珠之际，粒食维艰，凡做人家者，不得不撙节以度此乱年也。"[1]

显然，他家吃的比他能种的多。人生的最后几年，刘大鹏一家在日本侵略者的统治下生活更加艰难，已经到了吃了上顿没下顿的地步。和家人一样，刘大鹏早饭吃最便宜的高粱熬的粥，拿凉粥当午饭，热一下粥当晚饭。偶尔朋友送些玉米、高粱，甚至小米、面粉给他。"王景文老友怜我遭乱被灾，大受窘困，口食艰难，乃于昨日遣晋泉栈号送来玉茭子五小斗、谷米五小斗、茭子五小斗，为赠济我之穷，惠而好我莫此为甚，年虽老迈能不铭感于心。"[2] "牛锡纯友人遣其号伙送来白面三十斤、中面三十斤，为赠我之物，予家正叹无米为炊……"[3]

庞大的家庭、拮据的生活，刘大鹏的家庭共同体之经济基础已然崩溃，维系这个家庭的年迈父亲的权威及其近乎完美的道德人格、旧的伦理规范还有多大力量？这个血缘共同体还能维持多久？

时代在变，人的观念行为也在变，尤其是在艰难时代离家在社会上闯荡的人。当家庭共同体不能为个体开辟更为广阔的发展空间、充满希望的未来时，在变动不居、一切充满不确定性的时代，个体背叛家庭、背叛传统的家教，也就具有某种必然性。

刘大鹏的大儿子刘玠酗酒、抽烟，每天抽两包烟，但从不敢在父亲面前抽烟。晚年刘玠抽鸦片，家人都知道，唯独刘大鹏不知道。刘大鹏所追求的儒家家庭关系所体现的挚爱亲情本来就不是容易维持的，这同年轻人的观念激烈碰撞。[4] 刘大鹏的家人开始以行动反叛他的道德观。1940 年，刘大鹏的三子刘珣、四子刘珹都成了"瘾君子"，他们的行为摧毁着这个家。当时刘大鹏 21 岁的幼子刘鸿卿尚未成家。刘鸿卿吃苦耐劳，并不吸食毒品，但没有人愿意把女儿嫁给有"瘾君子"的人家。刘鸿卿因为没有像兄长们那样念完中学而遗憾，由于家贫，他只念完了小学。

以刘大鹏的儒家伦理格局来看，孝悌本应将家人联系在一个经济、家

---

① 刘大鹏：《退想斋日记》，乔志强标注，山西人民出版社，1990，第431页。
② 刘大鹏：《退想斋日记》，乔志强标注，山西人民出版社，1990，第525页。
③ 刘大鹏：《退想斋日记》，乔志强标注，山西人民出版社，1990，第527页。
④ 〔英〕沈艾娣：《梦醒子：一位华北乡居者的人生》，赵妍杰译，北京大学出版社，2013，第67页。

庭单位中。此前，刘家也是这样生活的。刘大鹏和他的儿孙们生活在一起，收入共享，吃一样的东西。而分家意味着兄弟异财，让他们互相独立，给他们事实上所应继承的财产。尽管分家不可避免，儒家孝道鼓励尽可能将此推迟。尤其是父亲在世时不应分家，因为分家后父亲在经济上会依赖儿子。分家常常引起争论，当刘大鹏被请去协调处理分家事宜时，他从根本上反对分家。"（1916 年 1 月 4 日）贾禹臣之侄不守家规，谋与叔析产异居，禹臣无奈禀官讯办，官竟委予办理，今日在贾家一日，尚无头绪。"① "（1916 年 4 月 8 日）贾禹臣（映毕）亲翁因其侄要求分产异爨，不得已同亲族乡邻为其办理，予以戚谊辞之不获，今日初晓，即遣人来请予，早餐后赴其家，先为劝谕仍然同居，但未知听予言否。"②

那时，他的妻子和儿子决定分家，知道他会反对，因此并没有告诉他。依照一般的做法，财产应该在兄弟之间公平分配，养老的义务也应该让兄弟公平承担。就刘家来说，刘大鹏的二儿子刘瑄患癫痴，因此财产在四个儿子之间分配，而刘大鹏、刘妻史竹楼和可怜的刘瑄成为他们共同的负担。分家的外在表现是每个兄弟自家都开始做饭，各自吃饭，但是由于刘大鹏从不进厨房，他的饭被端到他屋里，因此他根本就不知道分家这回事。③

自然经济的瓦解与商品经济的兴起，西方家庭伦理的传播、政治变革与婚姻家庭法律法规的制定，以及新式教育的推行等，是传统家庭向现代家庭转变的动力。④

刘大鹏无疑是"温良恭俭让"的践行者，也是"三纲五常"的信奉者。"修齐治平"四字，唯有修身、齐家是其儒者理想与身份的精神寄托，乃至生命的意义所在。刘大鹏在走完坎坷一生的前十日，仍在日记中说："伦理纲常，现时人不讲究，惟是行求利之法。专务发财，莫知礼义廉耻为何等事。"⑤

---

① 刘大鹏：《退想斋日记》，乔志强标注，山西人民出版社，1990，第 222 页。
② 刘大鹏：《退想斋日记》，乔志强标注，山西人民出版社，1990，第 228 页。
③ 〔英〕沈艾娣：《梦醒子：一位华北乡居者的人生》，赵妍杰译，北京大学出版社，2013，第 137 ~ 138 页。
④ 郑全红：《中国家庭史：民国时期》，人民出版社，2013，第 471 ~ 472 页。
⑤ 刘大鹏：《退想斋日记》，乔志强标注，山西人民出版社，1990，第 590 页。

但是，个人乃至群体都要与时代同行，否则只会被淘汰——生前不被家人告知的兄弟分爨，为他终生信奉的儒家道德规范伦理作了时代注释。

刘大鹏去世几年后，中华人民共和国成立，其儿孙或被划为贫农，或被划为中农，而刘大鹏女儿、姐妹、姑姨们则被划为地主——现代化进程重构了道德秩序，也重塑了地理空间。①

在谈到晚清中国家庭主要是联合家庭时，明恩溥认为，要想真切地分析中国人社会生活及家庭生活中不统一的内在原因几乎是不可能的，每个家庭自身都含有不统一的因素，如果说这些因素并不总是导致相应结果的话，那只不过是由于它们在随后的发展中被侥幸地扼制或抵消了。②

家庭团结和谐的因素和不统一的因素都存在于家庭之中。一是作为妻子的女人从另外一个家庭嫁到她丈夫家来，打破了原来的家庭结构，至少这个家庭从以一对夫妻为主轴的原生家庭变为由两代两对夫妻构成的联合家庭，家庭成员的地位、财产支配、劳动分工与收益分配等，出现新的变化，加上生活习惯的不同等，使她的到来不一定会受到全家一致的发自内心的热烈欢迎，即便她暂时受到欢迎，也难以保证日后与其他成员之间不产生矛盾、发生冲突。充斥社会生活的姑嫂矛盾、婆媳矛盾引发的各种故事，都是对由婚姻而生的家庭结构矛盾的诠释，尤其是随着妇女社会地位的提高，经济自主能力与自我意识的增强等，这种结构性矛盾会越来越显性化。二是兄弟分家析产与家庭责任的矛盾。就传统而言，兄弟之间差不多是平等的，尽管年长者有少许优势。按照中国传统，家产由家庭成员共同拥有，那么，这些拥有者之间不可能不产生身体上的、心理上的和道德上的摩擦。

乡村传统家庭的理想状态是家庭成员模模糊糊地共同拥有家产。但是，家产迟早是要分的。分家析产是对利益和责任的划分、界定，具体体现为对土地、房屋、家具、水罐、各种器皿，以及所有既有的谷物和柴禾的分割。而有的器物却无法分割或很难找到等价等值物，家庭成员之间也

① 〔英〕沈艾娣：《梦醒子：一位华北乡居者的人生》，赵妍杰译，北京大学出版社，2013，第114页。
② 〔美〕明恩溥：《中国乡村生活》，午晴、唐军译，时事出版社，1998，第311~312页。

不能确保没有任何东西被隐藏。大家庭分家，十有八九要伴随一场家庭"风波"，这种"风波"小至短暂的骚动，大至灭顶之灾。

按照中国传统习俗，父母老了由子女共同或轮流赡养。但大多数情况是，年老的父母有自己的一份财产，自己做饭，自己做各种必要的家务。在艰难岁月，每个人不仅适应了生活的竞争，而且对各种形式和程度的痛苦场面习以为常。农村俗语曰，焦麦炸豆，抢收抢种，父母不顾子女，儿女不顾爹娘——有粮则生，无粮不能活，背后其实是贫困。问题是，近代以来，贫困是中国社会中的一种普遍现象，那么家庭的结构性矛盾就会比较突出，子女对父母的赡养和父母对子女的帮助不可避免受生活贫困的制约。

明恩溥认为，对于中国家庭的这种道德问题，只能从根本上来解决，而不是采取治标不治本的方式。他提出一个方案，那就是通过一代人或两代人的大规模经济改革，使中国焕然一新，然后，婚姻被恒定地推迟到男女双方都达到成熟的年龄，每个儿子结婚时家产已经被分开，因此便不再有利益冲突，所有的弊端都将被抑制在萌芽之中……

明恩溥观察到了中国传统社会解体而新的生产方式尚未确立时，中国联合家庭的内在尴尬。但社会变迁是一个缓慢的过程，而家庭日常生活是无法也不能割断的持续不断的河流，家庭要延续、日子要过，那么转型历史时期的阵痛必须忍受。

随着乡村危机的持续，农户普遍贫困。根据郑全红的研究，民国时期，乡村人口基本处于勉强度日状态。[①]

19世纪50年代德国统计学家恩斯特·恩格尔通过对比利时153个家庭的研究，提出了恩格尔定律，即收入越低的家庭用于食品方面的开支占总支出比例越高，恩格尔系数即为食品开支占总支出的比例。根据联合国粮农组织标准，恩格尔系数在30%以下为最富裕，30%～39%为富裕，40%～49%为小康水平，50%～59%为温饱，59%以上为绝对贫困。

据李景汉、卜凯对民国时期中国北部11处1587户农民家庭的调查，平均每家食物费占总支出的63.92%，燃料费占10.77%，衣服费占

① 郑全红：《中国家庭史：民国时期》，人民出版社，2013，第318～322页。

6.72%，房屋费占 4.11%，杂费占 14.48%。卜凯、言心哲对民国时期东南三省六处 1267 户农家调查发现，食物费用占比高达 66.62%。张培刚对清苑农家的调查发现，民国时期农户年生活费用约 160 元，其中饮食费占 79%，燃料费占 3%，衣服费占 10%，住房费占 1%，杂项费占 7%。①

1936 年，对昌平县阿苏卫村 5 户农家调查显示，生活费分别是 41.19 元、22.28 元、37.87 元、33.59 元、41.93 元。其中食物花费分别为 14.43 元、7.15 元、20.30 元、20.47 元、31.47 元，占生活费用的比例分别是 35.03%、32.09%、53.60%、60.94%、75.05%。因食物不足，后 3 家农民购买谷物的费用分别是 14.40 元、17.07 元、26.02 元，分别占食物费用的 70.94%、83.39%、82.68%。农家支出中食物费用占主要部分，维持生存需要之外的娱乐消遣等开支微乎其微。而且在食物当中，主食的花费占大部分。就北平郊区 100 户农家食品费比例来看，米面占 83%，蔬菜占 10%，调料占 5%，肉占 1%，其他占 1%；清苑农家饮食费中食粮占 90%，肉类占 3%，蔬菜占 2%，调味品占 5%。②

抗战前夕，开封有文人曾写《观稼歌》："偕友出东郭，观稼迈南阡。离离黍穗重，青黄色自鲜。想彼播种日，叱犊各争先。更番芟稂莠，胼手锄草荷肩。勤动率妇子，沟塍始云联。所以百谷实，绝胜群卉妍。农时为邦本，粒食民所天。邠风图可按，雅什编《大田》。奈何妨农事，忍使陷颠连？岁饥生计绌，饿殍乞谁怜？老弱啼宛转，瞬将沟壑填。观稼弥太息，苦战已年年。谁勤稼穑教？争索苛杂捐，遂致斗米价，重值逾万钱。菽粟如水火，古道今岂然？仁民不可见，莫道市侩儇。"③

世道艰难，岁饥生计绌，老弱啼宛转，饿殍乞谁怜？如何让饥民讲"仁义礼智信"？面对遍地狡黠之徒，只能徒呼奈何。

---

① 张培刚：《清苑农家经济》，转引自郑全红《中国家庭史：民国时期》，人民出版社，2013，第 321 页。

② 魏宏运主编《二十世纪三四十年代冀东农村社会调查与研究》，天津人民出版社，1996，第 401 页。

③ 熊伯乾：《观稼歌》，载中国人民政治协商会议南阳市委员会文史资料研究委员会编《南阳文史资料》第八辑，内部资料，1992 年，第 200～208 页。

村落范围内的伦理道德崩溃，其内在原因首先是家庭共同体的解体，尤其是联合家庭的解体。在恶劣生存环境下，人们往往考虑个人、核心家庭利益最大化，个人理性驱使人们冲破伦理道德约束、抛弃家庭责任。如此，联合家庭首先受到冲击，家庭趋于小型化、核心化，甚至丧失再生产功能而消亡。

2. "新社会" 家庭共同体变迁

孙立坤对河南当代家庭变迁的调查，很好地反映了不同年代农村家庭人口、家庭结构、家庭日常活动以及家庭权力结构、婚姻情况等的变动情况。①

从表 2-1 可知，大多数当代核心家庭（联合家庭中的年轻夫妇及其子女）不愿意与父母居住在一起，只有 25.70% 的当代核心家庭愿意与父母住在一起。这一现象背后的原因，是个体自主性的增强，尤其是婚姻自主性的增强，婚姻双方更注重生活质量。从表 2-2、表 2-3、表 2-4 可以看出，中华人民共和国成立以来，择偶范围逐渐突破同村、同乡地域限制，择偶逐渐摆脱父母包办、别人介绍的方式，代之以自己选择（自己认识），择偶标准从看重家庭出身、本人政治面貌，转变为注重双方情投意合、看重品德学识等个人条件。

表 2-1 当代河南省农村居民居住意愿调查表

单位：户，%

居住意愿	嵖岈山	淇县	偃师	信阳平桥	信阳龙山	户数	比重
愿意与父母住在一起的家庭	93	60	62	68	122	405	25.70
不愿意与父母住在一起的家庭	12	16	22	16	88	154	9.77
不与父母住在一起但经常回家探望的家庭	174	213	362	182	86	1017	64.53
合计	279	289	446	266	296	1576	100

---

① 孙立坤编著《河南当代家庭变迁调查》，人民出版社，2004，第 434~455 页。

表 2－2　不同年代河南省农村居民嫁娶区位调查表

单位：户，%

年代	嫁娶区位	嵖岈山	淇县	偃师	信阳平桥	信阳龙山	户数	比重
1949～1965 年	同村	8	44	5	16	51	124	48.25
	同乡不同村	13	2	19	13	30	77	29.96
	同县不同乡	2	3	16	14	7	42	16.34
	异县异省	3	1	2	0	8	14	5.45
	异国	0	0	0	0	0	0	0
	合计	26	50	42	43	96	257	100
1966～1976 年	同村	4	3	2	8	42	59	18.15
	同乡不同村	25	47	25	26	58	181	55.69
	同县不同乡	8	12	15	25	12	72	22.15
	异县异省	1	3	2	2	5	13	4
	异国	0	0	0	0	0	0	0
	合计	38	65	44	61	117	325	100
1977～1992 年	同村	14	2	11	17	36	80	12.10
	同乡不同村	37	29	49	30	46	191	28.90
	同县不同乡	38	132	10	97	35	312	47.20
	异县异省	6	30	26	9	7	78	11.80
	异国	0	0	0	0	0	0	0
	合计	95	193	96	153	124	661	100
1993～2000 年	同村	7	3	6	9	13	38	6.61
	同乡不同村	13	24	35	20	17	109	18.96
	同县不同乡	28	110	74	50	37	299	52.00
	异县异省	9	45	28	25	17	124	21.57
	异国	0	0	4	0	1	5	0.87
	合计	57	182	147	104	85	575	100

表 2-3　不同年代河南省农村居民婚姻结合途径调查表

单位：户，%

年代	结合途径	嵖岈山	淇县	偃师	信阳平桥	信阳龙山	户数	比重
1949～1965 年	父母包办	19	52	20	29	80	200	75.76
	别人介绍	9	1	7	17	19	53	20.08
	自己认识	1	2	3	1	2	9	3.41
	其他	1	0	0	0	1	2	0.76
	合计	30	55	30	47	102	264	100
1966～1976 年	父母包办	10	6	6	1	9	32	9.91
	别人介绍	30	61	25	54	93	263	81.42
	自己认识	2	0	7	6	13	28	8.67
	其他	0	0	0	0	0	0	0
	合计	42	67	38	61	115	323	100
1977～1992 年	父母包办	7	4	6	4	16	37	4.55
	别人介绍	69	138	144	129	89	569	69.90
	自己认识	17	66	66	29	27	205	25.18
	其他	1	0	2	0	0	3	0.37
	合计	94	208	218	162	132	814	100
1993～2000 年	父母包办	0	0	3	1	1	5	0.75
	别人介绍	30	44	128	45	29	276	41.19
	自己认识	32	111	95	49	62	349	52.09
	其他	2	28	7	3	0	40	5.97
	合计	64	183	233	98	92	670	100

表 2-4　不同年代河南省农村居民择偶标准调查表

单位：户，%

年代	择偶标准	嵖岈山	淇县	偃师	信阳平桥	信阳龙山	户数	比重
1949～1965 年	家庭出身、本人政治面貌	17	53	20	22	73	185	73.41
	家庭或个人经济条件	4	1	1	7	6	19	7.54
	个人品德及学识	0	1	2	1	3	7	2.78
	双方情投意合	8	1	2	15	15	41	16.27
	合计	29	56	25	45	97	252	100

续表

年代	择偶标准	嵖岈山	淇县	偃师	信阳平桥	信阳龙山	户数	比重
1966 ~ 1976 年	家庭出身、本人政治面貌	17	12	13	13	13	68	21.79
	家庭或个人经济条件	16	43	13	18	14	104	33.33
	个人品德及学识	0	8	7	4	45	64	20.51
	双方情投意合	5	3	3	19	46	76	24.36
	合计	38	66	36	54	118	312	100
1977 ~ 1992 年	家庭出身、本人政治面貌	8	8	10	6	16	48	6.25
	家庭或个人经济条件	17	16	49	12	61	155	20.18
	个人品德及学识	15	134	62	43	14	268	34.90
	双方情投意合	47	37	89	84	40	297	38.67
	合计	87	195	210	145	131	768	100
1993 ~ 2000 年	家庭出身、本人政治面貌	1	2	3	4	3	13	1.84
	家庭或个人经济条件	11	8	42	9	20	90	12.77
	个人品德及学识	10	35	61	32	6	144	20.43
	双方情投意合	45	140	135	66	72	458	64.96
	合计	67	185	241	111	101	705	100

随着时代变迁，择偶偏好变化必然带来生活方式的变化、家庭结构的变化，进而反馈到家庭的"生育与教育""统治与保护（抚养、支持、赡养）""祭祀与文化娱乐"等功能方面，使之产生新的变化。

（三）老母亲的"家长里短"：20 世纪 50 年代以来家庭共同体变迁的一个案例

陈博士老家东村，位于豫东平原上的平舆县射桥镇。刘邓大军当年南下曾经过该村渡过小洪河①。前几年陈博士回村调查，曾进行统计，全村约 350 人、500 亩耕地。该村分东西两个生产队（两个村民小组），2004 年前后东迁 500 米，傍依于 213 省道（吴黄线）西边而建规划整齐之新村

---

① 小洪河，发源于伏牛山南部的河南省舞钢市，流经漯河市舞阳县，驻马店市西平县、上蔡县、平舆县，在新蔡县的班台（顿岗乡班台村）与主要支流汝河汇合。上游入石漫滩水库，经西平、上蔡注入平舆县。境内长 53.7 公里（1971 年裁弯取直后为 50.2 公里），流域面积 939 平方公里，占全县总面积的 73%。

（见图 2-1），东西村民小组成为南北村民小组——但长期的习惯已经成为
习俗、成为日常生活的一部分，现在，人们仍然称南边的村民小组为"西
头"、北边的为"东头"。东村村民基本属于陈姓家族，世代以务农为生，
现在省道边虽有三五家村民以地利之便开饭店、超市，但村民经济收入仍
以打工、种地为主。

图 2-1　东村位置示意图（胡昳绘）

　　小洪河在东村由东北流向而变为正东流向，原东村即居于小洪河的臂
弯里，此外，村西 500 米处有茅河①与小洪河相交，村东 500 米有人工排
水沟大港（jiǎng）与小洪河相交——三面环水，小河潺潺、河堤蜿蜒、绿
荫成行，清水游鱼、白鹭时飞，田园风光无限。

　　小洪河现在看起来河堤高于地面三四米的样子，夏季涨水时河面恐怕
有 100 多米宽。当然，这都是中华人民共和国成立后历经几十年、数十次
治理而呈现的样子。据陈博士讲述，在其父亲小的时候，冬天可以挽起棉
裤蹚水过河去。一个仍能回忆起来的事例是，陈博士的一个表大爷②，在
中华人民共和国成立前曾在东村任私塾先生（在外婆家所在村里教书），
对学生管理、体罚甚严。大年初二外甥要去外婆家拜年，一见表大爷进
村，东村几个平素较为调皮的小孩子便奔走相告，携带干粮跨过村前小河

---

① 茅河，古称"激水"，发源于上蔡县塔桥，经上蔡县从射桥乡后柴楼村人平舆县境，向南
　经射桥集至新埠口入洪河，一旦洪峰到来，洪河水位上涨，茅河排水受到顶托，即造成
　射桥一带水灾。

② 陈博士姑奶奶家的儿子，陈博士应该叫表伯伯，但东村一带，习惯称呼父亲的哥哥、堂
　哥、表哥为大爷。后文大大爷、大大娘，指陈博士的大伯、大娘。

到别村去玩，至天将黑时，估计老师走了再跨河返家。据老人回忆，在旧社会该河段可以行船，一些盐、布匹、粮食以及其他生活生产资料就在东村前装卸。

虽然临河，但由于地势低洼、客水压境，东村排水困难。在过去，东村多次与位于高处的邻村因为排水而发生械斗，但东村村子比较小，总是以失败告终，这一状况直至 21 世纪初一次大规模的深挖河道彻底消除内涝隐患后而不再存在。但"历史性矛盾"仍有表现：以前两个村落互不通婚，虽鸡犬之声相闻，但老死不相往来，现在虽然不再械斗，而且两村仅隔一条浅浅的小沟，但两村通婚现象仍然罕见。每到夏季，东村人总是担心会发水，这种发水是住在高地上的人们难以体会到的。仅仅是一场暴雨，这里就会成为泽国，村里的路成为水沟，家家户户的宅基成为一个个小岛。眼见一季的收成荡然无存，人们痛心疾首。30 多年前，陈博士邻家大嫂的四个儿子都在上学，邻家大嫂指望着秋季收成供孩子们读书，见水淹没了庄稼，坐在地上放声大哭。不过还好，四个儿子有三个考上了大学或中专，其中一个还在某个镇当上了党委书记。

靠近河湾的村庄都要把宅基垫得高高的，村子里的路反倒成了"路沟"，也是天晴之后最后干涸的地方。

陈博士说："小时候最讨厌的就是下雨和化雪天，满地的泥泞。一到这个时候，家家户户之间闻声说话却难以往来。小的时候就发誓好好读书，好离开农村，一是下雨的时候不用踩泥，二是不用在炎炎的烈日下一镰一镰地割小麦。""小时候，村庄给我的感觉似乎就是黄蒙蒙的。地是黄蒙蒙的，房子也是。'75·8'大水之后刚刚翻修的房子，矮矮的，上面覆上麦秸，冬天的时候下完雪，雪融化的水再次结冰形成的冰锥可以一直垂到地上。慢慢地，村里的房子开始出现了变化：由土坯墙或干打垒变成了砖墙，再往后砖墙上加上了红瓦。我家 1984 年盖了五间瓦房，当时在我们村算是比较早住上一溜五间瓦房的，也就在那年，我那小时候患过脑炎的大哥把大嫂娶回了家。再往后，是平房；再往后，到了 20 世纪 90 年代后期，楼房开始出现了。而我家较早盖的五间大瓦房则成了村里最差的房子。从住的角度来说，在 20 年左右的时间里，村子里经历了土坯房、砖瓦房到楼房的升级。到了 2003 年抑或是 2004 年吧，村子里的一些头脑较为灵活的人开始筹划在修房子的时候选择靠近省道的地方，出入方便。当年村庄最为偏远的那块地就成了我们现在的村庄所在地。整齐规划，每家三间宅基，村主干道宽 8 米，每条通往主干道的胡同宽 6 米，统一硬化成水泥路面，又装上了路灯。过去村庄在河湾子里的时候，即便是天晴路干，也难得有卖豆腐、卖凉粉之类的小贩们到村里去，而如今天刚蒙蒙亮，村子里即有不断的吆喝声，叫卖馒头、油条、豆腐、青菜之类的声音此起彼伏，取代了旧时早晨公鸡的啼叫声，村庄的早晨不再有往日的宁静，而多了几许的喧嚣。夜幕降临，一群妇女在村道上跳广场舞……"

陈博士家是东村的百年老户。其老老太爷——高祖父，有二子，其中一子即陈博士曾祖父——系过继子。高祖父应该是东村首富，其去世后留有 100 余亩土地，两个儿子均分。亲儿有怨，认为自己应该继承全部土地，于是上诉。兄弟二人多年官司未解，竞相卖地花钱说项，最后各剩几亩土地的时候，力竭收手①。个案虽不能完全反映社会普遍现象，但近代以来比比皆是的讼、斗，当能够反映出村落血缘、家族关系让位于利益算计，信任与合作难以实现的社会资本缺失现象。

陈博士爷爷大约生于 1885 年，从其父亲手里继承 3 亩土地，为养家从洪河南租地 8 亩耕种（对半分成的"有把握地"），为此家里养了一头牛②，土地改革时划为下中农。陈博士的爷爷生二子，长子大约生于 1920年，陈博士父亲为第二子，生于 1927 年。陈父的姑姑嫁入村东七八里的吴庄，该村有学校。陈父先是在外婆家上学，后来在姑姑家村里上学。姑姑

---

① 传说今河南禹州市鸿畅镇寨子贾村，20 世纪 30 年代发生的一件事与此类似。贾×顺与贾×贤是本家同宗同族叔侄，两家院子挨院子、地挨地，常有矛盾摩擦发生。一年，贾×贤有意无意多犁了其叔贾×顺家一犁地（大约半尺宽），两家遂发生口角厮打，众人劝解不听，继而打起官司。贾×顺仗自己有理有钱（院子里捶布石下埋有一桶现洋），且儿子贾×午年轻气盛，动辄"官司打到南京府"，遂把贾×贤告到县衙。贾×贤仗着胞兄在县城做生意，与县衙师爷是拜把子兄弟，当然不怕，"遵着哩（时刻准备着）！"于是贾×顺父子拿钱往县衙跑开了，状纸也递上了，县上答应"一定公断，择日开庭"。可随后贾×顺父子一连跑了一二十趟都没结果。50 多里，翻山越沟，跑一趟筋疲力尽，不说盘缠，工夫也耽误了。一直拖了两年，一桶现洋花净（能买十亩地），不由得泄气，不想再告了。不行！贾×贤又到县衙活动了，县衙又通知贾×顺去过堂。贾×顺父子二人大哭，无奈找人说和，让贾×贤撤状了事。

② 关于养牛一事，陈博士说他父亲讲过，有一次土匪进村把牛抢走了，陈博士的爷爷惦记自己的牛，一直悄悄跟着，看见自己的牛一时没土匪看守，就悄悄把牛又牵了回来。

家条件优渥，但家庭里人口较多，还是联合大家庭，于是陈父自带干粮，在姑姑家牛屋里生火做饭，晚上随姑父铺一草毡子在牛屋睡觉，白天把铺收起来；其表妹帮忙做饭，常从大家庭里给其拿粮食吃。多年以后，陈父当了国家干部，甚至到了老年，总跟儿孙提起往事，一直感恩姑姑全家的关爱。2001年，正掰苞谷期间，曾在东村教私塾的表大爷去世。当时陈父已经退休在家，身体有恙，听说表哥去世，仍挣扎着起床前去相送。

以上叙述反映了中华人民共和国成立前，一个普通村落的状况。为排水与上游村庄的械斗，体现了村落一定的集体行动能力，反映了村落文化共同体仍然存在。当然，今天村头的广场舞，也是新的村落文化共同体功能发挥的体现。而东村和上游的西村紧紧相邻，田地搭界，但两个村庄至今不通婚姻，这反映了历史记忆对生产生活的深远、持久影响。与此同时，陈家分家析产引起的官司以及弟兄两家的共同衰败，既反映了中华人民共和国成立前官府的腐败与官吏的敲诈，又反映了当时的家庭伦理危机。

中华人民共和国成立迄今70余年，陈家变迁，在陈博士老母亲①的静静讲述下，如立体画卷呈现出来。

新中国成立前后，陈博士父亲正是20岁左右、历史清白的知识青年，是革命队伍需要的人才。1947年刘邓大军经过东村时，曾积极参加"支前活动"，土地改革期间，参加革命工作，任本乡财粮。此后成为脱产国家干部，辗转县内各地工作，主要在法院、纪委系统调动。陈父20岁左右曾娶妻，并于1950年生育一女陈×香。

陈博士母亲家在离此30里的魏集街，家里兄弟姐妹众多，生活困难，陈博士母亲从小跟随父亲在集市上卖凉粉。老母亲说："那时间，谁吃过馍呀！家里也没有地，租临县汝南县庙台子几亩地，种的早熟大麦。大麦

---

① 陈博士母亲，陈老太太现年（2019年访谈时）82岁（1937年生），身体硬朗、意志坚强、思路清晰，虽然儿孙成群、四世同堂、不愁吃喝，仍生活简朴，手足胼胝、劳作不辍——居然在儿子们的帮助下，开四亩荒地，以自己种地和省吃俭用的余钱在儿孙们盖房、买房子时予以资助；稼穑之外，四季忙碌不闲，捡柴、挖野菜、腌咸菜等。笔者2018年11月第一次去访谈时，见其家里有成堆的红芋、玉米、花生、小麦，几十斤自己榨的菜油以及几十斤干枸杞等。问其何来，原来河堤上曾有野生枸杞，鸟啄羊啃，四处散播种子，枸杞在河堤、沟边、坟园星散生长，老太太居然在秋天收完庄稼后，到处采摘，推算她采了应该有近百斤的果子。一粒一粒摘来，绝非一日之功。

刚能吃，就把麦籽捋下来吃了，做成'碾转子'① 吃了，等不及大麦成熟收割就吃完了。兄弟姐妹 6 人，就二弟上过两年学，其他都没有进过学屋门。"

大约 1955 年起，陈父在本县魏集乡公安司法系统工作。因为声誉较好，加上已经离婚两三年，经人介绍，陈博士母亲在 1957 年 20 岁时嫁入东村陈家。在集体化、分产到户、打工经商潮以及儿孙考大学等大时代背景下，经历与演绎了兄弟分爨、赡养公婆、养儿育女以及儿女求学成婚、孙辈成长、老伴生病去世等人生故事，尤其难以忘怀 1972 年到 2010 年间 4 次盖房的往事——虽聊起来轻描淡写，但仍可见其因艰难生活的难忘记忆而时有动容。②

陈母刚嫁入陈家时条件艰苦，丈夫原有三床被子，给她一床，床上铺的是丈夫的大衣，这一铺就是几年。刚开始是在由公婆、哥嫂与侄儿、丈夫、女儿等七八口人组成的联合大家庭里过日子。不久赶上"大跃进"，公共食堂开办，共同吃食堂。吃大食堂没持续多长时间，大约是 1959 年初，食堂就处于半解散状态。与此同时，陈家内部的矛盾逐渐显现。公共食堂（大伙）散了后，生产队每天给一人一斤面。陈家大哥、大嫂有兄弟分爨之意，在生产队长、会计的主持下，兄弟俩分了家。陈博士家只分到了一只鏊子，后来才从别的地方弄来一口锅。从此，陈博士母亲、大姐、奶奶三口人一个锅吃饭，陈博士大大爷（伯父）、大娘及其女儿、儿子与爷爷一个锅吃饭。就在当年冬天，陈博士奶奶生病去世（早在年初，陈博士的爷爷已经生病去世，二位老人去世时都是 70 岁）。记得没买到棺材，陈母无奈在村中找了几块门板，合成一副简单的棺材，把婆婆入殓了。从家里到坟地不到一里地，人们居然饿得抬不动棺材，半道上停下。陈博士说："我妈和几个妇女又去地里挖野菜啥的，熬糊糊送到停棺处，人们吃些东西，继续抬……"

日常生活总是由一连串的小事组成的。除了生活的普遍艰难外，分家

① 豫东一带现在还有这道特色食品。在麦子刚饱仁、尚青时，就把麦籽捋下来，用碾碾成一条一条的，蒸熟吃。这反映了这一带青黄不接时生活普遍艰难的历史记忆。
② 2019 年 4 月 18 日，经多日准备之后，笔者与陈博士以及李、王二位同事，再次驱车百公里对老太太进行访谈。本书根据陈博士的描述，以及笔者团队调查、访谈整理而成，在此对陈博士一家的宽容与家族往事的无私分享深表感谢。

之后的两个家庭毕竟还在原来的几间房子里住，矛盾和争吵总是难免的。其间因为陈博士大娘偷陈博士家馍吃，两家吵过架。老母亲说："在一个小院儿住，孩子也多了，净是事，后来还打过几架，记不住为啥事。有一回他大大爷、大大娘卖鸡，逮了4只鸡拴在门边上，我孩子从边上过，鸡一扑闪，把我孩子吓哭了，两家又吵起来了。"

从本质意义上说，房子（包括以房子为主的院子）是人与大自然相互作用的结果，是家庭的载体、是亲情的庇护之地，当然也是矛盾摩擦产生的地方。在家庭共同体解体时更是如此，因而，物化的房子、院落，承载的是家庭记忆、生活故事。

老母亲回忆过去日子的艰难，不胜唏嘘，尤其是对几次盖房子的事记忆深刻。1972年，女儿陈×香尚未出嫁，陈博士母亲仍带着3男2女5个孩子，房子不够住，实在太挤了，就从原先的老院中挪了出来，盖了5间房子。但是，1975年8月，驻马店地区发大水，平舆县是重灾区，东村一带一片汪洋，房倒屋塌。水灾之后，陈家垫高地基，贷款盖了三间瓦扎檐的草房子。1984年，陈博士大哥20岁要娶媳妇，陈家一下盖起了5间大瓦房，在院子的前面打了压水井，村里好几家吃水就用这个井，院外不远处还建了厕所。

从1958年联合家庭分家到1984年盖房娶儿媳妇，26年间，一个核心家庭又演变成为一个包含父代、子代两对夫妻的联合家庭。而且，自从1972年新立宅院，与大大爷、大大娘家离得远了，加上后来家庭联产承包责任制的实行，日常生活中的利益纠葛减少了，两家的矛盾与摩擦便少了。在此情景下，两家的关系，更多地是通过在单个事件中的互助或者帮助而呈现。陈博士说："1996年，我考上省教育学院，没钱上学，临走想向堂兄借200元钱。我不但没借到钱，还被羞辱一顿。"但是，2015年大大娘去世，陈博士堂兄求遍全村人，但还差4个人抬棺材。"咋说也是一家人，不能让老太太死了放家里抬不出去。"陈博士母亲让二儿子叫人帮忙，终于顺利把老太太送走。老母亲讲了一下午的故事，最后做自我总结——"我口①，但我顾大局……"

---

① "口"，豫东一带方言，就是脾气大，爱发脾气，有厉害、泼辣的意思。

从 20 岁嫁入东村，到 2019 年 82 岁，60 多年时间里，老太太一家经历了一个家庭共同体生产、生活的周期性循环过程。这应该也是中华人民共和国成立以来，普通村庄、普通家庭在社会大潮中的日常生活与变迁历程。虽然老太太一家是独一无二的，但毫无疑问，几乎所有中原传统农区的乡村家庭都能在其中看到自家曾经的影子——正是因其普通、非典型性才具有代表性的意义。

原子式家庭（当代中国家庭）和国家分享权力，国家不再代替行使家庭的职能，而是对家庭惩罚其成员的权力加以限制。同时，家庭代际层次趋于简单化，核心家庭成为主要家庭类型。由于妇女及子女因参加工作而获得经济独立，父权进一步缩小，家庭权力出现了多元化的格局，家庭关系向平权型转变——原子式家庭其实是国家权力与个人主义结合的产物，这种家庭的权力和规模减小到最低限度，个体只向法律和政府负责。① "五四"以来，特别是中华人民共和国成立后，经历土地改革与集体化运动，随着封建宗法势力消亡，妇女解放、婚姻自由以及新型夫妻关系的建立，妇女在家庭中地位提升，都有参加生产、工作、学习和社会活动的自由，夫妻有相互继承财产的权力。旧的家规、族风不再被认可，家庭成员分工合作，有事需要相商。而且，随着市场经济的发展，家庭成员经济独立性提高，城乡家庭由传统的多代同堂家长集权式的大家庭，快速向以青壮年夫妇为核心、共同主持生活的小家庭转化，因而，旧的家庭伦理必然被新的家庭伦理所取代。

二 家庭交往圈

中国传统村落（庄）的形成，原因有三：一是传统中国为小农经营的农业社会，传统农业区域人口稠密，大多数家庭耕地面积少，因而往往住宅、耕地相连接，而且有水利的地方便有合作的需要，农户在一起住，合作起来比较方便；二是平原地带，无险可守，为了安全，聚居、人多可以互相声援、结寨保卫；三是实行诸子均分家产制，在土地平等继承的原则下，兄弟分别继承祖上的遗业，这使人口在一个地方一代一代地聚居，成

① 李红婷：《结构与功能：百年中国农村家庭历史变迁》，《民族高等教育研究》2013 年第 4 期，第 62~66 页。

为村落（庄）——中国的村落，从三家村到几千户的大村都有。

从村落（庄）的形成过程便可以发现村落（庄）社会文化的特点：在农耕社会，人口的流动率小，村落间的往来少，因此乡土社会的生活是富于地方性的，村民的社会圈子往往不会超出本村落。

（一）乡土社会人际关系的一般概念

村落（庄）社会的文化背景：熟悉。聚居与农耕社会的静态生活，使村落（庄）成为"生于斯，长于斯，死于斯"的社会，终老是乡、死在自家床上是常态的生活。于是，孩子从生下来，就在大家的注视下成长；在孩子眼里，周围的人也是从小就熟悉的——这是一个"熟悉"的、没有陌生人的社会。"熟悉是从时间里、多方面、经常的接触中所发生的亲密的感觉。这感觉是无数次的小摩擦里陶炼出来的结果。这过程是《论语》第一句里的'习'字。'学'是和陌生事物的最初接触，'习'是陶炼，'不亦悦乎'是描写熟悉之后的亲密感觉。在一个熟悉的社会中，我们会得到从心所欲而不逾规矩的自由。这和法律所保障的自由不同。规矩不是法律，规矩是'习'出来的礼俗，从俗即是从心。换一句话说，社会和个人在这里通了家。"①

村落（庄）社会的关系结构：以己为中心。民国乡村建设运动领导者们认为，中国农民"愚""穷""弱""私"，尤其是私利心严重，缺乏团体精神。诚然，有"各人自扫门前雪，莫管他人瓦上霜"之说，至今仍然会看到个别人破坏公共利益而众人熟视无睹的事例（见图2-2）。一说是公家的，差不多就是说大家可以占一点便宜的意思，很少有人主动承担公共义务，"一个和尚担水吃，两个和尚抬水吃，三个和尚没水吃"是中国社会尤其是乡村社会在增进公共利益行动上的常态。

费孝通认为："在我看来却表示了我们的社会结构本身和西洋的格局是不相同的，我们的格局不是一捆一捆扎清楚的柴，而是好像把一块石头丢在水面上所发生的一圈圈推出去的波纹。每个人都是他社会影响所推出去的圈子的中心。被圈子的波纹所推及的就发生联系。每个人在某一时间某一地点所动用的圈子是不一定相同的。我们社会中最重要的亲属关系就

---

① 费孝通：《乡土中国 生育制度 乡土重建》，商务印书馆，2011，第9页。

图 2 - 2　漯河北舞渡村中的池塘

说明：此图片为课题组 2017 年春在河南漯河北舞渡附近村庄拍摄。可以清楚看到村中的大水塘基本干涸，四周都是垃圾，而有人在塘边开垦种菜。这体现了公共卫生、公共利益被漠视的"公地悲剧"。

是这种丢石头形成同心圆波纹的性质。亲属关系是根据生育和婚姻事实所发生的社会关系，从生育和婚姻所结成的网络，可以一直推出去包括无穷的人，过去的、现在的和未来的人物。我们俗语里有'一表三千里'，就是这个意思。其实三千里者也不过指其广袤的意思而已。这个网络像个蜘蛛的网，有一个中心，就是自己。我们每个人都有这么一个以亲属关系布出去的网，但是没有一个网所罩住的人是相同的，在一个社会里的人可以用同一个体系来记认他们的亲属，所同的只是这体系罢了。体系是抽象的格局，或是范畴性的有关概念。当我们用这体系来认取具体的亲亲戚戚时，各人所认的就不同了。我们在亲属体系里都有父母，可是我的父母却不是你的父母，再进一步说，天下没有两个人所认取的亲属可以完全相同的，兄弟两人固然有相同的父母了，但是各人有各人的妻子儿女，因之，以亲属关系所联系成的社会关系的网络来说，是个别的，每一个网络有个'己'作为中心，各个网络的中心都不同。在我们乡土社会里，不但亲属关系如此，地缘关系也是如此。现代的保甲制度是团体格局性的，但是这和传统的结构却格格不相入。在传统结构中，每一家以自己的地位作中心，周围划出一个圈子，这个圈子是'街坊'。有喜事要请酒，生了孩子要送红蛋，有丧事要出来助殓，抬棺材，是生活上的互助机构。可是这不是一个固定的团体，而是一个范围。范围的大小也要依着中心的势力厚薄而定。有势力的人家的街坊可以遍及全村，穷苦人家的街坊只是比邻的两三家。这和我们的亲属圈子是一样的……在乡下，家庭可以很小，而一到有钱的地主和官僚阶层，可以大到像个小国。中国人也特别对世态炎凉有感触，正因为这富于伸缩的社会圈子会因中心势力的变化而大小。以'己'为中心，像石子一般投入水中，和别人所联系成的社会关系，不像团体中的分子一般大家立在一个平面上的，而是像水的波纹一般，一圈圈推出去，愈推愈远，也愈推愈薄。在这里我们遇到了中国社会结构的基本特性了。我们儒家最考究的是人伦，伦是什么呢？我的解释就是从自己推出去的和自己发生社会关系的那一群人里所发生的一轮轮波纹的差序。'释名'于伦字下也说'伦也，水文相次有伦理也'。"①

每个人在各自的境遇下，竭力使自己的一切变得更好，是人的本质性行为，西方经济学有"博弈论"可佐证。可以这样认为，"以己为中心、自私"如江河之水归于大海，是常态；公德心、君子行为，如江河之堤坝，是目的性、建设性行为，是在规律基础之上的建构性努力的结果，从原始意义上讲，是一种"非常态"。由此出发，我们会发现，由于资源的稀缺性、活动范围和活动能力的限制，在村落（庄）主体中矛盾、竞争是一种常态。在土地自由买卖的传统时代，关于土地的竞争、地租高利贷的榨取、关于宅基地房子的竞争，乃至关于生儿子的竞争等充斥着村落（庄）生活的各个方面。

村落社会的行事原则：德与礼。任由"以己为中心、自私自利"无序竞争，不但村落（庄）生产生活秩序难以有效维系，以此为基础的国家也将陷入混乱状态。因此，儒家伦理纲常对村落（庄）生活的规范必要而且必须，是生活的轨道，是社会的框架——"亲亲也，尊卑也，长长也，男女有别，此其不可得与民变革者也"。

"团体"是生活的前提，即便是作为生产生活基本单元的家庭来说，在生存与竞争的环境中，也必须讲效率，而讲效率就必须有道德约束。

① 费孝通：《乡土中国 生育制度 乡土重建》，商务印书馆，2011，第25页。

"中国的家是一个事业组织，家的大小是一种事业的大小决定的。如果事业小，夫妇两人的合作也够应付，这个家也可以是很小的家庭；如果事业大，超过了夫妇两人所能负担的，兄弟伯叔全可以集合在一个大家里。这说明了我们乡土社会中家的大小变异可以很大。但不论大小差异到什么程度，这个原则上则是一贯的、单系的差序格局。在我们的乡土社会中，家的性质在这方面有着显著的差别。我们的家既是个绵延连续的事业社群，它的主轴是在父子之间，在婆媳之间，是纵的，不是横的。夫妇成了配轴。配轴虽则和主轴一样并不是临时性的，但是这两轴却都被事业的需要而排斥了普通的感情。一切事业都不能脱离效率的考虑。求效率就得讲纪律；纪律排斥私情的宽容。在中国的家庭里有家法，在夫妇间得相敬，女子有着三从四德的标准，亲子间讲究负责和服从。这些都是事业社群里的特色。不但在大户人家，书香门第，男女有着阃内阃外的隔离，就是在乡村里，夫妇之间感情的淡漠也是日常可见的现象。"①

在家庭的熏陶、代际影响与社会的教化中，在反反复复的事件、实践中，村落（庄）社会主体逐渐形成一种共识、一种均衡，大多数人以"礼"行事。因而礼并不是靠外在的权力来推行的，人服礼是主动的。礼是可以为人所好的，所谓"富于好礼"。礼治从表面上看好像是人们行为不受规律拘束而自动形成的秩序。其实这一说法是不完全准确的，人们只是主动地服从于成规罢了，孔子一再地用"克"字、用"约"字来形容礼的养成，可见礼是人服从社会需要的内在克制的行为体现。

但是，必须明确一个前提条件，"礼治的可能必须以传统可以有效地应付生活问题为前提，乡土社会满足了这前提，因之它的秩序可以用礼来维持"②。

（二）"旧社会"家庭交往以及村落里风俗流变——以《退想斋日记》记述为例

家族、亲族是血缘关系的扩展，家族、亲族以及邻里之间的交往是家庭功能的延伸补充，是村落家庭交往的基础，也是交往的主要内容。刘大

---

① 费孝通：《乡土中国 生育制度 乡土重建》，商务印书馆，2011，第43~45页。
② 费孝通：《乡土中国 生育制度 乡土重建》，商务印书馆，2011，第55页。

鹏《退想斋日记》对此多有记述。如光绪三十三年（1907）2月14日，"邻里戚族，俗以今日往来相贺，谓之拜年，至于灯节乃止。灯节者，本月十五日也。来拜者八十二人"。"2月15日，来拜者十八人，午餐者三人。"①

亲属间的互助与馈赠。亲属之间的财物、礼节往来，对于家庭的情感交流、子女教育、家庭秩序维系以及社会事务处理等，互为表里、互为补充，是乡村生产生活的重要内容，构建了个人、家庭、村落的历史文化。

光绪十九年（1893）8月12日，"今日几个亲家来吾家庆贺新宅，俗名曰'暖房'，备蔬酌以待之，乡间之礼如此，亦以徵俗尚也"②。

光绪二十年（1894）4月18日，"吾里演剧，今日家中支应亲朋六七人，只是吃饭，未有一住夜者，盖因吾翌日诘朝去省故也"③。

民国16年（1927）6月17日，"家人为我过生日。……今日来上寿者长女红黄带其二男二女，孙长女喜燕带其一男一女，均于午后言归。族侄端午及其子宗海来拜寿，族侄孙东海亦来拜寿。四男琎自省归为予拜寿……"④

民国16年（1927）9月11日，"亲家送来月饼者，朝为南屯村之牛，早餐后去；继为草寨村之樊，午餐而去；晋祠之张未餐而去"⑤。

家族间帮扶互助。家族间帮扶互助，在土地零碎化的近代华北传统农区，应该主要是基于血缘关系的伦理的体现以及由伦理化俗的行为方式。一般来说，文化理念大于物质诉求。

"……同治甲戌年（1874），余二伯祖母仙逝，从伯父亦贫不能葬，余父亲大人在外贸易，颇能糊口，亦无余资，忽闻二伯祖母□音，即匍匐而归，一切葬具，皆自己极力营办，而所花钱财，未尝问从伯父焉。有邻里谓父亲大人曰：'子二伯母仙逝，凡所葬之事，皆当汝从兄办之，子何必为之经营哉？'父亲大人泣而对邻人曰：'吾兄务农，不能多构银钱，致家用之不饶。吾不肖，颇能自给，营葬吾伯母，虽未能礼数全备，而尚可以

---

① 刘大鹏：《退想斋日记》，乔志强标注，山西人民出版社，1990，第157页。
② 刘大鹏：《退想斋日记》，乔志强标注，山西人民出版社，1990，第22页。
③ 刘大鹏：《退想斋日记》，乔志强标注，山西人民出版社，1990，第32页。
④ 刘大鹏：《退想斋日记》，乔志强标注，山西人民出版社，1990，第357页。
⑤ 刘大鹏：《退想斋日记》，乔志强标注，山西人民出版社，1990，第360页。

草完此事，若向吾兄请教，而逼令吾兄出财，致吾于不孝不弟耳。吾惟向吾兄请教何日安葬，而所费多寡，绝不敢□言，盖恐言之或伤吾兄之心也。'邻人闻之，叹服而退。余彼时年十八岁，概不懂事，但父亲大人所为所言之事，至今犹记于心……"①

光绪十八年（1892）11 月 24 日，"……每见近世，父母在堂，兄弟尚觉和翕，迨父母没而心遂变矣。或兄憎其弟，或弟恶其兄，概不念同气枝连，相视胜于仇人，每欲荡析离居。由是将家产判为数段，兄弟东西，各操其业，甚至有父母在堂，即分家离居者，将其父母置于间地，兄亦不管，弟亦不顾，致父母日受凄惶，泣然流涕，心中伤感，彼乃拥妻抱子，晏然而居。如此之人，其良心归于何处矣……"②

邻里相助。农家生计，半年忙碌半年闲。平日左邻右舍聊天、拉家常是村民常有的休闲放松方式；缺盐少柴向邻里借点，生产生活中的大事急活邻里帮帮，也是村落生活的常态。古语"远亲不如近邻，近邻不如对门""千金买屋，万金择邻"等，彰显"邻里和睦，守望相助"对于乡村生活的意义。

光绪二十年（1894）2 月 24 日，"今日邻里丁熙出殡，其二弟丁元□道人诵经，自去日午后至于今日午刻。兼有晌工八名，此俗由来久矣。余清晨往助，黄昏乃归，里人助丧者六十余名，犹有古风焉"③。

光绪二十一年（1895）11 月 10 日，"吾里人民，皆资造纸为生，每岁季秋，家家户户各修晒纸墙，馆之左右，其墙甚多，日来里人鸡鸣而起，即来此间挑水和泥，天晓涂抹，一家抹墙，邻人相助，每日凌晨，馆之左右即人声鼎沸，亦里中幸事也"④。

费孝通的乡村理论，揭示了中国乡村的一般情况，当然也包括以传统农区为主的华北、中原地区，但静态的概括无法阐释近代以来变动不居的乡土社会的事实。"克己复礼"可以理解为人们并非遵从人性中的"动物属性"而按"礼"行事，根据人的"社会属性"，"礼治的可能必须以传

---

① 刘大鹏：《退想斋日记》，乔志强标注，山西人民出版社，1990，第 5~6 页。
② 刘大鹏：《退想斋日记》，乔志强标注，山西人民出版社，1990，第 16 页。
③ 刘大鹏：《退想斋日记》，乔志强标注，山西人民出版社，1990，第 30 页。
④ 刘大鹏：《退想斋日记》，乔志强标注，山西人民出版社，1990，第 46~47 页。

统可以有效地应付生活问题为前提"，当乡土社会满足不了这一前提时，它的秩序便无法用礼来维持，难免"失其伦"。

慕虚、奢靡、颓废之俗渐盛。刘大鹏日记显示出士人对于"修齐平治"理想的追求。

光绪十七年（1891）

十二月初一日（12月31日）

五戒（自记）

戒多事，多事则致悔；戒多言，多言则招尤；戒多动，多动则得咎；戒多欲，多欲则纷心；戒多费，多费则受困。

七征（自记）

征自惰，惰则事难成；征自傲，傲则讨人厌；征自是，是则行多乖；征自欺，欺则心不安；征自满，满则祸随至；征自怒，怒则定伤生；征自忽，忽则必多侮。

十求（自记）

求阴阳之和；求人情之厚；求风俗之教；求父母之欢；求心术之正；求品行之端；求德业之进；求益友之多；求幽独之安；求身体之壮。

八本（记在昨）

以谦退为保身之本；以安祥为处事之本；以涵容为待人之本；以洒脱为养心之本；以不求为敦品之本；以退想为快乐之本；以耐烦为进德之本；以淡泊为养生之本。

……

光绪十八年（1892）

正月十五日（2月13日）

自记 馆中记

天地之间只有一个伦理，伦理者，维持天下万世之大纲也。所以圣贤教人，首重明伦。盖伦理明则天下治，否则天下乱，古来弑君弑父之人，何一非不明伦理之人乎？[1]

_____

① 刘大鹏：《退想斋日记》，乔志强标注，山西人民出版社，1990，第2页。

"修齐平治"包含了从个人修养到家族门风再到乡里邻居以至于国家天下的伦常日用、社会生活与立国之道，故"有一世之俗，有一方之俗，有一州一邑之俗，有一乡之俗，有一家之俗。为士者欲移易之，固当自一家始"，反映了儒家的"家国情怀"。但晚清以来，内外交困，士人理想中的乡村良风美俗不再，而慕虚、奢靡以及烟害之下的颓废之俗渐盛。

晚清民国时期，乡村更加贫困。1915年5月10日，"里中演剧，家家待客，一切食物，价皆昂贵。白面每斤钱六十文，每斤肉二百文，每斤酒五百十文，每斤油二百二十文，每斗谷米千三百文，稻米二千六百文，黍米千四百五十文，每斗粮九百文，豆每斗菜豆千三百四五十文，黑豆千文。凡入口之物，无一不贵，而人民穷困至此，值粮价高涨，何以为生，幸里人所造之草纸价亦昂贵耳。仍需预备待客之饭，午又八桌，男女共三四十人"①。

像刘大鹏这样的家庭，对于日常亲戚往来、招呼吃饭已感吃力，其他村民生计之困窘可以想象。就刘大鹏家而言，生计的困窘直接体现在子孙嫁娶的仪式程序节俭、简化上。当然，节俭也是刘大鹏秉持的传统操守。

光绪二十年（1894）十一月二十八日（12月24日），"今日请邻里数人、宗族数人办理婚事，饮食全行俭约，而窃窃然议我悭吝者十有八九……十一月三十日（12月26日）今日送礼者甚多，一概璧谢，而浮礼则收之（如喜屏之类）……"②

民国八年（1919）十二月十一日（1920年1月31日），"次孙女喜鸾年十有九，向定于本月十三日于归，日来已预备一切矣"。十二月十四日（1920年2月3日），"嫁女一事，乡俗殊奢，人皆不以为非。予今嫁次女孙，大改乡俗，一意于俭，亦未收礼，自筹办法，自以为是，而人反以为非，则俗之不易改也，于斯已见"。③

民国二十二年（1933）二月二十八日（3月23日），"翌日三孙女喜鸾于归，予定不收邻里友朋之喜礼，亦不请邻里来助忙。事极简单。……来助婚忙者十数人，婚事大为收敛，莫敢发展，不但省事，抑且省心。来

① 刘大鹏：《退想斋日记》，乔志强标注，山西人民出版社，1990，第210~211页。
② 刘大鹏：《退想斋日记》，乔志强标注，山西人民出版社，1990，第36页。
③ 刘大鹏：《退想斋日记》，乔志强标注，山西人民出版社，1990，第285页。

送礼者多行璧谢"。二月二十九日（3月24日），"第三孙女喜莺今日于归，鸡鸣时阖家俱起，先吃喜扁食。凌晨即行蒸做黍饭。嫁女吉期，予不令肆筵设席。以待新婿，亦不设馔支应宾客，只是预备几个火锅子而已。新婿乘轿于巳刻来亲迎，啜茗而毕即行奠雁之礼，午刻娶之而去。三男珣前往送亲，四孙吉忠随珣男而往，宴罢乃为晡时。家中坐四席，男两桌，女两桌。男客四人，午后即无事矣"。二月三十日（3月25日），"助婚之人尚有五六人，送一切物件，并送远村亲戚之谢礼。此犹系收敛缩小之事缘，倘若发展则必用数十人结束嫁女之婚事，今日犹莫了也"。①

民国23年（1934）五月十三日（6月24日），"……今日为予之诞辰，来祝嘏者本族五人，戚家二人，赁铺一人，邻有送寿礼，一概璧谢"②。

并非每个读书人都有刘大鹏的操守，世人轻视读书，人皆随波逐流。

光绪十八年十一月十五日（1892年1月2日），"……近来吾乡风气大坏，视读书甚轻、视为商基重，才华秀美之子弟，率皆出门为商，而读书者寥寥无几，甚且有既游庠序，竟弃儒而就商者。亦谓读书之士，多受饥寒，曷若为商之多得银钱，俾家道之丰裕也。当此之时，为商者十八九，读书者十一二。余见读书之士，往往羡慕商人，以为吾等读书，皆穷困无聊，不能得志以行其道，每至归咎读书，此皆未得书中滋味者耳……"③光绪十九年（1893）五月初九日（6月22日），"士风之坏未有甚于此时者也。诚心读书以求根底者固不多见，即专攻时文以习举业者亦寥寥无几……吾邑应桐封书院课者，生有三十余人，童二十余人，尽心作文者不过数人而已。或直录成文窃取奖赏，或抄袭旧文幸得膏火……"④

世俗之下，"俭以养德"的士君子反而遭人嘲笑。

光绪二十四年（1898）2月3日，"情薄之人到处皆有，然居县城者十之七八，而居乡村者十之二三。县城之风俗多浮夸轻薄，乡村之风俗多俭约敦廓，习移之故也。居县城不若居乡村"⑤。光绪二十三年（1897）2月16日，"王响五葬父，只是遵礼家祭，并不延僧诵经。读书之家，原宜如

---

① 刘大鹏：《退想斋日记》，乔志强标注，山西人民出版社，1990，第473页。
② 刘大鹏：《退想斋日记》，乔志强标注，山西人民出版社，1990，第483页。
③ 刘大鹏：《退想斋日记》，乔志强标注，山西人民出版社，1990，第17页。
④ 刘大鹏：《退想斋日记》，乔志强标注，山西人民出版社，1990，第21页。
⑤ 刘大鹏：《退想斋日记》，乔志强标注，山西人民出版社，1990，第78页。

此，可谓不同流俗者矣。晋俗殡葬，必用僧人诵经，谓之超度死者。此俗坚不可破，间有不用僧人者，群且非之，甚且谓为不孝，以其不为父母解罪也。吁！俗之囿人如此其甚，可慨也夫。士为四民之首，平居乡里，所言所行，使诸编氓者皆有所矜式，乃不能一士人，而反为乡人所化，不足以为士矣。当此之时，名器甚滥，所到之处，有顶戴者甚多，或金顶，或砗磲石顶，或水晶顶。究其顶戴之来历，彼亦不知其所以然也。吁！名器如斯，宜乎读书者之少也"①。

光绪三十四年（1908）8月14日，"时尚奢侈，为风俗之蠹，太原一郡，太谷、祁县为甚，榆次、徐沟次之，吾邑虽俭朴，然亦逊古远矣。花塔村距吾里二里许，每年于今日演剧报赛，前后凡三日。戏价甚巨，今年尤甚，价一百余缗，而农皆甘心焉，而演剧一事，尤为迷信民心之端矣"②。民国3年（1914）4月9日，"里中演剧，今日又放烟火，未晓即行嘈闹，是贺太平景象者。吾甚悯斯人之蚩蚩，不知时局之危险至于此极也，兵马纷纭，南北交驰，而吾里之人皆昏然不闻，可谓愚矣"③。

民国20年（1931）十月二十六日（12月5日），"里人张夺魁今日嫁女，予往助婚，虽系农家，却亦不甚俭约，俗已奢华，不得不随俗而行也。民国败坏，于斯可见矣"。十月二十七日（12月6日），"里中嫁女之家，谢助婚之邻夏，凡十余席"。④

民国21年（1932）九月十二日（10月11日），"……里人武锡珍翌日为子完婚，今日即大肆铺张，门前鼓乐喧闹，又在北大寺村演剧还愿，声势洋溢于远近也"。九月十六日（10月15日），"有人言，婚家日来每夜开赌，抽头以资婚费，此诚无赖之行为，不足挂人齿颊者。里中昨唱一日一夜，今日白昼未演，天初黑又演剧，婚家亦可谓热闹也"。九月十八日（10月17日），"富者、贫者怨里人武锡珍为子完婚，局势堂皇大为发展，足以显其富有。自起首办婚迄今十二日尚未完竣。一切雇工均未多得其钱，莫不骂助婚之人献媚财主，替主刻薄，有钱而不多给众，此大病

① 刘大鹏：《退想斋日记》，乔志强标注，山西人民出版社，1990，第69页。
② 刘大鹏：《退想斋日记》，乔志强标注，山西人民出版社，1990，第171页。
③ 刘大鹏：《退想斋日记》，乔志强标注，山西人民出版社，1990，第193页。
④ 刘大鹏：《退想斋日记》，乔志强标注，山西人民出版社，1990，第435页。

也，恐招意外之损失耳"。①

烟害与颓废之俗。目睹鸦片之危害，刘大鹏曾作《鸦片烟说》。"（1892年）八月二十四日（10月4日）。稽昔者，有害于人者，不过博弈好饮酒数端而已，然此尚未为大害也。若夫鸦片烟之为害，不可胜言矣。当今之世，城镇村庄尽为卖烟馆，穷乡僻壤多是吸烟人。约略计之，吸之者十之七八，不吸者十之二三。初吸之时，皆以为精神可添，闷愁可解，殊不知吸之日久，非特不能添精神，而反将精神大损，非特不能解闷愁，反而使闷愁倍增。吾见吸烟之人，形容枯槁，面目黧黑，坐则懒起怠□，动则长吁短叹，以为人皆体胖身肥，精神勃发，吾乃为烟瘾所累，不得自如，有追悔莫及者矣。"② 光绪十九年（1893）九月二十七日（11月5日），"余在娶妇之家坐席已毕，见许多客人及助忙人等，皆开灯吸鸦片烟。素日有瘾之人饭后必吸，即无瘾之人亦偃卧床上稍吸数口，皆以为此是合时之物，无瘾者食之，亦觉精神"③。光绪二十一年（1895）九月初七日（10月24日），"当此之时，鸦片烟当权得令不为人所制伏，反制伏天下之人，不能早起，不能闲暇，不能富饶夫财，致使人面黄骨（肌）瘦、精神短少，日叹贫穷亦未如之何也已矣。天意茫茫，不知何日消除此害，令天下之人舒展自如也"④。

鸦片泛滥，非但吸食者深受其害，而且对社会经济文化产生了一系列影响。

光绪十九年（1893）二月初七日（3月24日），"……当此之时，正是种麦之候，其余尚不及期，然农家不皆种麦，且有种鸦片烟者，以为种此可以获利之多"⑤。光绪十九年（1893）五月二十五日（7月8日），"吾乡之麦分二种，有续麦，夏至后收获。有春麦，至小暑而登场。每当夏至小暑间，则村中农人率皆忙迫而不得休息。当今之世，种罂粟者甚多，获麦之时又杂割烟，且割鸦片烟之人工较获麦之人工繁于十倍，所以此数日人工甚紧，工钱甚大，而务农之人皆入鸦片烟，则鸦片烟之害农也，岂浅

---

① 刘大鹏：《退想斋日记》，乔志强标注，山西人民出版社，1990，第458～459页。
② 刘大鹏：《退想斋日记》，乔志强标注，山西人民出版社，1990，第11页。
③ 刘大鹏：《退想斋日记》，乔志强标注，山西人民出版社，1990，第24页。
④ 刘大鹏：《退想斋日记》，乔志强标注，山西人民出版社，1990，第46页。
⑤ 刘大鹏：《退想斋日记》，乔志强标注，山西人民出版社，1990，第19页。

鲜哉！余当成童时（同治年间）吾师丽中先生语弟子曰，下农家皆种鸦片烟而不以禾稼为重，正所谓忘其本而务其末也，不出十年，必遭大灾，言论之间，嗟叹悲戚之言不能自已。吾师虽穷而在下，而实有忧世忧民之心。越数年，果大饥（丁丑、戊寅二年［光绪三、四年，1877、1878 年］连岁不雨），人相食，饿死者遍野塞途，种鸦片烟之处，如交城山中、永宁州等境，饿死者更多。彼处人民概不种禾稼，独赖种鸦片烟以资生，故一旦遭荒，家无余粮，欲不饿死，亦不得矣。荒年后人民稀少，种鸦片烟者亦鲜，有司常申禁令，而种者犹畏于令。吾乡尚不敢多种，不过于深僻之处种些。至戊子、己丑［光绪十四、十五年，1888、1889 年］间、加征厚税、明张告示，谓以不禁为禁，民于是公行无忌，而遍地皆种鸦片烟。嗟乎！小民无知，惟顾目前之利，不虑日后之害，况前荒年人死大半，皆亲见之，亦当知生畏心，以鸦片烟为大害，奈何执迷不悟，而种之者更多耶，真可悯可哀也"[1]。

光绪十九年（1893）正月十五日（3 月 3 日），"……元宵佳节……，回忆余十余龄时，吾乡到处，每当此日，甚觉热闹，各街各户，皆燃红灯、烧塌火、彻夜通红，灯光、火光与月光相接一片，丁男子妇，悉踊跃游观，而村居人等，又装男扮女、嬉戏于街，名之曰'秧歌'。远处不知，吾里邻村，有此者甚多，于以知群黎之富饶也。迄于今，各村各庄，间或有一二燃灯之处，而烧塌火者寥寥无几，又不闻有秧歌嬉戏，是何故哉？皆因吸食鸦片烟者众，故如此，吁可概也"[2]。

光绪十九年（1893）正月二十六日（3 月 14 日），"群黎百姓，悉被鸦片烟之害，一家之中，无吸食鸦片烟者，尚可宽裕度日。若有吸者，必至日不聊生。余族兄前数日，雇一造饭老妇，年已七十余岁矣，人问其有子否，曰有，问其子年几何，曰三旬余岁，问之者曰：'若大年纪，有子而正在强壮，尚出门为人造饭，真令人莫解也。'老妇曰：'吾家运甚衰，子与媳妇，皆吸鸦片烟，子则四体不勤，媳则怠于女工，日卧家中吸烟，将衣物等件尽售于人，目下莫能糊口，无奈出门事人，求几文钱以养儿与媳。'正言间，其子即来讨钱，言饭犹可缓，而烟瘾所逼，莫能缓须臾，

---

① 刘大鹏：《退想斋日记》，乔志强标注，山西人民出版社，1990，第 21 页。

② 刘大鹏：《退想斋日记》，乔志强标注，山西人民出版社，1990，第 19 页。

取数十钱而去"①。

孝道缺失。变动不居的乡村社会中不变的是人性、是人的需要，旧的德与礼崩溃往往自家庭成员的责任义务缺失开始。

民国 7 年（1918）二月十六日（3 月 28 日），"里人有为其母祝七十寿者，设馔待人，昨日开筵四十席，合人二百四十名，费钱可一二百千。里人多跻堂献寿，非敬其母子有功德也，徒哺啜也"②。

民国 27 年（1938）二月十二日（3 月 13 日），"里中郑二元之老母韩氏，八十有九岁，于午后来家告我曰：其第三子于前数日将其身殴打辱骂，撵出家中，不与饮食，韩氏之侄接其姑养活，告于村长武锡珍，村长不问；告于副村长高世荣，也不理；嗟乎！世人不以不孝之子殴辱亲生之老母为大罪，可见世风之坏已臻极点矣"③。

民国 29 年（1940）八月十九日（9 月 20 日），"孝经云：五刑之属，三千而罪，莫大于不孝，是时局乱，不孝之子所在多有。里中一老妇，年九十有八，常被其第三子手打足踢，辱骂不已，昨日受了儿打，无处申冤，前来告我，哭泣不止，予以天真有眼不孝之子必遭雷击，劝归。世界……大乱，寻常杀人，似此逆子宜乎诛殛，而乃任逆子横行殴打父母，理何在乎？"④

刘大鹏眼中的世风日下以日记形式呈现，既反映了社会变迁，又反映了传统士人的焦虑与无奈。

（三）"新社会"村落中的家庭交往情形

中华人民共和国成立后，国家通过政权下乡、党团下乡、宣传下乡等方式直接进入乡村，农户从生产、生活等多个层次直接面对国家，但基于生存、安全、生产效率等追求的家庭之间的交往合作，仍有相当大发展的空间。

杨白合户度艰辛。多年来，巩义市芝田村西北街一直流传着杨白合户

---

① 刘大鹏：《退想斋日记》，乔志强标注，山西人民出版社，1990，第 19 页。
② 刘大鹏：《退想斋日记》，乔志强标注，山西人民出版社，1990，第 257 页。
③ 刘大鹏：《退想斋日记》，乔志强标注，山西人民出版社，1990，第 521 页。
④ 刘大鹏：《退想斋日记》，乔志强标注，山西人民出版社，1990，第 561 页。

度艰辛的美谈。① 杨，指杨×和，抗日战争时期到芝田定居；白，指白×应，世居芝田。两家并不沾亲。杨×和、白×应在中华人民共和国成立前去世，他们的妻子陈×菊和赵×二十七八岁即守寡。两家一无农具，二无劳力。苦难的生活迫使她们合伙推磨，合伙绞水、抬水，合伙去山川煤窑上推烧煤。为了抚养子女，一起纺花卖线，相依为命。

土地改革时，杨家分到一孔窑，与白家同院，两家关系更加密切。两家经常合伙锄地、割麦、挖红薯、运粪，甚至合伙养猪。1958 年后，儿女长大外出工作，陈×菊与赵×就搬到一孔窑居住。少点一盏灯，少用一些煤，一个锅里吃饭。这算是由合伙劳动到合伙生活。

三年困难时期，两家把饭票放在一起，儿女捎点钱回来也放在一个匣子里。去地里薅几颗野菜，捋一把树叶，拾几穗麦，捡几颗豆，两人一块煮着吃。那时，农村劳动力不准外流。杨家的老二杨×亭忍不住饥饿的折磨，未经大队允许，趁铁路招工离家出走。为此，陈×菊被停发饭票三个月。为了生存，两人只好吃一个人的低标准口粮。后来，陈×菊去陕西她娘家背回 50 斤米，两人同吃。

两家共三个男孩：杨×生、杨×亭、白×荣。为给孩子们完婚，两人的布证省下来集中用，再加上去棉地里拾花、棉柴堆上抠花用来纺线织布，终于给孩子们各做一床被褥。一孔窑，一张桌子，一张床，用来娶过四个儿媳妇（白×荣两次结婚）。不管哪个媳妇生小孩，两个人同样昼夜侍候。直到 1963 年，因实在住不下，杨家搬出了窑洞，两家才分开生活——合户生活达五年之久。这是艰难的五年。

1975 年，白母赵×去世，杨家姐弟披麻戴孝；1980 年，杨母陈×菊去世，白×荣从数百里外的栾川县赶回来奔丧送终。

西水头村的婚丧嫁娶变迁情形。虽然国家提供了水利、道路以及教育、养老、医疗等维持生产生活秩序所需的大部分公共品，但国家并不能为农户提供所有公共品，不能解决与农户生产生活相关的所有公共事务，农户依然要依赖村落内的血缘、地缘（以及亲戚、朋友等关联）联系来维持生产生活的有序运转。例如，婚丧事是农户的大事，必须有人帮

---

① 周西钊：《杨白合户》，载巩义市芝田村志编纂委员会编《芝田村志》，内部资料，2003，第 46～47 页。

忙，于是有血缘关系又比邻而居的同宗族同房的人便来帮忙，由此形成一个婚丧帮忙圈。再如，防范盗窃时，一家被盗，全村抓小偷，由此形成了以村为界的行动圈。[1]

以河南省灵宝市西水头村村志记述为例，观察 20 世纪 40 年代以来村落内的婚丧嫁娶的变迁。[2]

婚姻嫁娶、老殁埋葬自古以来都是村落里的大事，从中能够看出农村生活水平的变化、文化模式的变迁。从民国年间到 21 世纪，西水头村红白喜事的处理方式等发生了巨大变化。

20 世纪 40 年代，西水头村红白喜事大都依靠乡邻亲戚互相帮衬才能过得去，待客办事比较简陋。那时几乎没有人能从自己家里凑齐待客需要的桌椅板凳、碗筷盆盘，都是从村里挨家挨户借来的，七长八短，各式各样；待客摆酒席就在房子外面搭席棚，下雨、下雪、刮风也只能将就，所吃饭菜也简单，最好的席也只是每席有点肉，酒当然是从镇上买来的散白酒。

20 世纪六七十年代，农村生活很饥馑，红白喜事的随礼也比较少，别人结婚时通常是送上一幅宣传画，稍微体面的送上一个毛主席的石膏像，或几人合伙买一个镜子。遇到白事，送上一块黑府绸布料或者白布，也叫作帐子。七碟八碗在农村算是体面的了，其中的红饭、白饭、酥肉算是比较昂贵的，上鸡上鱼的几乎没有，其余的就是汤汤水水，寡淡得很，一桌席坐完客人还没吃饱。

那时的红白喜事倒也热闹、隆重，红事叫、白事到。一般提前一天就去，大家动手准备当天的饭菜。特别是十几桌、上百桌的，蒸馒头就是一个大活计，乡邻好友，妇女婆婆齐动手，盘旋风炉灶，支大片锅，一锅一锅地蒸。最麻烦的是借桌子、板凳，这是跑堂端盘的活计。大桌不够小桌凑，板凳不够砖头凑。大桌安排给娘家、亲家等尊贵的亲戚，小桌是本家、自家人坐的。虽然条件艰苦，但大家吃得高兴热闹。

改革开放以后，西水头村的宴席悄悄地发生了变化。碗盏桌凳可以租

① 贺雪峰：《行动单位与农民行动逻辑的特征》，《中州学刊》2006 年第 5 期，第 129～133 页。
② 西水头村党支部、村委会编《西水头村志（1949～2009）》，河南人民出版社，2011，第 232～236 页。

赁，这样逢事再也不需要一家一户地借东借西。一庄大事租赁一些碗盏便可以全部搞定。大体上，城市有的，乡间都有了。只是有一点，几千年来流传的许多风俗习惯仍保持不变。红白喜事宴席的形式也大致未变，一般两品两盘六小菜，先有凉菜，后有热菜，但饭菜内容上变化较大：全鱼、全鸡，是从前从未有过的，现在几乎不可能没有；像糟肘子、猴戴帽，都是市里的名菜，也传到乡下了。

近年来，村庄里有人开始搞包桌，桌椅餐具、端饭上菜一条龙服务。你要办事，他们可以要什么给你提供什么，可以提供桌椅餐具、大小锅盆，可以代搭席棚，可以为你录像，还协助配音等等。宴席用的烟酒茶水，也有大的变化，有人专门管茶炉子，一壶一壶地烧水、沏茶，茶叶有红茶、绿茶等；酒早已不用散装的了，而是瓶装，杜康酒、仰韶酒、西凤酒是主流；烟大半是"金丝猴"。

以上所说都是平常、普通、平头老百姓办宴席时的情形，不是什么摆阔气耍排场。

红白喜事的宴席丰盛了，主要礼仪却没有大变化。总是先请一个管事的，叫作总管，同时请一批乡亲帮忙，叫作相忙，他们帮忙把红白喜事办得井井有条，在情在理。

大总管是在村中有威望的人，热心肠、懂礼节，具备一定的组织协调能力——这样的人不是谁指定的，也不是选举的，是自然而然形成的，是众望所归。办事人家，只需请好这样一位大总管，便可放心地将一切工作全盘地交付和拜托给他去做，只需交代明白花多少钱和一些特别的要求，按规矩走，不可以由自己随意做主。大总管到职后，第一件事是挑选好所有的帮忙人员，所有的帮忙人员统称为"相忙"，而那位大总管则是"相忙头"。他们工作十分认真，也十分有秩序。先是写好并公布出一张执事单来，即人员分工名单。从大总管到烧水的、倒茶的，谁管哪几张桌子，谁担水，谁接待客人，都一一分配得清清楚楚、明明白白。人们说："过事就是过'相忙'。"先前这样的工作，都是义务性的，不会要一文钱，只需要主人家管饭。

请"相忙"在农村、在办事的人家，是一件庄严的大事。对平时有点矛盾的人家，此时更应该特别地去请，登门请。这是化解矛盾的一个大好时机。若是不请，便会埋下更深的怨恨。在这个问题上，西水头村的风气至今仍然淳厚朴实，令人感佩。其间，最值得一说的是人们重义轻利。平时财大气粗的人家，若是不注意改善关系，往往会请不到帮忙的人；而凡是本村的人，无论在外边干什么事，当多大的官，回来后还是按习惯、按班辈称呼，宴席入桌时，该坐下席的还是得坐下席。俗话说得好，"官大不压乡里"，人必须有自知之明。

在白事的处理上，农村进行了殡葬改革，村里一般用三轮车作灵车，安装上枕木，灵柩抬出门，往上一推一放，小三轮直接就拉到了地里。孝子着孝服，当日从地里回来即脱去孝服。没有了过去的三年守孝，没有了一期、二期等期数，使人少了很多精神和经济压力，很得群众的认可。在随礼上，也改了过去裹鸡蛋、送馄饨、送大馍的习惯，一律随成干礼，方便实用。礼尚往来，也不像过去需要给每家每户回礼，很让事主受累。农村的礼金至今也是比较少的，而吃饭往往是一家子，因此请客往往是赔本的事，但人情在那儿，图的就是热闹。

以前，西水头村公认的肯当总管的：东寨子建×升，南疙瘩建×生，中村建×福、建×盈，西村建×汉、索×泽。

现在，西水头村公认的肯当总管的：东寨子建×民、南疙瘩建×儒、中村建×民、西村建×正。

结合村落（庄）调研，从图 2 - 3 中可以看出，当前中原地区农村在家庭重大仪式上，虽然有市场化因素，但邻里、家族相帮的传统犹在。

近年来，为了促进农村良风美俗的普及，地方政府倡导简朴办事，杜绝铺张浪费、人情攀比，减轻农民负担。大力推动婚事从俭、丧事从简。一方面成立红白理事会，制定村规民约，监督督促农户节约办事；另一方面党员干部带头节约办事，这样效果比较好。如豫东郸城县小楼乡小楼村，村委坚持推行移风易俗，既尊重传统，又节约办事，效果明显。以婚事为例，原先主家要管三顿饭：头天晚上商量事的饭，宴请管事的、主要亲戚、主要帮忙的，一般要三四桌；第二天早上一顿饭，宴请管事的、主要亲戚、所有帮忙的，一般要五六桌；中午待客正场，就更多了。现在，只准备中午正场待客的饭菜，帮忙的、管事的各自在家吃饭，亲戚随主家吃家常饭。正场待客烟不能超过 10 元 1 包，酒一般 20 ~ 30 元 1 瓶，一桌菜

240~300 元。为群众减轻了一部分负担。

图 2-3 农户丧事执事单（项城吴庄）

说明：该执事单为河南项城市秣陵镇前吴庄一户人家举办丧事时，吴氏家族人员分工情况。逝者为一个大的联合家庭长者，子侄众多，感谢主家惠允使用。

三　村落公共空间与公共活动

在社会学意义层面上理解公共空间（public space），我们可以把它视为社会内部业已存在的一些具有某种公共性且以特定空间相对固定下来的社会关联形式和人际交往结构方式，村落公共空间大体包括两种。一是乡村社区内人们可以自由进入并进行各种思想交流的公共场所。如中国乡村聚落中的寺庙、戏台、祠堂、集市，甚至水井附近、小河边、场院、碾盘周围等，人们可以自由地聚集，交流彼此的感受，传播各种消息。二是乡村社区内普遍存在着的一些制度化组织和制度化活动形式。如村落内的企业组织、乡村文艺活动、村民集会、红白喜事仪式活动，人们同样可以在其中进行交流、交往。村落公共空间作为村庄社会有机体内以特定空间加以相对固定的社会关联形式和人际交往结构方式，其形式会因村庄社会关联的多元以及人际交往活动内容的相异而呈现出多样性。①

（一）村落公共空间

就村落公共场所而言，一般来说，坑塘和水井以及碾等是中原传统农区村落常见的、具有公共性质的场所和共用性质的物品。

1. 坑塘

在传统农耕地区，几乎所有的村落都有坑塘。"如果乡村位于地势较低的地方，人们就会堆起一个土墩，然后在上面进行建筑。但是，不管农村的自然条件如何，这么多泥土的消失都在乡村周围留下了一系列巨大的土坑，这些土坑又将附近区域的地下水汇聚在一起，从而成为一个鸭、鹅、猪戏水的场所，在夏天，甚至光屁股的小孩也乐在其中。"②

人类生产生活、繁衍生息离不开水的滋养。长江以北传统农区属于季风气候，旱季雨季分明，在雨季，池满沟平，到处是水；旱季时则天干路响、尘土飞扬、田地龟裂、坑塘见底，人们往往趁机进一步挖深坑塘，起青泥沤肥上地肥田，于是坑塘越来越大，也越来越深。池塘是一个学术用语，在农村，对于池塘的称呼就是坑。大人支使小孩，往往说"去到坑东岸你刘大婶子家借个筛子"，"黑蛋，你到坑西头你李四叔家掐把花椒叶，咱们上午做南瓜糊汤面"，诸如此类。坑塘在一个村庄，犹如一个坐标，界定着人们的方位。

村落内的坑塘，既是公共空间，也是村落独特文化的体现——有权利、习惯等内在因素在里面。如"有些地方，一个村庄的所有的住户，在坑边都要有一块或一溜地。这块地表示这户人家对坑的使用权。因为坑是全村共有的财产，你在坑边有地，说明这坑就有你的一份，如果你是外来户或者吊扇户，在坑边没有地，一般情况下，你在坑里洗衣裳、饮牲口都无所谓，但是一遇旱天，水源紧张，那些外来户、吊扇户便要被驱逐于池塘之外。你要挑水或者饮牛，就有人来拦挡，问'哪儿是你的下脚处？你要饮牛？你弄不成！你赶快走开！'土话叫离猫娃水"③。

---

① 曹海林：《村落公共空间：透视乡村社会秩序生成与重构的一个分析视角》，《天府新论》2005 年第 4 期，第 38～92 页。

② 〔美〕明恩溥：《中国乡村生活》，陈午晴、唐军译，中华书局，2006，第 11 页。

③ 杨存德编著《历史文化名城邓州：水文化》，作家出版社，2007，第 110～111 页。

坑塘的水漂洗着衣裳、浇灌着田园、饮喂着牛羊，坑塘是人们生产生活的内在元素，从而成为一种"家之便利""生活之地的便利与熟悉"的标志——金坑银坑，离不开穷坑。

坑塘甚至承载着村落的信仰。豫东鹿邑县有"十二寡妇扫坑"的民俗。中华人民共和国成立前，每逢干旱季节，庄稼苗旱得瘦黄细弱，又没有灌溉条件，农民们束手无策时，就沿用了以往的习惯，让十二个寡妇扫坑，以期感动神灵降雨。首先由村里有威望的人，把全村的寡妇集中在一起，教她们怎样扫坑、怎样念歌等事项，当每个人都学会了，就把她们领到村里干枯的大土坑里扫坑。寡妇们每人手里拿一把扫帚，低着头边扫地边念歌："十二寡妇来扫坑，扫的扫，拥的拥，三天以里下（雨）满坑。如果三天恁（指老天爷）不下，十二寡妇都改嫁。"翻来覆去地念着，直到把坑里扫得干干净净，她们才停下来休息。如果正在扫坑的时候，有走路人从坑边经过，她们就把走路人拉到坑里，把预先准备好的驴扎脖子，套在走路人的脖子上，口口声声问他什么时候下雨。如果走路人不说什么时候下雨，寡妇们就拉着他的手，牵着驴扎脖子在坑里来回走动，直到走路人说出明天就下雨，这才把走路人的驴扎脖子解掉让他赶路……①

2. 井

与坑塘一样，井既是村落内的生产生活设施、村落的文化符号，也是村落公共空间之一。《韩非子·外储说右上》载"耕作而食之，掘井而饮之，无求于人者"，把掘井饮水看成和耕作而食一样重要。春秋子产治郑，实行"田有封洫，庐井有伍"——使村落、房舍和水井有合理的安排，这显示出水井和房舍以及村落相互协调，构成了恬淡乡村生活画面，也体现了对理想生活的追求与寄托。②

南阳乡土作家周同宾有《乡井》一文。"……我们村，几十户人家正中，有一片颇大的空地。空地正中，有一眼井。青砖砌井台，每块砖都有十八斤重。井台上，一东一西竖起两根六棱青色石柱，雕有波浪形花纹。石柱上，横一道青色石梁，一端雕龙头，一端雕龙尾，中间浅浅地雕了鳞爪。石梁上，架一挂辘轳。辘轳被井绳缠出了深深的印痕，如瘦人的肋

---

① 张鹏举、丁云岸主编《鹿邑民俗志》，中州古籍出版社，1991，第101~102页。
② 陈智勇：《先秦时期的井文化》，《安阳师范学院学报》2008年第4期，第41~43页。

骨。熟铁的辘轳把磨得白亮。井台旁边，长一棵不结榆钱儿的山榆。树干粗，两人合抱不住。树皮裂，裂成一块一块的，四边上翘。干挺直而上，高处分枝发杈，绿叶密实，如一把撑开的巨伞……每天早晨，家家都去挑水，辘轳的响声——下桶时欢快的哗哗啦啦，绞出时沉重的吱吱扭扭，从东天边发白，直响到日头丈把高。那时候，村中空地都长草。从各家到井台，都踩出了一条不长草的小路，像一根根夹在草间的绳子，扯到井台，绾在一起……井台四外的空地，是我们村的广场。村民们夏天去乘凉，冬天去晒太阳。老太婆、小媳妇、大姑娘坐那里叙家常，哄娃娃，做针线，一坐一晌。以井为中心的那片地方，常有一种平平淡淡而又融融乐乐的气氛。在那里，富人穷人，精人憨人，都是族人，都是乡亲，不以家产多寡显尊卑，只以辈分长幼定高低……井水做成的粗茶淡饭，养活了一代又一代庄稼人。一代又一代出生，长大，一代又一代衰老，死去……"①

文学源于生活、高于生活，但井以及围绕井形成的村落公共空间、村落文化却是真实的。

中华人民共和国成立前，与"寡妇扫坑"民俗相似，邓州乡村有"淘井祈雨"的民俗。人们一年四季都在井中打水，张三的水桶沾些井沿上的土坷垃和柴草，李四的水桶也带点泥和杂质，久而久之，井中的淤泥越来越厚。在当地人看来，淘井既可清污理泉，又可感动上苍。在淘井祈雨时，在井的周围跪着一个又一个淘井的男劳力，他们头戴柳条编织的帽子，自觉地跪地祷告并任太阳暴晒，嘴里也念念有词："井神井神求你啦，赶快上天说句话，方圆十里干崩崩，无雨咋能种庄稼，井神井神快起驾，不然还要把你挖。"在这个井中吃水的大人小孩，只要是男性公民，自觉或不自觉地都要加入跪拜的队伍。当然也有一些"露能人"心想，"有他们跪着，真要下雨还能撇过咱了，咱就免了吧"。② 为什么下跪的都是男人们呢？因为过去的重男轻女旧俗认为女人们不干净、不吉利，而淘井祈雨是一件非常神圣的事。③

---

① 周同宾：《乡井》，载《乡关回望：中原农耕笔记》，百花文艺出版社，2009，第95~100页。
② 这样的人，正是村落文化共同体下，为公共利益而开展的集体行动的搭便车者。少量搭便车者不可避免，大量的搭便车者存在的话，集体行动往往难以达成。
③ 杨存德编著《历史文化名城邓州：水文化》，作家出版社，2007，第13~14页。

历史悠久的村落往往有古井，也有关于古井的传说。

《古井传奇》一文记述了项城市王埝村古井的故事。"王埝村中有一口吃水古井，已有 300 多年的历史，有着传奇般的故事，因而至今保护完好。此井是清朝初年王氏族人为了吃到好水，挖掘的一口水井，用青砖砌成，有上下井盘。据传这口井有预示天气的作用。看到井口砖出汗有水珠，近期必降雨。还有人说，此井有龙王居住。有一年天大旱，井将枯，为了吃水，族人焚香祷告龙王，然后淘井清淤，不料第二天下了一场喜雨，解了旱情。从此以后，一遇大旱，族人就摆上供桌烧香放炮磕头祈求龙王下雨。说来也怪，十有八九能求雨成功。后来人们家中有事也来烧香求龙王保平安，以至流传数百年。至今此井保护完好。"① 《神井的传说》一文记述了项城市张撅庄村古井的故事。"清中期，张撅庄村只有十几户人家。村中间有一条南北走向的小水沟，把村子分成两部分。沟东边有一口古井。有一年，村中一户财主家要办喜事，准备请个戏班助兴。当时邻庄就有一班，于是财主派人去请。有人说，咱先去听听，看唱得怎样。不听则罢，一听人们大失所望，全戏班没一个出色的唱家。当时附近又没有别的戏班。无可奈何之下，只好请来了这个戏班。结果头一场就把人唱走了。戏班人员当天在张撅庄吃饭，喝了村东边的井水。第二场戏就发生了明显变化，整个戏班与来时大不一样。几天唱响了十里八村，戏班一下就红了。班主说这是张撅庄村的这眼井水好。从那以后，不少戏班都愿意来这村唱戏，村民做饭也都到这里来取水。"②

井是村落的公共物品，挖井时需要聚集村落资源，需要众人的共同努力，一般以家族或村落为单位共同出资，而在杂姓居住之地，则由权威人物倡导，共同出资修建（购买）。今巩义市芝田镇有一块乾隆二十九年（1764）建井碑留存，碑记如下。

---

① 《古井传奇》，载项城市政协编《项城乡村历史文化要览》卷三，内部资料，2018，第 1266 页。

② 《神井的传说》，载项城市政协编《项城乡村历史文化要览》卷二，内部资料，2018，第 904 页。

芝田镇建井碑记①

尝思自天地生人以来，有食者以养阴者，即有水以养阳，水讵可一日无也哉？爰是镇北巷有烟火数十户，而井泉不足日者，赵君讳彦秀有旧井一圆，愿为公用，众皆不忍。遂各出己财以买之，以为斯巷久远之基。故为数语以弁其首而赀财姓氏详列于后，是为记。

贡生	王振声	银二两
寿官	赵大成	银五钱
寿官	宋旺林	银二钱
生员	赵彦芳	银二钱
监生	赵大受	银三钱
	武永清	银一钱五分
	白廷楷	银五钱
	康　顺	银四钱
	靳大贵	银一钱五分
	武福贵	钱一百文
	武福寿	钱一百文
	赵一良	钱一百文
	程士孟	钱一百文
	何士奇	钱一百文
	李建周	钱一百文
	王有禄	钱一百文
	武永昌	钱一钱五分
	田起泰	银二钱
	焦有禄	银二钱
	常士杰	银三钱
	李育民	银二钱
	宋翔凤	银三钱

---

① 巩义市芝田村志编纂委员会编《芝田村志》，内部资料，2003，第438~440页。

赵彦秀　银二钱

王　义　银一钱五分

田养成　钱一百文

朱大年　钱一百文

马　书　钱一百文

李如秀　钱一百文

化文明　钱二百文

赵　璜　钱一百文

白君辅　银三钱

何士超　钱一百文

朱文举　银二钱

李安民　银二钱

程士文　银二钱

赵世荣　银二钱

赵　栋　银一钱五分

田起洪　钱一百文

程师孔　钱一百文

武福瑞　钱一百文

何宗武　钱一百文

赵光耀　钱一百文

武福禄　钱一百文

冯　周　钱一百文

程士孟　钱一百文

郅　福　钱一百文

董云鹤　钱一百文

后　学　赵世楷并书

石　匠　□□

乾隆二十九年三月初六日吉旦立

说明：原碑嵌在芝田村烟房张家院前水井之墙壁上，高 39 厘米，宽 63 厘米，正书，碑文清晰。

"背井离乡"一词有无奈离家外出的伤感,"这女人要吃三个井里的水",便是说这个女人不会从一而终,还要嫁到别的村。在这里,井便是家,便是祖祖辈辈生活的村落。

3. 碾

石碾是在传统时代进行脱粒、碾粉的粮食加工器械,它是我国重要的传统农具,具有悠久的历史,曾在各地的谷物加工活动中发挥了巨大的作用,尤其是在较大程度上推动了我国古代中原农业经济的发展。相对于磨、碓、臼来说,砣碾和辊碾都属于大型的农业加工工具,器型大,所需场地也大,因此不可能一家独有,必然是共用的加工器械,往往被安置在公共场地,由民间农户轮流使用。①

巩义市芝田村有乾隆六年(1741)古碑一通,记载了赵、田、王、武等不同家族(家庭)置碾的情况。

众姓置碾记②

计开施银姓氏于后:

贡生	王振声	钱三百文
寿官	赵彦伟	钱三百文
生员	赵彦芳	钱二百文
成管人	宋旺林	钱二百文
	武永清	钱二百文
	田起泰	钱二百文
典史	王德凤	钱一百文
	集鸿禄	钱二百文
	常大伦	钱二百文
	武永昌	钱一百文
	田起福	钱一百文
	武 云	钱一百五十文

---

① 赵蓬、李桂玲:《古代谷物加工器具之传承》,《农业考古》2014年第6期,第133～142页。
② 巩义市芝田村志编纂委员会编《芝田村志》,内部资料,2003,第438～440页。

赵大志　钱一百文

武富贵　钱一百文

何志奇　钱五十文

王　义　钱一百文

赵光耀　钱一百文

李建周　钱一百文

王世昌　钱一百文

李安民　钱一百文

王世功　钱一百文

靳大贵　钱一百文

化文明　钱一百文

张天保　钱一百文

武福禄　钱五十文

赵彦贵　钱一百文

朱达寿　钱一百文

宋翱凤　钱二百文

田起洪　钱一百文

武福瑞　钱一百文

程师孟　钱一百文

武福寿　钱五十文

田养成　钱一百文

何士超　钱五十文

石匠　王伦

乾隆六年正月二十日立

说明：碑嵌在芝田村东北街土地祠门外左壁上，高 39 厘米，宽 63 厘米，正楷字清晰。无正文。

随着社会经济的发展，坑塘、井、碾逐渐退出当下村落（庄）的生产生活，村落的公共场所、公共空间已经发生了位移。当今村落（庄）的公共场所、公共空间仍然是与大家生产生活密切相关的地方。村头超市、村庙是村落的公共空间，而随着村民娱乐休闲时间增加，茶馆、路口、大树下的聊天场所等也成为主要的公共场所、公共空间。

（二）村落公共活动

团结协作是社会运行的基础。村落范围的公共事务与公共活动在最小的外部压力下解决、开展，是村落文化共同体存在与运转的体现。

1. 中华人民共和国成立前的村落公共活动情况

通过《退想斋日记》，可以管窥晚清民国年间，晋中一带村落公共活动情况。

民国 23 年（1934）七月十八日（8 月 27 日），"东北二里邻村花塔，每年今日演戏酬神，大过时节。今秋只是抬神以祭，首事人提倡唱戏，村民群起反对，乃作罢论，民穷财尽已见一村矣"①。

民国 21 年（1932）九月二十二日（10 月 21 日），"昨日往牛家口看戏者归，言：牛家口村演剧赛会，系一渠头名曰'二毛念'独主其事，阖村民众都不愿意，以势局纷纭，秋收亦劣，无力演唱好戏。而该渠头乃违众办，竟向商号贷六百元大洋以备戏价，待后再按亩起费，乡长付亦不与闻其事，但不知后来何如。今日演第三天，崇朝即见有多人往牛家口村而行，络绎不绝"②。

赌博盛行的副产品是不事生产的无赖、二流子越来越多，不受道德约束的无赖，欺邻害户在所难免。

光绪二十一年（1896）十一月二十七日（1 月 11 日），"吾乡是五方杂处之地，无赖甚多，号称难理，乡中管事人等率皆委靡不振，任无赖横行里中，虐害乡党，竟置不问。今秋父老子弟因被无赖暴虐，吁求管事人以舒积困，管事人来，请余办，以为阖村士庶共递一禀恳来一张告示、则无赖庶几散匿，不敢放火矣。岂料无赖鸱张更甚，且公行不讳，扬言于众，向村人索钱，谓与钱即不放火，不与钱则火莫能止"③。

一方面，村落范围内达成的公共行动，并非都能与生产生活形成良性互动；另一方面，国家与乡村社会良性互动的公共活动在晚清民国时期却付之阙如。

---

① 刘大鹏：《退想斋日记》，乔志强标注，山西人民出版社，1990，第 485 页。
② 刘大鹏：《退想斋日记》，乔志强标注，山西人民出版社，1990，第 459 页。
③ 刘大鹏：《退想斋日记》，乔志强标注，山西人民出版社，1990，第 49 页。

光绪二十八年（1902）二月初十日（3月19日），"小常村赛会五六日，每日演剧，邻村人民日日赴会，南席村最近，相距二里许，故来馆中子弟皆不来读书，余亦每日赴会遨游，以消磨时日。小常村会上颇觉活色，售卖物件之穷民较之去年十减七八，人心亦皆平妥。但赌场太大，宝棚近二十、坛数十，呼卢喝雉席棚亦一二十，赌博之人，蜂屯蚁聚，十分热闹，此世之蠹也。邑令不严禁，一任无赖游民引诱良家子弟入场赌钱，俾风俗之大坏，通宵不歇，赌博哄哄，里长社首置若罔闻，此其犹小也，邑令之罪则大矣"①。

民国7年（1918）二月十三日（3月25日），"晋祠演唱女剧，今日已第四天矣。当此危急存亡之日，而人民愤愤若斯，不亦可怜乎?"②

民国23年（1934）六月二十四日（8月4日），"梓里人民因天亢旱，乃上山头聚石为塔，上插柳枝，谓挂浓云，祈祷雨泽。名曰：'挂云塔'。前数日已成三处，凡上山时，鸣锣击鼓，乘夜以上，许愿酬报。昨夜得雨，今日抬猪羊上山，锣鼓喧闹以祭之"③。民国23年（1934）七月二十一日（8月30日），"夏时天旱，古寨、木厂头等七、八村，执神求雨有效，已一月，乃于昨日装办社夥，到各村及县城游历，日落仍未到县"④。

风俗秩序被破坏、村落文化共同体解体，应该是当时的普遍现象。

文化是群体的行动模板，是生活的样法，儒家思想认为"文"是文德，"化"是教化，文化受规范、规章、制度化约。就乡村文化来说，孝道、信仰等并非个人、家庭私事，而是国家关注的主要内容。

乾隆十二年（1747）刻本《商水县志》载有《知县吴道观乡约天说》之《圣谕有曰孝顺父母》，以县令口吻、用乡村俚语告诫民众："如何是孝顺父母，人生世间，不论贵贱贫富，这个身俱是父母生的，怀胎十月，乳哺三年，未病忧儿病，偶有些疾病，恨不得将身替代，未会吃饭先虑儿饥，未会穿衣，先虑儿寒，千辛万苦养汝成人，这恩如何报答得。所以诗经上说：抚我育我，顾我复我欲报深恩；昊天罔极，迄今成人。父母年

① 刘大鹏：《退想斋日记》，乔志强标注，山西人民出版社，1990，第107页。
② 刘大鹏：《退想斋日记》，乔志强标注，山西人民出版社，1990，第257页。
③ 刘大鹏：《退想斋日记》，乔志强标注，山西人民出版社，1990，第485页。
④ 刘大鹏：《退想斋日记》，乔志强标注，山西人民出版社，1990，第485页。

老，该汝供养，汝或听妻子之言而薄父母，或由任愚蠢之性，言语抵触父母，或有不务生理，自己衣食不敷因而冻饿父母，或有不知王法自蹈犯罪之事拖累父母，种种行径都是不孝顺父母了。本县劝尔百姓，各守本等职事，安分守己，行事诚实，勿干法网，所以安父母之心。时勤时俭，早晚供养，勿令温饱有缺，有病就请医调治，所以安父母之身。你今不孝顺，就是个现在的样子，你的儿子自然照样子不孝你，古诗云：孝顺还生孝顺子，忤逆定养忤逆儿。这个报应昭昭不爽，你试看天下不孝顺父母的那得昌盛故。"①

《崇节俭禁邪教示》曰：

乾隆九年十一月 特授河南等处承宣布政使司布政使加二级纪录五次赵 为力崇节俭严禁邪教以厚民风，以端风俗事。照得豫省今岁春秋雨赐时若，麦谷两收，在田连阡陌者自必仓箱充裕，相庆盈宁，即佃种贫民谅亦有积蓄，以助饔飧，但必于有余之日，撙节爱惜酌盈济虚，方能留其有余以济不足之需。古语云：三年耕必余一年之食，九年耕必余三年之食，虽遇凶荒自无饥色。故凡一切婚丧，宜安本分，称家有无，勿事奢华致滋靡费，即春祈秋报，演戏酬神习俗，然例所不禁，然亦只应诚心致敬，一赛即止，不得连宵连旦，以致废时失业，再酒以合欢，亦能偾事且断殴命案，由于酣饮淫酗者最多现。在禁踩曲禁烧锅，无非为足民食计，尔等各宜深思，力崇节俭以为长久之计。至于左道邪教，最易惑人，或假托神言捏称将福，或造作符咒谎云疗病，无知愚民被其煽诱群相附和，究竟福未降、病未瘥而银钱谷麦已被其诬骗矣，甚至发觉受累多端。昔年梁朝凤之案，岂非榜样？何如孝亲敬长，家庭即是灵山、堂前自有活佛果盘。孝养即可邀福，盖为善降祥。天道原自不爽，孝亲敬长则真为善者也，尔等亟宜省悟，勿蹈覆辙。兹值仲冬，天降瑞雪，明岁丰稔可预卜，诚恐尔等妄忆，来年麦收有望，因而暴殄天物恣行花费，又虑乡野愚氓，心迷祸福误人旁门，皆未可定。合行出示通行晓谕，为此示仰，阖属军民

---

① 乾隆《商水县志》（四）卷九，商水县史志办公室，2011年影印本，第34～39页。

人等，知悉嗣后各宜从俭去奢，加意节省，务使家有盖藏以防旱涝，更须安分力田，共敦孝悌无听邪术，自然安居乐业，不惟法网共作。

盛世良民，长享太平洪福，尔等各宜凛遵，毋负本司谆谆告诫也，须至告示者。①

盛世之下，国家有能力掌控社会，因而孝道、节俭、禁邪教等风俗文化层面的规范应该有一定的约束效果。乱世之下，国家无力掌控社会，政令尚不畅通，文化引领更是徒呼奈何。

"民国十五年（1926）七月二十四日（8月31日）。……丁载阳之妻朱氏逝已七日，今日出葬，四男珊往为助丧，次孙精忠往行礼，昨日午后延僧诵经，昨夜上法台超亡魂，今日仍念经半日，俗名'达练经'。此俗弊也，久不能除。有不延僧嘩经俗反訾笑。明清二代之律，凡丧家用僧道念经者系杖八十之罪，官不按律而行，故相沿日久，弊不能除。"②

其实，关键是国家无力动员社会，即便有指导、示范行为，也罕有效果。"民国二十三年（1934）三月二十八日（5月11日）。中央政府主席蒋中正倡行新生活运动促进会以来，各省大小机关遵而行之，以'礼义廉耻'为宗旨，迄今数月，处处开会讲演，令人实行。宣传殆遍，然究各机关之开会，无非粉饰耳目，终莫一点效果。"③

2. 近年来村落公共活动概况

中华人民共和国成立后，通过土地改革运动等一系列乡村重构活动，消解村落（庄）宗族势力、宗教势力等内部的所有自组织形态势力，使个人家庭直接面对国家；改革开放后，国家的政权边界回缩至乡镇，国家主流文化对村落的影响有弱化迹象。农民自组织获得了前所未有的发展机遇，在一些地方，沉寂了几十年的宗族意识开始觉醒、宗族组织开始复兴，一些有号召力的村落（内外均有）头面人物开始倡议集资建祖坟、续族谱、修宗祠，成立宗族组织，而在有些农村地区，一些新型农民合作经济组织或专业农民协会纷纷发展起来。

---

① 乾隆《商水县志》（四）卷九，商水县史志办公室，2011年影印本，第48~49页。
② 刘大鹏：《退想斋日记》，乔志强标注，山西人民出版社，1990，第339页。
③ 刘大鹏：《退想斋日记》，乔志强标注，山西人民出版社，1990，第482页。

但是，不同地区的农民自组织发展程度差别极大。广大的中西部地区的农村正在不断走向原子化，并且在未来一段时期还会呈现出不断扩散的态势（从总体上看，村庄原子化正为我国当前农村社会的主导形态）。在原子化村庄中，因历次政治运动的冲击和市场经济的渗透，农民之间的联系迅速减少，村落内很难达成有效的合作以采取集体行动（也就是说，这类村庄所拥有的自组织资源是极为稀缺的）。在原子化村庄中，传统的农民自组织并没有"复活"，族谱、祖坟和宗祠都没有"复活"，家族内部成员之间的联系已经十分松散，甚至分家后的亲兄弟也并不能联合形成强有力的认同而成为行动单位以采取集体行动。在强经济化背景下，"市场逻辑"的强有力渗透，已经使村民逐渐成为精于利益算计的理性人，核心家庭构成了村民最主要、最基本的认同和行动单位。在此之上的组织日趋松散，其结果是整个村庄的内聚力大大减弱，村民之间要达成集体合作十分艰难。[1]

在原子化的农村地区，缺乏超越核心家庭之上的认同和行动单位，全体村民成为马克思所说的"一袋马铃薯"[2]，表现出"善分不善合"的典型特点。由于村庄社会关联度较低，村民一致行动能力较弱，村内缺乏笼罩性的价值评判系统，村庄公共性丧失，无法有效将少数搭便车者边缘化，致使村民们难以就村庄公共问题及公益事业建设达成合作。[3]

结语　中国传统农区的村落文化主体及其行为

村落文化共同体的存续，是外在社会结构与村落内在社会稳定、有序的统一，是村落子系统与社会大系统能量交换均衡的统一。

当国家维持秩序的强制性力量变为破坏乡村秩序的力量、当国家对乡村索取无度、当国家不再能在乡村遭受灾害时提供必要帮助的时候，大传统便难以维持，小传统也难以维持。晚清以来灾害冲击、外部势力入侵以

---

① 张英秀：《原子化村庄农民自组织的缺失与再生——基于集团理论的分析》，《四川行政学院学报》2011 年第 6 期，第 54~57 页。

② 《马克思恩格斯选集》第 1 卷，人民出版社，2012，第 762 页。

③ 田先红：《农民行动单位与上访行为逻辑的区域差异——一个解释模型》，《人文杂志》2012 年第 4 期，第 163~171 页。

及国家能力衰弱、官僚腐败与官府压榨，使乡村成为终极受害者，但乡村从来都不是被动接受被强加的一切。一方面是乡村与国家、政府的对立，另一方面是村落的边界被外力强制打破。在人口流动、外力入侵，传统道德、秩序规则对文化共同体中的行为主体逐渐失去约束力的情况下，尤其是在家族、联合家庭不能为个体提供庇护的情势下，个体、核心家庭逐渐成为以利益为追求目标的行动主体，非但村落人际交往功利化，连家庭子代也逃避赡养义务，村落道德舆论压力难以发挥作用。

没有了村落范围内甚至家族家庭范围内休戚与共、荣辱与共的基础，村落文化主体的变化及其行为理念的变化，必然引起村落秩序结构的变化、道德话语体系的变化，进而使原有的文化秩序被打破、村落文化共同体解体。

但是，在社会的快速变迁下，原有的村落文化秩序逐渐被打破之后，新的秩序并没有立即建立起来——旧辙已破而新轨未立。

在经历了中华人民共和国成立后30年左右的乡村集体化时期后，经过40余年的改革开放与城市化发展，在农村人财物持续流出的背景下，乡村物质富裕与文化荒凉并存。当下，观察者几乎感觉不到统一的村落文化秩序的存在，悲观的论调甚至认为村落文化共同体不存在。

第三章

村落自我演变下的文化失序

晚清民国期间，在风俗大坏、民不聊生背景下，每个人都根据自己的利益行事，村落熟人社会、地方文化礼俗社会受"丛林法则"支配，加上恶势力滋生蔓延、土匪流寇纵横往来，导致村落的界限被打破了，区域社会处于混乱状态。超出村落范围的思考成为时代的思想主题，超出村落范围的行动渐渐普遍化。

第一节　"旧社会"村落里的人与事：
传说的文化意蕴

在社会变动时期，村落文化秩序崩溃，"村落共识"难以维持，芸芸众生各按其意行事。《故园史话——寨子贾村文史故事集》①中的故事，展现了近代中西部农村的文化事象。

一　"事"的文化变迁意义

何谓事？在中国语境中，事乃是人生、社会的主要内容。因此，杨国荣说："现实世界以'事'为源……'事'与现实世界和人自身存在的以上相关性，决定了对世界与人的理解，离不开人之所做之'事'……以'事'为考察视域，相应地意味着从更本源的维度理解人与现实世界。"②事总是与人的心理活动，与人的行为、行动联系在一起，知与行、说与做等，

---

① 贾国忠：《故园史话——寨子贾村文史故事集》，未刊稿。感谢贾国忠先生惠赠资料。
② 杨国荣：《人与世界：以"事"观之》，生活·读书·新知三联书店，2021，第3~4页。

总是联系在一起的，而且两者的契合与背离，又与道德文化联系在一起。因而，由"事"可以察"思"、知"行"、品"德"。

为何论事？庄户人家，生产生活，"过日子的事比树叶子还稠"，没有一件事不需要操心、花钱。村庄（村落）是共同生产生活的"场域空间"，而生活的意义总要在生产生活中的事中体现出来。但是，"事"既包括做事，也涉及处事。做事首先与物打交道，处事则更多地涉及人与人之间的交往。①（做）处事往往是一个互动的过程，凸显了行动者的能动性——行动者总是通过事勾连在一起，"人从事上看"，在打交道的过程中行动者互相适应，修改行动策略，即逐渐互构。"社会现象或事件的并立、复合、交错和时序倒置，社会主体的行动是既'脱域'也是'在场'，这种情状和过程汇合成了一个复杂无比、浩瀚博大的场域，它既是无形无象的但也是实实在在的，我们称此为'社会互构之域'……在这个常绿常新的'互构域'中，我们每时每刻都在以不同的方式生产出新的社会互构事实，我们的行动实践本身也因这个过程而得到更新和重塑。"②

互构便是旧的共识的消失与新的共识的重构，进而是在群体行为方式改变的基础上的文化变迁。因为"在互构和开放中，包含着常变和常新的机制。社会互构是一个极为生动的过程，互构场景和互构域的变动，行动者的进入与退出，行动方式的变异，互构机会和资源的重新集结，行动者的智能、体能的开发和释放以及新的体验感悟的形成和再卷入等等，造成了互构过程的突发性的联结，这些都是不能被预先确定的——这就是社会互构过程。面对这种气象万千、没有固定程式的社会生活实践，社会互构主体最好的应对方式就是常变、常新"③。

---

① 杨国荣、贡华南、郭美华：《杨国荣：从"道"到"事"——中国哲学可以为世界哲学提供资源》，《船山学刊》2018 年第 6 期，第 16~22 页。
② 郑杭生、杨敏：《社会互构论：世界眼光下的中国特色社会学理论的新探索——当代中国"个人与社会关系研究"》，中国人民大学出版社，2010，第 430 页。
③ 郑杭生、杨敏：《社会互构论：世界眼光下的中国特色社会学理论的新探索——当代中国"个人与社会关系研究"》，中国人民大学出版社，2010，第 432 页。

二 寨子贾村不同类型的人及其事

寨子贾村①位于禹州市鸿畅镇，距市区约 22 公里，与郏县李渡口村接壤。全村 1400 口人，1700 亩耕地，村内大多为岗地，以种植小麦、玉米、红薯、烟叶等作物为主。这里虽地处偏远，物产不丰，却拥有丰富的历史文化资源。据传秦汉即有村落，史称文家寨，因三国名将文丑后人在此守墓而渐成村落。至明代，有贾姓兄弟至此，渐繁衍聚积而成今日之村庄，其中贾姓为村中大姓，有李、刘、侯、薛各 10 余户。该村既有文丑冢与文丑庙、白马坡与黑马岗等物化的历史遗迹，又有神奇传说，也有晚清民国许多有趣之人留下的种种逸闻趣事。

村人贾国忠，"寻古迹、抚残碑、问老人、批阅古籍，孤灯钩沉。历数载，将吾村文物古迹、传说故事汇为一集"②，此即为《故园史话——寨子贾村文史故事集》，全书约五万字。书中的故事为具体时空下的传说故事，经过时间的沉淀与社会的选择，具有社会文化意义。

《故园史话——寨子贾村文史故事集》记录人物 88 人，大体为晚清民国年间人物，结合了文丑庙现存民国 14 年（1925）碑文《创修文丑庙碑记》③（见图 3 - 1）与人物故事内容形成故事集。其中的故事短则百八十字，长则三五百字。通过这些人与事，通过时人的行事方式，可以窥视村落文化共同体逐渐走向解体的大致状况。

依事而言，冲击村落文化共同体秩序的，大体有以下几类人。

一是乱世强梁与欺邻害户之人。一旦天下大乱，便会出现"有勇力者聚徒而衡击之"现象，乡村社会便会成为恃强凌弱者的世界，欺邻害户、为非作歹之人趁机兴风作浪。

民国年间中央权威衰落，土匪横行、乡村武化促使一些人野心膨胀、

---

① 寨子贾，见百度百科，https://baike.baidu.com/item/%E5%AF%A8%E5%AD%90%E8%B4%BE/3558314？fr = aladdin。

② 见村人贾夫立为《故园史话——寨子贾村文史故事集》所作《序并诗》。

③ 寨子贾村文丑庙有石碑一通，镌文《创修文丑庙碑记》："盖闻有功德于民则祀之，是祀典□忆夫汉季英雄并义气磊落□□，其庇佑者良多，比来土匪为患四方，为（？）作典事，各捐己资，所施不谷于□□，以妥侑夫神灵而展拜谒之处，诚□。社首 贾三思 刘凤仪 贾文洛 贾书堂 贾文清 贾成顺 贾文庆 贾书三 贾文安 贾文生 贾向贤 贾成德中华民国十四年。"碑文破损，很多字难以辨认，尤其社首姓名、捐钱数等——笔者注

图 3-1　《创修文丑庙碑记》石碑

铤而走险。寨子贾有两兄弟，年轻、聪明、有胆识，其父认为"人善被人欺，马善被人骑，要想有出息，必须得蹚光棍儿"。于是卖了 8 亩地给弟兄俩每人买了一把枪。有了枪，弟兄俩威风凛凛，又想要盒子炮。弟兄两个公然在集市上打黑枪抢盒子炮。后来兄弟二人被郏县剿匪司令李×如捉拿，30 多岁即双双死于非命。

还有仗势欺人的例子。

贾×厢仗着舅父是冢头镇镇长，胡作非为，到处欺男霸女，终于连他的舅父也觉得他太过分了，不再庇护他，最后贾×厢被苦主用菜刀砍死。

而贾×儿是寨子贾村出了名的恶人，欺邻害户。他年轻时挑梢卖私盐（贩卖人口、食盐）发财，置买下一处大宅院，除此之外他还放高利贷，凡放出去的债没人敢不还的。他和贾×成是邻居，贾×成家很穷，住的三间西屋正在他的宅前。他一心想给买下，可贾×成说啥也不卖。于是他恼羞成怒，搬个梯子拿把锯，硬是上去把贾×成的三间房子后屋檐锯了个溜墙齐。不过，贾×儿年轻时威风凛凛、不可一世，晚年却很凄凉，死了老婆又死了孩子，宅院也卖了，孤苦伶仃，最后在一个风呼雪啸的夜晚，吊死在屋门口。

人善被人欺，马善被人骑，乱世之中，不如买枪作强梁，这种观念明显是对当时社会的反映，也可以称为与社会的互构。然后"胸怀利器，杀心自起"，弟兄俩为抢枪而各害人命，显然成了社会秩序的破坏者；而另外仗势欺人与欺邻害户的两人，无疑也是当时弱肉强食的社会环境的产物。只不过靠势力、靠投机而起者，"飘风不终朝，骤雨不终日"，必然"其兴也勃焉，其亡也忽焉"。从人们对他们悲惨结局的津津乐道中可以看出，虽然传统文化中的规范已经难以发挥作用，但人们对强梁之人、恶人还是用传统道德的标准予以评价，还是宁愿相信自古善恶终有报。

二是自私精明之人。自私自利是人的本性，但明显有悖伦常与人际交往普遍期待的、过于自私自利的行为的出现，反映了社会文化约束力的下降，意味着社会文化主体不再参照主流文化价值行事。

李×中上有爹娘下有儿女，可每逢赶会，到会上便包子、油馍、蒸馍、熟肉大吃一番。有人说："你吃了不给您爹娘捎点儿？"他无动于衷地说："他们吃过了。"人又说："那你不给您小孩儿们捎点儿？"他又不以为意地说道："他们吃的在后头哩。"李×中老了，也患有疾病，想要儿子给他点钱，可儿子正在忙着为自己的儿子办事，说："哪有钱啊，孩子办事还不够哩。"李×中说："你待孩子老亲呐，可你知不知道，你小时候我待你也老亲呐。"谁知儿子听了，非但不感动，反而理所当然道："你说得对呀，你待你孩儿亲，我也待俺孩儿亲嘛。"

李×中不受"父慈子孝"的家庭道德约束，最终受到反噬，其儿子选择做"慈父"不做"孝子"。由于他先改变行为规则，其儿子也改变了行为规则。可以这样认为，弃公共规则于不顾的"精明"人，总是在与他人博弈中抢先改变"规则"、打破平衡，以取得利于自己的即时结果。

贾×参是村里有名的"精明"的人，长年在冢头街大桥上卖油馍。会玩秤头儿，短斤缺两，次数多了，买他油馍的人也越来越少了，他的生意也就做不下去了。没办法便回家来种地，可种地又舍不得下力，冬天怕冷、夏天怕热，锄地光锄地头、地边儿，不锄地里。就这样，他始终也没有改变自己的境况。

贾×田倒是不穷，年轻时家里富有，也很爱喝酒。一天他和庄上一帮年轻人在一起玩，天快黑时他提议说："今黑儿咱兑吃喝吧！"众人都高兴地答应道："中呵，你总是不舍得花钱，俺几个兑酒，你兑盘儿吧。""中中中。"贾×田满口答应。晚上吃过饭，一帮人都到齐了，酒、酒盅都准备得一应俱全，就等着贾×田的菜盘儿了。左等右等他终于来了，并真带来了四个大盘子，但全是空的。更令人哭笑不得的是，他还假装不解地问："我没说瞎话吧？这四个盘儿不小吧？"

同样是关乎吃，李×娃混吃混喝惹人厌烦。按农村的习俗，在吃饭时间看到外人，总是会礼貌性地说一句："就在这吃吧？"实际上这是礼节性虚话一句，要当真就错了。一则粮食紧张，二则不速之客，难免让人讨厌。李×娃家很穷，吃的紧张，常饿肚子，于是他出门在外，见饭没有不想吃的。不管是亲戚朋友还是街坊邻居，吃饭时人家只要说声："吃饭吧。"他便马上问："啥饭？"不管人家回答说是面条还是窝窝，他都会马上喜笑颜开，迫不及待地说："对味儿！对味儿！"于是便也少不了要吃人家一顿。这样弄的次数多了，便给村上人留下一条俗语：李×娃的话——对味儿！显而易见，这句俗语能够流传下来，说明它在村人中的共识度高、认可度高，更反映了村民的心态——在粮食紧张、吃饭困难的岁月，对李×娃不按规矩行事的无赖和欺骗行为，很是讨厌、很是不屑。

三是过于精打细算的人。过于精明，或者无赖行径，固然令人不齿，但凡事过于精打细算、俭省吝啬，也与守望相助的村落文化传统相悖。

贾×祥很会置家当过日子，因为家里没有车、牲口，大荆条编的篮筐便是主要生产工具。有一次，他从外地买回100多斤荆条，编了十几个篮筐。篮筐编好后，怕别人乱借用，除留下两个放外边使用外，其余的全藏在红薯窖内：一则贼偷不成，二则人借不成。可谁知等外边的两个篮筐使坏了，下红薯窖里边儿去取新篮筐使时，一摸，发现放在里边的10多个篮筐全沤糟了。

与贾×祥不同，贾×彦年轻时有良田四顷，算得上是村里首富。可生性吝啬、为人小气，过的日子甚至比穷苦人还苦：吃的是杂面糊糊、黑面馍、红茶梗儿菜，穿的是破破烂烂、补丁摞补丁的粗布衣裳，住的是低矮的土瓦房；走亲戚瞧朋友，老是空着手，招待客时，掉地上一根粉条头儿也赶紧捏起来放嘴里。他门前有棵洋槐树，一把槐花儿、槐叶儿他都舍不得让别人捋跑吃，老是自己提前上去捋光。村里男女老少、亲戚朋友，都说他是可怜虫、小气鬼。

四是随心所欲的人。中华人民共和国成立前，通过读书进而学会理性思考，进而成为理性行为人，在村落范围内是极少数人的事情。大多数情况下，村民能够按照乡规民约传统习俗行事，但在村落文化对个体行为约束力下降，甚至家庭功能难以发挥的时代，个体行事往往随性而为。

贾×娃家原本家底厚实，他爷爷是拥有 18 顷地的大户，到他父亲那辈，家庭走向衰败，可他父母给他留下的家产也够他一辈子吃喝。可他有三大特点：一是爱玩；二是宁愿自己地里活不干，也要给人家帮忙，三天有两天是给人家帮忙干活，哪怕是自己家里焦麦炸豆也不管；三是大方，谁找他借钱他都借，没有了卖地，卖地钱也能借给别人去买地，而且从不讨账要账。就这样，一个殷实的大家业不上十年便让他败光。妻子气死，四个孩子，一个当兵，三个送出去当养老女婿。尽管如此，他仍无半点忧愁，满脸笑容，乐乐呵呵。

无独有偶，贾×佑一辈子败光了三份家业。第一份家业是他分家时分到的，他弟兄四个，分家后便没人管教他了。他吊儿郎当、好吃懒做，一份家业不上几年便败光了。正当他生活无以为继时，恰好他三伯没了孩子，他便过继给他三伯，继承了一份大家业：三间房子，十几亩地，还有牲口、农具等。继承了他三伯家业后，他又奢侈开了，娶了媳妇，生了孩子，啥活也不干。就这样，又不上五年，他把继承到手的一个大家业败了个干干净净。谁知，中华人民共和国成立后，开始土地改革运动，他又分得了房子和土地，又有了一份新家业。得来容易败得急，房子和土地到手后，他该吃吃、该喝喝，不上三年，新分的一份家产又被他败光了。

五是仍然按"传统老理"行事的人。按乡间习俗惯例，房子土地等要卖，要优先卖给血缘关系近的人，以此类推，血缘近的有购买优先权，同时也有道义帮助义务。贾×文和其堂侄住一个院子，一天堂侄说自己没粮食吃了，要把房子卖掉，贾×文怕堂侄把房子卖给别人，马上给堂侄弄了两口袋粮食。过了一段时间，堂侄又说没钱花了，不卖房就过不下去了，贾×文无奈又给堂侄十几串钱。可过了一段时间后，堂侄又说没吃的、没花的了，并又说要卖房子。吸取上两次教训，贾×文不再管他了，随他的便。可是并没有人买堂侄的破房子。房子卖不出去，堂侄祭起舆论和道义大旗，打盆儿敲锣吆喝："不买我房子想叫我一家饿死，贾×文你灭门霸产！"无奈之下，贾×文掏钱买下堂侄两间又低又小的房子。

这件事说明，亲情道义仍然在寨子贾村发挥作用，村庄舆论仍有某种作用。而贾×刚的例子说明，仍有村落、邻里守望相助道义的坚守者。贾

×刚是寨子贾村最后一任保长。别人当保长耀武扬威、发财买地，而他当保长两年多却默默无闻，还卖了 18 亩地。那时候时局动荡，战事紧、派粮派款多，农民少粮没钱，无奈，贾×刚便靠变卖的自己田地以完成上边指派的任务、维持下边村民的生活。

贾×刚为村人卖掉自己的土地，受到村人感激。中华人民共和国成立后进行土地改革时，因为他的土地少，没有被划分为地主或富农，更重要的是他不但没有引起民愤，而且仍然颇有声望、受村人拥戴。村里街坊邻里之间有啥事情，仍请他出面协调解决。不难看出，贾×刚急公好义，在村民与政府之间，以自己吃亏的方式，充当村落保护型经纪人并因此受到村民拥戴，成为民间权威。也正是贾×刚式的人物，竭力维持并推动村落文化秩序运行。

三 《故园史话——寨子贾村文史故事集》的文化意蕴

显然，由于缺少年表和资料来源的相互佐证，把口头传说作为历史证据存在局限性，但是，口头传说作为"来自群体内部"的信息又具有独特性。因而，口头传说在重建历史的过程中起着一定的作用，当然这个作用的重要性依照时间和地点而异。

2018 年，寨子贾村入选第五批河南省传统村落名录①，这显示寨子贾村具有典型传统村落意义。《故园史话——寨子贾村文史故事集》中提到的人物，名姓俱全，人物故事与现存具体空间场景——文丑庙、文丑冢、冢头街、冢头桥、寨墙寨河等——相佐证，加上这些叙述是仅仅"经历一代以上人口口相传的资料"，具体的地点和大致的时间较为清晰，因而具有"重构村史"的价值。"基于某个地方、某处遗址、某个名字或者某种风俗推断出的信息有时令人如此信服以致被人当作真实历史而接受，并添加到口头传说的信息中，而原始材料反而成了对该信息的有力证明。"②

---

① 《220 个村落入选 第五批河南省传统村落名录公示》，2018 年 1 月 19 日，中国经济网，https://www.sohu.com/a/217694441_120702。

② 〔比利时〕简·范西纳：《作为历史的口头传说》，郑晓霞等校译，上海三联书店，2020，第 128 页。

（一）历史碎片拼图："难以形成集体行动"的画面

上述寨子贾村不同类型的人和事，反映了在缺乏外力约束，尤其是缺乏国家管控的时代中，村落行为主体行为的分歧与对立，而其他几则故事，直接反映了有着共同利益或者村落公共利益，公共行动却无法达成的现象。

1923 年冬天，土匪偷袭寨子贾村。烧房、掠财，打死三人，并拉走十几名男女。贼无底线（线人）寸步难行，据说此次土匪的底线是贾 × 银——这人很聪明，就是不正干，而且抽大烟，最后是饿死的。更可悲的是，土匪那晚打死的人中，其中一个还是他的亲伯母。

这次土匪偷袭村子，使村民恐慌不安，全村男女老少无不为此后的安全担心。不少人都觉得，即使不修寨墙，起码也得修个栅栏。可新建一圈栅栏也不是那么容易的。大家议论来议论去，也没有一个人能担当起如此重任。这时，年轻少壮且富有热心的贾 × 体自告奋勇："我来承这个头儿，非要把寨子贾的栅栏建起来不可。"他不但说了，也确实行动了。几次找人商量研究栅栏的设计方案、行动计划以及人力物力的筹集安排等，甚至有两次都撒好了石灰线，可结果还是因为人心不齐、相互猜疑等没有建成。

虽然这次栅栏未建起来，但贾 × 体"栅子首"的绰号倒流传开来——绰号往往有戏谑之意，绰号流传，反映群众看热闹、看笑话的心态。此种村落集体行动困境现象在《故园史话——寨子贾村文史故事集》另一篇故事《寨打一半》中也得到呈现。嘉庆年间（1796～1820），时局混乱、盗贼猖獗，寨子贾村人面临共同的安全问题。经过多次商量考虑，众人决定在东西长的村子中间，打一座东西南北各约长 100 米的土寨。这样既方便东西两头人上寨躲难，又能东西头两下兼顾。结果，四面寨壕挖好了，寨墙从西往东也打了一半，可因资金不足、人心不齐等半途而废了。

（二）"口头传说"、记录者及文化逻辑

基于记忆的传说故事，是历史文化的组成部分。

从故事的起源看，"在拥有回忆的人死后，故事会被更多的人了解和讲述……在适当的环境下，与历史上的传闻很相似，这些轶事往往以一种

稳定的形式流传下来。他们很难回忆起这些事情，但在适当的环境下触发回忆的线索，故事就会被讲述。这种类型的个人传说往往会以笑话或历史传闻的方式传播……某些领导者，或对他们的社区有很深的影响的人，他们的事情不会长久地成为个人偶然事件。他们被许多人记住，被频繁地回忆起来，并且倾向于形成群体传说中奇闻轶事的基础"①。

从故事的内容看，能在村落流传的故事都是典型的。逐渐"被研磨成各种轶事的所有口头传说被建立起来并被对比，因此每个叙述的细节都被精简、改变或被淘汰，在其关联的信息上留下印记"②。因为这些传说，总是被当代人或者是后代人用来证明其观点、价值，或者是心态等。这些传说故事，在集体叙述中被改变。因为在村落文化流传中，在多数情况下，公众也不只是倾听者，而是作为讲述者创造故事。

从文化价值看，传说故事像书面历史一样，具有一定的价值。每个社会的角色或身份都是每个人必须遵守的一种理想化的模式。前人的行为具有示范作用，口头传说往往倾向于通过若干的表演来反映理想化的各类型。英雄或者恶人常常会在教育孩子时被提及，以作为榜样或警示。

我们如何解读这种村落里的口传故事、人物逸事？"没有任何信息能完全脱离结构而存在，如果脱离了，交流就无法发生——社会本身与所有信息都是社会产物，这是交流得以存在的先决条件。因此，口头传说中的信息都有一层'社会表面'。这点对讲述这些口头传说的社群成员来说意义非凡，否则它们压根就不会被用来交流。所有的信息都是文化的一部分，它们通过文化中的语言进行表达和构思，同时也在文化的实质性认知上被理解。因此，当我们对一种信息进行解读时，必须考虑到是文化塑造了所有的信息。"③

我们列举的《故园史话——寨子贾村文史故事集》中的人物逸事，体现了因果报应——贾×刚为村人卖地受到村人拥戴，进而成为村落文化权

---

① 〔比利时〕简·范西纳：《作为历史的口头传说》，郑晓霞等译，上海三联书店，2020，第14页。

② 〔比利时〕简·范西纳：《作为历史的口头传说》，郑晓霞等译，上海三联书店，2020，第15～16页。

③ 〔比利比〕简·范西纳：《作为历史的口头传说》，郑晓霞等译，上海三联书店，2020，第101页。

威，几个恶人最后死亡时的非常态，对于不讲邻里道义、投机取巧者的讽刺等，隐含着对"村落文化共同体"共同的思想、价值的追求。

没有人能够阻止村落故事的流传。但是，"每个讲述和书写的人都在选择信息，对其排序，进行润色……在来自被遗忘的人口层的资料来源打破了书面文献的沉默、平衡了社会书写给予我们的框架的地方……"① 那么，村落故事的讲述者，或者记录者的社会意义何在呢？也许有人会认为他们是为了自己的利益才讲述、记录，如可能想取悦他人、赚钱、提高声望等，但在中国语境中，在村落彼此熟悉的环境里，他们的作用与意义在于信息的传播与储存。"近年来，村民多忙于挣钱致富，人心浮躁，传统摒弃，文物无人保护，故事无人叙说，将有文化不在、历史湮没之忧。幸有贾国忠先生……"② 其实作为村落文化的记录者，他们既是"村落历史的书写者"，也是村落文化的反思者，甚至是村落文化的塑造者、守望者。面对城市化背景下乡村人财物持续流出、乡村相对落后于繁华的城市，贾国忠曾在微信朋友圈和网络发文《70 岁禹州老人发自肺腑的倾诉：生我养我的地方》③，表达对村落文化变迁与村落前途的忧思。

"子曰：'里仁为美。择不处仁，焉得知？'"④ 有研究者指出，"里仁为美"包含地理空间之美、社会空间之美、情感空间之美三个层面，是三

---

① 〔比利时〕简·范西纳：《作为历史的口头传说》，郑晓霞等译，上海三联书店，2020，第157 页。

② 见村人贾夫立为《故园史话——寨子贾村文史故事集》所作《序并诗》。

③ 《70 岁禹州老人发自肺腑的倾诉：生我养我的地方》："寨子贾啊，生我养我的地方，贫穷，落后，偏僻，荒凉。……虽然你也有自己的宠儿骄子，甚至当上了这员那长。可他们早已不属于村人所有，像嫁出柴门的姑娘。他们在都市的高楼大厦里安家落户，在机关的办公室里接高送上。……这里，时有吵街骂巷，时有鸡偷狗盗，时有玩闹耍赖，时有短浅的目光。……而今，改革开放的春风，终吹醒了你死气沉沉的灵魂；商品经济的大潮，终改变了你破烂不堪的模样。可你有多少可爱的儿女，又离乡背井，去东西南北淘金挣钱；你多少无间的亲人，又抛家舍子，奔四面八方谋生闯荡。变新的村舍啊，又成了徒有虚名的摆设；幸福的生活啊，又蒙上无所适从的惆怅。寨子贾啊，生我养我的地方，期盼，等待，失落，彷徨。每当写到你我就笔屈词穷，抓耳挠腮，苦思冥想。我该怎样展现你的过去和现在？我该怎样肯定你的步伐和走向？你的现状，是中国农村普遍的现状。你的土地，盛长粮米，也长农药荒草；你的容貌，显着新美，也显着犹豫彷徨……"此为贾国忠微信朋友圈文字，有节选。从中可以看出贾国忠对当前村落文化的忧思。关于贾国忠的情况，请参阅张雨《一个从未止步的爬行追梦者——贾国忠老师写作简记》，2019 年 9 月 19 日，https://baijiahao.baidu.com/s？id = 1645091916705242935&wfr = spider&for = pc。

④ 李学勤主编《十三经注疏·论语注疏》，北京大学出版社，1999，第 47 页。

者的有机统一，是在一定地理空间中产生的、符合儒家礼乐仁学要求的交往行为所奠基的、具有仁爱之善特性的社会关系，它饱含儒家的仁爱心性和情感内蕴，丰富了孔子乃至儒家交往行为美学思想的理论内涵。① 本质上说，"里仁为美"体现为一种交往实践，是建基在以礼的实践性交往行为为外在表征的交往关系之上的实践行为。

但是，正如我们在本节开始时所论述的，通过"事"察"思"、知"行"、品"德"，通过个体到群体，可以对村落的文化生态进行解读。可以看到晚清民国时代，寨子贾村的交往实践已经"鲜矣仁"，寨子贾村出现了村落秩序失控与社会资本流失、家庭家族受到冲击、道德文化共识不存、陷入集体行动困境的现象，进而可以看到，正是变动时代中人与人之间的互动，以及人与社会的互构构成了村落文化变迁的微观基础。

第二节 "旧社会"隐退的传统精英与应时而起的社会行动者

在传统时代，乡村是知识分子、政治精英的来源地。与乡村的芸芸众生不同，旧的知识分子，即士人，是乡村文化的引领者、传播者，是乡村文化秩序的维持者。但晚清科举制度废除以后，新式学校、新式教育首先在城市兴起，新旧教育的转换造成了知识的断裂与乡村知识分子的断层。面对社会巨变，知识分子忧心忡忡——达则兼济天下，穷则独善其身，大多数知识分子选择了消极避世，少部分知识分子则愤然而起——正是后者的行为，推动着社会的变革。

一 "旧社会"隐退的传统精英

读书士人总是多懂得一些人生哲理，乱世之中更加注意保全身家性命，更加注意为家族子弟长远考虑。

---

① 曾仲权：《"里仁为美"与儒家交往行为美学进阶》，《首都师范大学学报》（社会科学版）2020年第6期，第73～79页。

晚清邓州士人彭诚之①有《教子书》传世：

> 吾年逾古稀，习见祖父祖母拾树叶、扫草秣做饭，不忍见汝等坐使做饭，妄自尊大，像富贵人家样子。做令汝辈分炊，从今往后，汝辈须俭食省用，喂鸡以鸡卵换盐吃，以芝麻换油吃，勿往街上饮酒，勿在会上吃肉饭，勿欠铺家货账，勿欠酒家酒账，有现钱买现货，勿买贵牛，勿养贵驴，做了庄稼而已；勿觅贵伙计，造孽人好喝酒、赌博，人做了活而已。勿单使伙计往地里去，而已不肯往，勿单使伙计在外吃饭而已在屋里吃，须要主人伙计同吃一样饭，勿贪生意、勿图意外之财，勿占便宜，勿想得外财，勿想暴富，恐遭奇祸；勿想暴贵，恐致重辱。循序渐进自然久长，望汝辈平平稳稳，以柔服刚、以退为进。勿唆人争讼，勿离人婚姻，勿问人骨肉，勿使人兄弟不睦，勿使人夫妇不和，安分循理，听命由天，庶上天佑之、下民悦之，可以勿灾、勿害，以保其终身焉。切切此嘱。
>
> 光绪二年（1876）正月二十三日午后字

据太康郭氏族谱载：

> 太康郭氏实为名门右族，簪缨世，诗礼相傅，子孙敦尚，孝弟特身，谨慎有儒风，近来支派繁衍，散处若不相干，中间遵祖遗训，固多达者，容或有之，礼乐等会，同族人思。
>
> 祖宗之本同痛，子孙之情殊议，举每旦一会，常使相见而常相接，则亲亲之，宪笃矣凡我。
>
> 祖宗子孙，而今而后，出孝入弟，谨言慎行，和睦乡党，遵守法度，为士勤学，为农力田，贫穷患难相救，婚姻丧葬相助，德业相

---

① 彭诚之（1800~1879），讳九思，字诚之，号竹溪，邓州赵集彭家人，1824 年中秀才，1839 年中举人，后在邓州城北大丁营教私塾。1853 年（咸丰三年，癸丑年），他在礼部大挑选时被选为一等，后被派到山东做官，1854 年（咸丰四年，甲寅年）委署昌乐县知县。至昌乐，禁烟禁赌，亲至书院讲课。1858 年（咸丰八年，戊午年）冬，返里，办团练、舌耕奉养高堂。彭公教人以躬行为重，终日端坐，接人一团和气，而词厉严重有威，人比之为程颢、程颐。设帐 30 余年，片纸不入公门。

劝，过失相规，勿嗜酒丧德，勿贪淫乐，勿好事颂，勿苟得财，远监古人之格言，近守我祖宗之遗训，庶修身而不失，诗礼之家，为贤子孙矣，尚相最之。

清正间道光乙卯举人郭鸿年序①

一、子孙务要恪守公法，畏敬官府，钱粮差徭，依期完纳，（勿）得拖欠，无大事不可擅入衙门，有事勾提，随牌赴理，毋得躲拒。

吾康自流寇蹂躏之后，地尽荒芜，吾族中有新自开垦者，期即照亩报官计数、行差勿得隐匿。

二、我郭氏当离乱之后，绝房绝地甚多，任承业之子自便，如有不当承业而误认者，即当退还，有欲竟行终占者，罚银拾两。

三、英雄祖训，不许为僧为道，凡我子姓，当流离患难，有万不得已而误入沙玄两门，各族公议令其归宗。

四、我郭氏以诗礼传家，赌博乃最下之事，如有祖孙叔侄，游戏聚赌及唆诱稚幼者，罚银二两，入祠公开，仍呈县究治。

以上四条辅运新增

但大的社会环境日益恶化，忧己忧人、忧家忧国，读书士人不能不有感而发。

儒家知识分子向有家国情怀——处庙堂之上，则忧其民；处江湖之远，则忧其君。面对晚清天下大乱，"礼仪廉耻"无存、"好恶恶善"成为风俗的情势，项城士人张安雅②之《士气风俗论》有深刻论述。

东汉、前明，自中叶以后，外戚强权，阉竖柄政……然犹得弥留绵缀数十年，不即灭亡者，士气不挠，风俗犹正，众君子维持之力也……明末，天下士子倡为社会，非品节、文章兼备，虽世禄豪贵不得与。品类既分，而英才有志之士云起响应，数千里声气相聊，患难相济，

---

① 太康县郭氏族谱续修委员会：《太康郭氏族谱·家乘》（一），2016（无页码）。

② 张安雅（1824～1892），字晏如，别号菱湖，项城人。少年有才，终身不仕。晚年闭户以自课为乐。

是非之辨既明，羞恶之心益振，结发读书，争议学术名节相砥砺，而一时之风俗因之。故甲申之变，大僚多崩角劝进，而诸生布衣殉国者所在相属，岂非社事倡之哉？

……呜呼，今日之所谓命脉、元气者安在乎？身入官途者无论矣，礼失而求诸野。然吾遍观草茅读书之士所心翼而口誉者，惟在富贵利达之人，故凡位高而金多者，百秽俱香，虽有颜子、原宪谈者举不屑，道见有工佞谀巧，驱谒以邀富贵之余泽者，莫不称其才而慕效之。其论人也，以富贵贫贱定毁誉，以官秩高卑定贤否，但知失礼尊荣之足，尚不复知礼义廉耻为何物者，皆是也。间有本羞恶是非之真以持正论，骇然群笑其不情。

呜呼，当今之世，纵有"月旦"之评，其谁信之？纵有学术之社，其谁应之？夫士气者，风俗之表率也，士气不可复振，风俗何以复醇？嗟乎，由明末至今仅二百余年耳，而一变若此，岂羞恶是非之性不复降衷于斯人耶？抑时运使然一无所由，而自不能如前耶！不然，或有倡率之驱诱之，迨薰酿之久，而渐消渐靡，以至斯耶？非吾之所能知也。[1]

面对外夷入侵、中国衰败，张安雅在《外夷中国论》中说道："自古夷狄之国，仅当中国一大郡。其甲盾弩矛阵图兵法又皆不若中国之精，顾常轻中国而数入寇。中国俯首受制纳贿请和，不敢与战、战而恒不胜者，其故何也？……（在）朝廷之上，事简职专……（夷狄）上含醇德以遇其下，下怀忠信以事其上，上下推诚，一国之政如一身，此其所以治……中国……后世假礼乐法度以各济其情之伪。于是虚文愈多实政愈少，尊卑之分日益严、上下之情日益隔，而谄谀奸慝遂得欺蒙盗权，作威福于期间……酣歌于漏舟之中，颂祷于焚室之下，真不知其所底矣……"[2]

对于为何作杞人之忧，张安雅说："……或曰：子草莽布衣，躬耕力

---

[1] 张安雅：《外夷中国论》，载清《项城县志》卷十五《丽藻志》四，民国3年（1914）石印本，第55~64页。

[2] 张安雅：《外夷中国论》，载清《项城县志》卷十五《丽藻志》四，民国3年（1914）石印本，第55~64页。

食，忧其苗之不长而已矣，奚用思出其位而作杞人之忧？呜呼！恝哉！夫他人弯弓而射，谈笑道之者，忧患不属也；闭户不救乡邻之间者，祸害无关也；漆室之女不悲身之未嫁而叹太子之不立，嫠妇不恤其纬而忧宗周之将亡，惧自及也；烛之武无官守于郑，而缒城说秦者，念国亡己亦有不利也，岂尽强与人家国哉！况吾祖宗世食周粟而沐天朝之雨露，安忍忘情！吾惧躬耕之不得长，韦布化为左衽而遭戎马之践踏也，自忧而已，岂出位哉，出位哉？"① 对国家社稷之关切，溢于言表。

同为塾师、乡村下层士人，刘大鹏、王馌有同样的忧思与情怀。

1932 年，王馌 75 岁，于当年去世。病重之时留下一手稿存于世，上书云："昔贤谓草莽之臣，未得一官、一邑，无事可以尽忠。惟国稞一事，早为完纳，不抗粮，不欺君。只此一端，为尽忠之端，是固然也。然吾谓人之一生，无非尽忠之处，不必与君事相校始然也。无作分为以犯法，勤耕吾田以供上，入事父兄，出敬长上。读书则为朝廷端士习；设教则为国家培人材。功名之场勿贪缘，仕官之途勿捷径。名教有颓废者，相与挽扶。礼制有弊坏者，相与倡明。不在其位，不谋其政，自安其分，自弹其职。君所示之条教，奉若神明；君所置之官吏，尊同师父；不敢以祁署而谤时政，惟思以心腹而答厚恩。君为有道之天子，我为有道之庶人。如此，而何为不可以尽忠，岂待登玉堂，倚金门，端神正笏，为执政陈谋献，为天下救饥溺，而后见其梗概哉。"②

1942 年，刘大鹏 85 岁，于当年去世。在中国人，尤其是农民的文化基因中，正月初一应该是一个祥和、快乐而充满希冀的日子，一个庆有余添新福的吉日。然而，刘大鹏感慨的却是：

> 今日为阳历中华民国三十一年二月十五号，本月初五日癸丑雨水。年前世局纷乱不安，日军、红军相互扰攘，土匪乱抢，民穷财尽，经济不通，市面凋落。农民因"合作社"扣住稻米概不给价，乏

① 张安雅：《外夷中国论》，载清《项城县志》卷十五《丽藻志》四，民国 3 年（1914）石印本，第 55 ~ 64 页。
② 王馌：《草莽之臣》，载氏著《知无子备忘录》（未刊手稿，无页码），内乡县地方志办公室存。

食者多，以故家家受困，人人受窘，年关已到，更为紧迫，人民之生活程度危险已到极点，有岌岌乎不可终日之势矣。日军在晋祠每日向各村要夫支差，且要款项，又要驮骡，□运兵器出发，一违□令，即用刑处置，村长、村副、村民苦矣！无人怜悯，处此国无君主之时代，劫数正甚，奈之何哉！

昧爽之时，登高瞻望，昏霾惨雾，迷茫宇宙，望不能远。旭日早出，由红雾而升，日轮色紫，幸未成血。出山以后白日（原字不清楚）始如金黄。今为元旦佳节，天象仍昧，安望天下太平哉!?

元旦佳节，崇朝即有"警备队"出发，不知往何处出征，必有"敌"在附近攻关也。

本村好唱秧歌之人不知世局之危险，一味行其所快乐。午饭以后则聚集多人，鸣锣击鼓，大吹大打，在村所乐，沿街窜巷，以邀以游，庆贺昇平。虽系蚩蚩□氓，未知己为亡国奴，国为无君之国，而今日为元旦佳节，村人庆贺，亦系吉兆也。

风自南来，寒冷逼人，《汉书·八风考》：元旦东北风为上岁，东风大水，东南风瘟疫，南风大旱，西南风小旱，西风兵起，西北风、北风亦是兵兆。今日元旦南风扑面，今年大旱之兆也，可畏之至。①

"有道庶人"，纵然久居乡里、生存维艰，仍然心系国家。体现出刘大鹏旨趣的，莫过于其在晋祠同乐亭所题楹联："同声相应，同气相求，同人共乐千秋节；乐不可无，乐不可极，乐事还同万众心。"意谓志趣相同或气质相类的人，应互相理解，精诚团结，求同存异，与天下人同乐；乐既不可无，也不可极，而且要把自己的欢乐与万众的欢乐联系起来。因为独乐不如众乐，只有能分享给别人快乐，且以天下之乐为乐的人，才是最快乐的人。

最缺失的必然是最渴望的，在当时的情境是，同乐亭旁，晋水潺潺，相与鸣咽。对此，正如艾恺在谈到梁漱溟时所言："士内在的道德力量的源泉比他们的专业知识更重要。正确的意识、动机和信念高于个人的知识

---

① 刘大鹏：《退想斋日记》，乔志强标注，山西人民出版社，1990，第 577～578 页。

和技能，这个主题贯穿在梁漱溟的全部思想中。"①

二 应时而起的社会行动者

土匪蜂起、社会秩序混乱、乡村衰败的社会现实，为各种社会实践活动，提供了广阔的舞台。尤其是梁漱溟、彭禹廷等倡导的乡村建设运动，在当时颇有影响。

彭禹廷在家乡镇平县兴办自治，实行"自卫""自治""自富"三自主义，强调"三自主义"是秉承孙中山"三民主义"衣钵，是"缩小的三民主义"。

"因吾镇平所处的地位、所处的环境，所患者……在同族中不肖分子的自相残害……非'自卫'不可。"② 创建以"民团"为中心的治安安全体系。自治，即打倒官治，避免绅治，实现民治。以新式知识分子为主的自治政权代替了原由土豪劣绅所把持的旧式政权。同时，通过清理地亩以裕赋课。彭禹廷认为："穷是目前社会上的总病根，病根不除，则百病丛生。"③ 怎样治穷自富？他将治穷自富措施分为"消极的治穷"（节流）和"积极的治穷"（开源）两大类。节流一是息讼，二是清地亩，三是积义仓，同时消除不良习气，实行禁吸鸦片、剪发放足、禁止溺女、禁止吸烟和演戏等措施。开源活动，一是提倡植树造林，二是改良农业，三是提倡经营家庭副业，四是活跃农村金融，五是开办平民工厂。治穷自富措施的实施，使往昔残破凋零的镇平，成为在全国农村经济普遍崩溃的背景下，少有的"世外桃源"，一进入便"令人有豁然别具天地之感"。④

在"三自主义"的指导下，彭禹廷为我们勾画了办自治的最近目标——"家家都有饭吃，个个都是好人"⑤，以及新社会的美好蓝图——"夜不闭户，路不拾遗，村村无讼，家家有余"⑥。虽然这些期望并未完全实现，但

---

① 〔美〕艾恺：《最后的儒家——梁漱溟与中国现代化的两难》，王宗昱、冀建中译，江苏人民出版社，2004，第145~146页。
② 镇平县十区自治办公处编《镇平县自治概况》，京城印书局，1933，第204~205页。
③ 镇平县十区自治办公处编《镇平县自治概况》，京城印书局，1933，第175页。
④ 孔雪雄编著《中国今日之农村运动》，中山文化教育馆，1935，第185页。
⑤ 镇平县十区自治办公处编《镇平县自治概况》，京城印书局，1933，第260页。
⑥ 镇平县十区自治办公处编《镇平县自治概况》，京城印书局，1933，第170页。

在以彭禹廷为首的自治派的不懈努力下，镇平地方的经济状况与社会面貌确实焕然一新。

但是，镇平自治处在蒋政权、军阀和封建势力、土匪的全面包围之中，彭禹廷对蒋政权又采取激烈的不合作态度，势必引起他们的极端仇视，欲置之死地而后快；而且当时日本不断扩大侵华战争，"七七事变"后，中国改良派日益走上穷途末路，即使是与当局合作的改良派亦无力回天——历史大势转变，外部环境的恶化挤压了地方自治的生存空间。

河北定县的实验。"这种科学的实验应用到中国乡村的行政改革、社会改造和农业改良方面，就出现了一些问题。平教会根据其一贯'崇尚西洋科学'的精神，对国内现有的研究成果均表示不信任，宁愿像推行平民识字那样亲自去研究。其结果，平教会大部分的农业改良研究成果一直停留在研究表征的阶段，广大农民不能尽快利用它们增加收入，改善自己的生活，因而逐渐失去了对农业改良的热情。同时，由于平教会对于每一项事业都按照西方科学的标准追求'尽善尽美'，而不顾中国乡村社会的实情，结果使一些研究成果的推行成效大打折扣。比如，定县的猪种改良出现了假冒伪劣之后，实验县根本不顾民间的习惯法，而是一概罚没了之。结果，这种不分青红皂白一刀切的做法给一些同样是受害者的小农带来了很大的经济损失，招致了他们的怨恨。同样，在公民教育和社会改进上，如青年教育、抗日鼓动、打倒土劣的新剧宣传、严禁赌毒等，都受到了定县保守势力的强烈抵制，最终不仅'定县人并不欢迎'，也失去了上层政治的支持，实验县县长霍六丁上任一年就因此离职，平教会也于1935年迁离定县。"①

与此同时，梁漱溟的山东实验也随着日本的入侵而中断了。

对于乡村建设运动及其失败，彭禹廷生前即有深刻的自我反思与批评："社会事业，原无了期，即是再干三五十载，依然富者富，穷者穷，仍所难免，何如就此撒手，落得一身干净；菩萨心肠，宁有止境，虽然多救千百万家，还是哭者哭，笑者笑，哪能普遍，不如屠刀早放，犹可立地

---

① 李伟中：《知识分子"下乡"与近代中国乡村变革的困境——对20世纪30年代县政建设实验的解析》，《南开学报》（哲学社会科学版）2009年第1期，第115～125页。

成佛。"可惜，未和改良主义分道扬镳，他便被国民政府所害。①

而此前，著名共产党人、彭禹廷的族侄彭雪枫1928年回到镇平，彭禹廷邀请他接任南区区长（原由彭禹廷担任），他坚辞不受！并对彭禹廷说："你的县有多大？仅靠自己能解决什么问题？"彭禹廷回答："慢慢来。"彭雪枫则说："我们等不及！我们的办法快！比你办法好！要解决全中国甚至全世界的问题。"②

在同以往的自救运动以及国民党行为的比较中，梁漱溟逐渐认识到，共产党的路至少还是正确的：它是为农民服务的。共产党人和他的乡村建设运动的某些目标是相同的：都"要农民自觉，有组织而发生力量，解决他们自身的问题"。他承认，"现在我肯定地说：中国问题之解决方式，应当属于'革命'"。中国的问题就是"如何建造成功新秩序的问题"。③

但是梁漱溟从未采取实际行动去解决现代国家中由不可避免的官僚主义而引起的不可避免的问题。和甘地（他似乎是采取了另一些方式）不同，梁漱溟没有想到由成千上万个独立村落的共同体组成的未来社会是何种面貌；他期望着这个独立的"文化"系统能以某种方式消除现代主权内部的罪恶。

梁漱溟的乡村建设运动之所以失败，是由于他过高地估计了人类的善良本质，过分相信干部们的道德力量。④

第三节 "新社会"打破国家与村落文化秩序的人

中华人民共和国成立后，经过土地改革、合作化集体化，组织农民开展大规模的农田水利建设，农业生产取得空前成就，但传统的农民思想理

---

① 吴国琳：《彭禹廷与镇平自治》，载中国人民政治协商会议镇平县委员会文史资料委员会编《镇平文史资料》第1辑，内部资料，日期不详。

② 刘振华：《"盆地之子"彭雪枫对别廷芳的统战工作》，《党史文苑》2010年第11期，第29~31页。

③〔美〕艾恺：《最后的儒家——梁漱溟与中国现代化的两难》，王宗昱、冀建中译，江苏人民出版社，2004，第156~157页。

④〔美〕艾恺：《最后的儒家——梁漱溟与中国现代化的两难》，王宗昱、冀建中译，江苏人民出版社，2004，第196页。

念与生产方式并不完全匹配。

一 生产队管理机制下"自私"的人

在大集体时代，农民的主要劳动都在生产队队长的领导下集体进行，但个体的理性使"集体行动"在很多时候名实难副。

李怀印在《中国乡村纪事：集体化和改革的微观历程》中，讲述了一个工分制下劳动管理与农民积极性激发的典型案例。①

1978 年夏，在一场大旱之后，秦村的棉田里虫害泛滥，队里多次喷洒农药均不见效，因为此时棉铃虫已产生了抗药性。然而生产队收入的 1/3（相当于年底社员的现金分配）来自棉花销售所得。棉花歉收将会大大减少农户从集体获得的现金收入，无论一整年为生产队劳动多少，很多家庭有可能得不到分文。剩下的唯一办法是手工逮虫子。具体做法是把一根筷子削尖，劈开制成镊子，把虫子从花朵里夹出，放入装有盐水的瓶子里淹死。由于天气炎热，这项任务只能在早晨和上午进行。第十一生产队的队长因此号召队里所有妇女儿童，计 60 多人，参加此项任务。报酬是每天大人 5 工分、年轻人 4 工分、孩童 3 工分。换言之，队长在这里采用的是计时工分制，即凡同等劳力的人，不管逮了多少虫子，只要工时相同，都记同样的工分。之所以没有用计件工分，是因为队长认为要逮的虫子太多，没法为每个人一一计数。但是中午收工时，发现各人所逮虫子数相差太大。有些大人的瓶子里装了不到 100 条虫，而有些年轻人和小孩的瓶子里却装有四五百条，可是大人拿的工分却比年轻人和小孩多。照此进度下去，虫害很难得到有效抑制。次日，队长决心采用计件制。上工前，便向大家宣布，不管各人劳力大小，每逮 100 条虫子，即记 1 工分。中午收工时，社员们的成绩让他大为惊诧：每个人的瓶子里几乎都装满了虫子，足有 600 条。为按件计酬，队长不得不把队里所有干部都招呼过来一起数虫子，直到下午三点多钟才忙完，这时人人均已饥肠辘辘。第三天，为便于计数，队长让每人在收活后自己先数好虫子，每 30 条虫子一小堆，然后队长只需计算堆数，马上便可得出总数来。可是不久，他即在抽查时发现，社员中很少有人老老实实地将每堆都放满 30

---

① 〔美〕李怀印：《乡村中国纪事：集体化和改革的微观历程》，法律出版社，2010，第 165 ~ 178 页。

条。为公平起见，他要求每人重新摆堆，再次抽查时，如果发现其中某一堆少于30条，其他所有堆皆按此堆计数记分。此办法十分奏效，欺诈的做法再也没有被发现。手工捉虫的任务从此走上轨道。社员们前后用了大约两周的时间便基本消除虫害，保住了当年的棉作物。

上面的例子显示，村民在不同的报酬方式下会有不同的表现。在使用计时工分时，他们并不在乎逮多少虫子，而是只求和别人一样，在棉田里待上同样多的时间。与此构成鲜明对比的是，在计件制下人人都想逮得多些，以便多拿工分，但是计件制也可能导致人们用不正当的手法增加自己的件数以获得更多工分。

这种生产队干活的"磨洋工"现象，在大集体时代具有一定的普遍性。我们的调研地黄淮平原D县小楼村，在农业生产"大跃进"时代，像全国的很多地方一样要深翻土地，队长要求社员在不借助机械和畜力的情况下，每人每天要翻5亩地（这是一个无法完成的任务，一个壮劳力，一天认真翻地能达到半亩已经算是了不得的）。然而在当时，有人一日翻地5亩，被树为典型。干部指责其他社员："为啥人家能完成你完不成？"后来许多社员发现了其中的奥秘：他每挖出一锨土后将其均匀撒开，覆盖在其他未挖的土地上。

在那个时代，社员向生产队交沤好的粪也能换工分，评价粪的好坏主要看颜色，颜色黑就被认为肥力高。一些"聪明"的社员又想办法：挖了黑土悄悄拉回家，拌上柴草灰，就成了"好粪"。许多社员争相效仿，实际上它的肥力还不如一般的熟土。群众的政治热情越来越高，但粮食产量越来越低。

如果没有生产队干部得力的管理，集体生产并不一定带来理想的公平和效率。此外也说明，农业生产的管理，是一个复杂的工作乃至系统工程。一方面，最基层的农业管理者也是农民，管理水平可能有限；另一方面，在种种利益纠葛之下，基层干部的优亲厚友现象难以避免，至少在别人眼里，优亲厚友不可避免。队长在打工分时，有时不可避免地会掺杂人情因素。例如，如果有"贴己"的社员或亲属参加某项农活，可能工分标准就会稍稍放宽些。其他社员因此也情愿跟这样的劳力一起干活，打工分时可以占点便宜。另外，队长在安排一些高工分、低体力的特殊岗位，诸如电工、机工、卫生员、广播电话线路维护员、队办或社办企业职工时，也可能出现包庇现象，优先考虑自己的家人或亲属。

我们关注的是：在长期的个体与集体的博弈中，本真意义上的村落文化，发生了什么变化；是否个体在享受集体利益的时候，越来越与集体对立了；当集体利益成了强制性要求的时候，为什么个体越来越不关心集体利益了；在集体的存量分配中，村民为何越来越原子化；这个尚未远去的时代对当今村落文化的深远影响在哪里。

二 违背主流文化与伦理道德的人

虽然农民在集体中劳动、生活，但生产队难以深入家庭生活的各个方面，村民的具体生活，还需要自我管理。在国家和个体之间，仍有违背国家主流文化和村落传统伦理道德行为的存在空间。

20 世纪 60 年代，农村仍然有迷信现象存在。邓县（今邓州）裴营公社一个女中学毕业生生病无钱医治，她的母亲听说白牛公社有位神汉能治病，便领她去治病。在装神弄鬼的治病过程中，神汉看中了这位女子，他将眼一睁、脸一抹，打了个哈欠，装着下神说："这女子是上天 28 仙之一，因在上天给老天爷端茶，将一个茶盘子打碎了，便被贬下了凡，时间是 18 年（因神汉听女学生她妈说这女子是 18 岁），今年该回上天了。现在八姐九妹站在我身边，手持宝剑要提她上天。"这样一说女孩她妈害怕了，连忙磕头求命。神汉道："求命不难，只要你闺女与我结为姻缘，生命即会安全，由吾神保佑无事。"这样，这个迷信的老太婆就将自己的中学生闺女嫁给了这个文盲神汉。不料，在三天后回门时，神汉到了女方家，正好碰上女方哥哥（在外边教学）骑着车子回来探亲，哥哥一听此事，与神汉打了起来。女方哥哥一怒之下把他这个骗色的神汉上告到邓县法院，结果是这个神汉被法办了。更有甚者，桑庄公社一个神汉叫瞎子娃，说会给不生孩子的妇女安胎，借机奸污妇女 20 多人，并蒙取"手续费"148 元。[①]

在大集体时代，偷生产队庄稼、投机倒把行为，以及游手好闲的二流子等并不鲜见。改革开放后，打工经济兴起，祖祖辈辈局限于村落、面朝

---

① 丁声恒、王永柱：《难忘的岁月》，中国文史出版社，2007，第 116~119 页。

黄土背朝天的农民，离开家乡，进入城市打工，在各种各样的诱惑下，部分农民闲逛游乐、吃喝嫖赌、坑蒙拐骗；相应地，村落里以经济利益为主，有意无意坑害别人、坑害集体的"非规矩"现象并不鲜见。①

结语　何以自我逻辑行其道

——对异于社会、国家、共同体文化之人的思考

在大集体时代下，个体行为背后的原因是什么？即个体为何如此行动，以及产生何种结果（个体后果、文化共同体后果）？

国家主流文化约束与村落文化约束，是共同体文化秩序得以维系的必要条件，二者缺一不可。如果二者都缺失，个体便依不受约束的自我逻辑行事。对个体利益的极致追求，必然导致无法达成集体行动，必然破坏村落文化生态，致使文化秩序无法发挥作用，社会撕裂，陷入恶性循环。

国家的强力管控与社会主体的自主性行为缺乏良性互动，导致在国家后退时，或者国家管控不到之处，滋生不按规矩行事之行为，从而使围绕村落共同利益、凸显社会共同利益的集体行动难以达成，或能够达成集体行动但成本高昂。

---

① 见梁鸿《中国在梁庄》，江苏人民出版社，2011；梁鸿《出梁庄记》，花城出版社，2013。

| 第四章 |
国家力量对村落的影响与建构

"在中国的乡村社会研究中，国家的存在是研究者无法回避的核心问题之一。以往的研究表明，如果只是强调从乡民的感情和立场出发去体验乡村生活，忘记了与来自大的文化传统影响的互动，是无从洞察中国乡村社会的实质的。"① 关于国家与乡村的关系，吉登斯认为传统国家对社区的控制比较弱，而民族国家对基层社会的控制得以加强。在传统社会，社区的经济和教育、文化基本上依靠社区的自发性组织来发展；在民族国家时代，这一切成为超地方的、全民的事务，直接经由行政力量推动发展。②

应该说，在不同地域、不同时代，国家与乡村社会的具体互动情形不同。

第一节 传统时代村落呈现的权力制度与文化网络

此前的时代，在村落（村庄）语境中被称为"旧社会"，而1949年中华人民共和国成立后被称为"新社会"——此种对应称谓，无疑反映了客观历史变化，内含价值理念、道德评判等迥异此前的文化对比意味。

与现代国家比较，传统国家主要依赖传统、习俗和领导人的个人魅力来建构合法性，将政治权威建立在传统和习俗的基础之上，其政治系统保

---

① 陈春生：《乡村的故事与国家的历史——以樟林为例兼论传统社会研究的方法问题》，载黄宗智主编《中国乡村研究》第二辑，商务印书馆，2004，第1~33页。
② 见安东尼·吉登斯《民族 - 国家与暴力》，胡宗泽译，生活·读书·新知三联书店，1998。

守，缺乏适应多变的政治环境的能力。中国传统王朝时代，虽然实行严厉的中央集权制，但由于技术、资源约束，"皇权不下县"——县以下乡村基层一般不设正式官僚机构，而国家通过一系列的制度控制乡村、从乡村汲取资源。这里可以把传统专制国家以国家权力为基础，用于治理乡村社会的制度工具称为"权力制度网络"，而把"教化""祭祀""旌表"等整合乡村的社会行为称为"权力文化网络"①。

一　权力制度网络

大体来说，传统中国中央政府直接呈现在村落（庄）的"权力制度网络"主要由以下系列制度组成。

（1）土地制度。明清以来，中国土地制度可以归纳为封建土地国有制和私有制。除官府、庙宇所占土地之外，土地所有权主要在小农、地主之间不断流动——"千年土地八百主""土地是主人是客"。中国传统文化讲究多子多福，加上事实上富有阶层的多妻制——富人妻妾多，儿孙亦多，儿孙多，不肖儿孙的出现便是不可避免的事情。所谓"创业难，守成更为不易""三代累积，一代开空"，经常是几代人勤俭积聚的土地财富败在一个不肖儿孙身上。因此，代际转换往往伴随着承载悲欢离合故事的小块土地在家庭之间不断流转。

自耕农小土地所有者是国家赋役的主要承担者，是专制国家征收赋税的主要对象，也是徭役和兵役的主要承担者，专制国家往往利用自耕农土地所有制控制农民。正如马克思所说："小块土地所有制按其本性说来是无数全能的官僚立足的基础。它造成全国范围内各种关系和个人的均质的水平。所以，它也就使得一个最高的中心对这个均质的整体的各个部分发生均质的作用。它消灭人民群众和国家权力之间的贵族中间阶梯。它也就引起这一国家权力的全面的直接的干涉和它的直属机关的全面介入。"②

（2）赋役制度。与土地制度紧密关联的是赋役制度。"小块土地除了肩负资本加于它的抵押债务外，还肩负着赋税的重担。赋税是官僚、军

---

① 张健：《中国社会历史变迁中的乡村治理研究》，博士学位论文，西北农林科技大学，2008，第18页。

② 《马克思恩格斯选集》第1卷，人民出版社，2012，第766～767页。

队、教士和宫廷的生活来源，一句话，它是行政权的整个机构的生活来源。强有力的政府和繁重的赋税是一回事。"① 清朝初期沿用了一条鞭法，后施行"摊丁入地"。小农将收获物的相当一部分以赋税的名义交给国家，有时还以谷物、货币交给国家来抵充法定的徭役，即所谓"皇粮二差"。严格的赋役制度满足了中央集权君主专制国家的需要。

（3）户籍制度。秦的户口登记制度是中国传统社会户口制度的基础。明代推行"户帖制"和"黄册制"，清承明制，以编户齐民的户籍制强化对乡村社会的控制。

（4）科举制度。科举制度是中国古代封建社会教育制度的核心所在，同时又是一种选官制度和文化制度，在培养人才、选拔人才和使用人才过程中发挥过重大作用，对于维护专制国家的政治统治、强化王朝国家专制权威同样具有举足轻重的作用。其实质是专制国家用一种非暴力的隐蔽手段，从思想上、文化上、教育上来维持传统社会的稳定。它强化了君主专制正统性意识和家国同构的稳定性意识，使传统社会以渐进的但相当稳定的方式与专制国家在思想观念上一致。科举制通过考试的形式为朝廷选拔官吏，将取士权收归中央，强化了君权、加强了中央集权，而且，科举制使处于社会下层的读书人有了入朝为官、光宗耀祖的机会——"朝为田舍郎，暮登天子堂"从理论上说是可能的。于是，科举出仕给普通家庭所带来的莫大荣耀，诱惑着乡村子弟发奋苦读，许多家庭为了提升其社会地位而热衷于让子弟读书科考，期望通过科举实现与国家的"亲密接触"——这是一个双赢的政治设计，"传统社会的某种平衡在正常情况下也就有赖于上层对开放性的接收和下层对等级性的认可。上层的精英可从一种权力、财富、声望的等级结构中得到满足，下层潜在的精英则因这种等级结构并不对他们封闭而抱有希望"②。

科举制对于乡村社会的意义，在于其创造了一个传播儒学、传承文化的士绅阶层。"由于国家开科取士的名额有限，所以这一阶层中除小部分入仕从政、参加社会流动外，绝大多数人滞留在社会下层，成为文化的传

---

① 《马克思恩格斯选集》第 1 卷，人民出版社，2012，第 766 页。

② 余英时：《反智论与中国政治传统——论儒、法、道三家政治思想的分野与汇流》，载刘小枫编《中国文化的特质》，生活·读书·新知三联书店，1990，第 265 页。

播者，发挥文化普及作用。"①

二　权力文化网络

与"权力制度网络"相对应，弥散在村落（庄）的"权力文化网络"大体包括以下内容。

（1）皇权至上观。君主拥有一系列至高无上的权力。"普天之下，莫非王土；率土之滨，莫非王臣"——这种权力有不受任何限制的绝对性。"古人有言曰'谋之在多，断之在独'。谋之多，故可以观利害之极致；断之独，故可以定天下之是非，若知谋而不知断，则群下人人各欲逞其私志，斯衰乱之政也。""终决之者，要在人君。"② 中国古代的思想家都有不同程度的尊君思想，主张君主拥有至高无上的权威，臣民对君主必须唯命是从。尊君思想通过历代文人儒士的传播、国家礼仪制度的强化，在传统中国社会中根深蒂固，成为教化乡民的有力工具，民虽居乡野，但物化的"天地君亲师"牌位、带皇帝年号的黄历等，时刻提示君主之权威的存在。

（2）儒家教化的理念与组织。汉朝始，王朝崇儒家经义，以儒学施社会教化，将整个社会的伦理思想统一于政治儒学。"天道观念""大一统观念""纲常教义"对于专制官僚统治的维护，缺一不可。汉之后，历代王朝重视儒学的教化，尤以明清最甚。"致治在于善俗，善俗本在于教化。教化行，虽闾阎可使为君子；教化废，虽中材或坠于小人。"③ "为国之道，以教化为本。移风易俗，实为要务。"④ 国家设立的社学、书院、保甲组织等一系列组织，承担社会教化功能。

（3）乡间私塾。蒙童所颂之《三字经》《增广贤文》《朱子治家格言》等，对个体成长及其适应社会、对家庭和谐乃至社会秩序的稳定来说，其意义不言而喻。

以《增广贤文》为例。"昔时贤文，诲汝谆谆。集韵增广，多见多闻。

---

① 谢俊美：《科举制度存废的历史考察》，《历史教学问题》1998 年第 4 期，第 7～11 页。

② 司马光：《司马温公文集》卷六，中华书局，1985，第 158 页。

③ 《明太祖实录》卷六，台湾影印本，1962，第 1672 页。

④ 《清太祖实录》卷六，中华书局，1986，第 85 页。

观今宜鉴古，无古不成今。知己知彼，将心比心。"集前贤之大成，观今鉴古，《增广贤文》秉持儒家基本道德观念，为社会言行、公私生活、思想意识等提供指引规范。强调平等待人，待人如待己，不强迫他人做于人不利的事情等儒家忠恕之道——"己所不欲，勿施于人"，同时，还包括宋儒的"克己"和释家的"果报"思想。

作为普及性读物，《增广贤文》主要不是从理论的角度系统阐释，而是从"行为方式"的角度进行劝导，或收集儒家经典原句，或对经文中的重要观念进行一定的改造，以格言韵语的通俗形式对"仁道""恕道"进行浅近亲切表达。如"钱财如粪土，仁义值千金""再三须慎意，第一莫欺心""为善最乐，作恶难逃""积善之家，必有余庆""莫把真心空计较，惟有大德享百福""平生只会说人短，何不回头把己量""道吾好者是吾贼，道吾恶者是吾师""忠言逆耳利于行，良药苦口利于病"。生老病死、人人平等、重视健康、珍惜时间的自觉，以及保持坦坦荡荡、真真切切、平安快乐的美好生活状态，都具有本体性意义——"黄金未为贵，安乐值钱多""人无千日好，花无百日红""公道世间唯白发，贵人头上不曾饶"。

适当的人际交往是人类个体满足自身合群需要的手段。积极参与社会交往能更好地适应环境。如何待人接物？"宁可人负我，切莫我负人"体现了对人要真诚，是做人的原则，"许人一物，千金不移""人而无信，不知其可也""一言既出，驷马难追""家中不和邻里欺，邻里不和说是非""与人不和，劝人养鹅；与人不睦，劝人架屋"等体现了利他、与邻为善的行为理念。

当然，作为传统时代儒家教育读本，《增广贤文》尤其强调读书的必要性。"万般皆下品，唯有读书高""士者国之宝，儒为席上珍""家无读书子，官从何处来""欲昌和顺须为善，要振家声在读书""十年窗下无人问，一举成名天下知""好学者则庶民之子为公卿，不好学者则公卿之子为庶民""无限朱门生饿殍，几多白屋出公卿"，体现了世人期望读书带来社会身份地位变换。读书学习，不仅仅是为了凤毛麟角的读书人所能达到的"学成文武艺，货与帝王家"，还有深刻的人生意义、生活意义——"积金千两，不如明解经书。养子不教如养驴，养女不教如养猪""有田不耕仓廪虚，有书不读子孙愚。仓廪虚兮岁月乏，子孙愚兮礼仪疏""不求金玉重重贵，但愿儿孙个个贤"——钱财没有德行重要，田地积累得再多也不如书读得多好，只有通过读书才能明白道理。

《朱子治家格言》虽无《增广贤文》内容丰富，但影响应不在其下——它是传统时代家庭教育思想的经典体现，可称为儒家思想与中华民族传统美德完美融合的典范之作，以规范家人行为、处理家庭事务方式等，反映了祖辈的人生体验及其对后人的期许。

首先，倡导勤劳、节俭的修身齐家理念。"黎明即起，洒扫庭除，要内外整洁；既昏便息，关锁门户，必亲自检点。"日常作息时间要遵守自然规律，与自然的变化一致，做到事事从容不迫，有条不紊。在生活作风上，要过节俭、质朴的生活，不要一味追求奢华，不能超越自己的能力范围，任何事情要先做好准备，尤其要知道"祖宗虽远，祭祀不可不诚；子孙虽愚，经书不可不读"——祖宗血缘，是家庭家族血缘共同体的联结纽带，是家产家风传承的依据；读书是"修齐治平"的基础。当然，作为家庭，要立有严正的家规，亲朋好友之间要相互帮助，建立和谐的亲友关系；在亲情与财富二者之间，不可太过看重钱财，百善孝为先，父母是生命的根源，子孙晚辈要饮水思源，尊亲敬祖，懂得感恩。与此相承，"德教"和"操守"为嫁女择婿、娶媳的准则，容貌与财富均不足计较，有德之人受人敬仰。为善行恶，只在一念之间，要心存善念、改过行善。倡导"身教重于言教"——"居身务期质朴，教子要有义方。"

其次，要有正确的"经世应务"理念。倡导敦厚忠信，凡事不可做绝，要留有余地，不能做刻薄颓废之人，要不断反省，懂得知足。

最后，强调读圣贤书，主要是为了提高修养。当然，一旦科中为官，要忠君爱国，安分守己——"读书志在圣贤，非徒科第；为官心存君国，岂计身家？"日常务必遵纪守法，不可藐视皇权，尽早缴完赋税，少生事端——"国课早完，即囊橐无余，自得至乐。"一定要守分安命，顺时听天。

儒学政治化解决了专制帝国皇权的合法性问题，使皇下之人忠于其统治。梁漱溟认为，"融国家于社会人伦之中，纳政治于礼俗教化之中，而以道德统括文化，或至少是在全部文化中道德气氛特重，确为中国的事实"。而且，政治与伦理同一，使中国人相信"天理天则"，"理性于是对于君主的权力发生了不可思议的效果"①。

王亚南说:"儒家的'大一统',由尽量扩大政治版图所造出的统治上的困难问题,就由其尽量推行纲常之教或伦理的治化,而相当的得到解决。"②

(4)宗法宗族文化。专制王朝总是设法让宗族局限于血缘共同体之内,并利用宗族文化的尊祖、敬宗、父系、父权、父治特征为其服务,并重视宗法家族组织的建设和发展,以其作为专制统治的社会基础。儒家之"三纲五常""修身齐家治国平天下"体现了家国同构理念——家安则国定,民孝于家者,忠于国。皇帝是国家权力的中心,拥有家族家长式的权力。"君臣关系的忠,完全是父子关系的'孝'的放大,因为君主专制制度是父权为中心的大家族制度的发达体。"③

出于合法性与安全、繁荣考虑,宗族往往把遵守法纪作为重点,表明宗族在发挥抚育赡养、死丧相助、患难相恤血缘共同体作用的同时,也发挥政治共同体的作用。以近出《豫鄂陕武姓六续族谱》为例,通过历次重修族谱的序言,便可以看出宗族文化中的家国同构理念、血缘共同体与政治共同体的底色。

兹录该族谱《武氏族谱序(一续)》之《族规条例》如下。

> 家必有谱,自古为然。而吾穰郡,独少者,何也?毋亦士大夫之家居少,而农工之流因陋就简,乃成风俗,以至此欤!自我朝定鼎以来,圣祖仁皇帝特颁十六条,有曰:笃宗族以昭雍睦。宪宗皇帝又推衍其文,名曰广训,其中有曰:侯建家庙以荐烝尝,修族谱以联疏远。而二门各宪,又复加意,社学实力奉行以故□□感激奋兴者,未易枚举,即如北社下社□。立族谱者,凡五六家,若路氏、李氏、冀氏、□氏、张氏、赵氏,历历可数也。而吾武姓乃□,因循苟且,观望不前者,约有二载,至乾隆四年冬,有尚儒、尚伊、桐、标、应

---

① 梁漱溟:《中国文化要义》,上海人民出版社,2005,第6页。
② 王亚南:《中国官僚政治研究》,中国社会科学出版社,1981,第66页。
③ 李大钊:《东西文明根本之异点》,载陈崧编《五四前后东西文化问题论战文选》,中国社会科学出版社,1985,第225~259页。

世、清世、彝六七人者出，乃始发愤以任族事。先叙族谱，次修家庙，所谓待文王而后兴者此也。第吾族族谱，亦亟难矣！盖自始祖以来，既乏墓志、碑碣，又无家藏图籍。其所称说，不过故老之口传耳，殊不甚悉。至今，故老其去已远，其失愈甚，故有不知其名，不知其支者，又或有知其名与支，而前后遗忘不能接续者，又况家各为传，并世代亦相舛错哉！如此之类，不胜扼腕，不胜浩叹！今谨广集众说，互为参考，疑者阙之。至若世代绘为全图，各存其说，以俟旁证。而于排列处，则从东家与西家二门所述，定为惟一，以便遵照。而在前之支流分派，可手掬而究矣。又此后之入谱者，约定：成丁后方许入谱。每五年一大祭，则各户齐集序谱，夫而后共知一本之亲，无复途人之目矣！然而宗族之所以不睦者，非尽不知为宗族也。大抵愚顽之辈，大则陵弱暴寡，小则损人利己。因而仇怨多端，族情日离。故今合族公议，立族规以示惩戒。庶几陵兢可消，而和睦以兴。但此族规，非其人亦不可，故不拘尊卑长幼，必举平日端谨公直为众所信服者，以主之。遇有老病聩眊者，陆续更换。庶几人存政举，而族规永不至废坠矣。如此，则上可以不负皇上谆复之意，下可以常切木本水源之思。人尽雍睦，世享太平，又宁特一时文具而已哉。

时 大清乾隆五年正月元日本族廪膳生员　植序并书。

族规条例

◎凡忤逆不顺者，责二十板，妻犯罪，坐本夫。

◎凡陵犯长者，责十五板。

◎凡打架者，先责十五板，然后论理。

◎凡辱骂族人者，无论尊卑，俱责十五板。

◎凡赌博者，责二十板。

◎凡酗酒者，责十五板。

◎凡纵放牲畜者，一次罚谷一斗，小者五升。

◎凡割禾稼者，乘夜赶放牲畜者，责十五板；当家不严者，责十板，估赔庄稼。

◎凡犁人地界者，罚谷五斗，仍正地界。

◎凡偷盗柴草鸡鸭等项者，责二十板加倍赔还，当家不严者责十板；家长容隐不出首者，罚谷一石。

◎凡黑夜入宅者，亲人拟合，祖庙处死。父兄两邻不出首者，责二十板，家长不出首者罚谷两石。

◎凡忙月演戏以及对台者罚谷两石。

◎凡有少壮犯上数条，其父兄出护短言语者，酌事罚谷。

◎凡犯上数条不服责罚，抗拒日久者，酌事加倍责罚。

◎凡有害于人，条约所不尽载者，酌事责罚。

◎凡有遇灾害不能自赡者，许借族中所积谷石，以养之，丰年加一偿还。不务本业者，勿与。

◎凡端谨公直以及有美行者，每逢年节，合族公备酒肉花红以荣之。[①]

长期以来，宗法宗族文化巩固了乡村文化共同体，使乡村社会始终呈现稳定状态。弗里德曼认为宗族分支直接依赖于经济资源，"没有祠堂和土地或者其他财产予以支持，裂变单位不可能产生而且使自身永恒"[②]，当富有家庭析分时，一些财产会被作为共有财产保留下来，这样一个族支就会不断发展，成为一个大而繁荣的合作单位。

（5）科举文化。科举制度千年不衰，缘于其背后的科举文化。这一制度为基层百姓创造了一步登天的机会，戏剧、说唱、小说讲述着"十年寒窗无人问，一朝成名天下知"的故事。作为平民百姓，生活的价值追求无外乎"土、财、禄、寿、福"五种，对"禄"的追求反映了农民试图努力提高社会地位，"学而优则仕"也是对这种思想的反映。可以说科举制让普通村民有读书识字的强劲动力，促进了乡村社会的文化繁荣；科举文化的发展，让国家的"大传统"有条件实现对乡村"小传统"的控制和改

---

① 武化印主编《豫鄂陕武姓六续族谱》，2014。

② 〔法〕弗里德曼：《中国东南的宗族组织》，刘晓春译，王铭铭校，上海人民出版社，2000，第63页。

造，这就为乡村治理提供了有效对接，使得政令可以下达至普通村民，也让普通村民有更多机会反映民情。这种上下间的互动在方言林立和官话不普及的古代社会显得尤为重要，科举制度、科举文化为国家与民间的互动提供了桥梁。

乡间老话"读书之人比牛毛还多，考取功名者比牛角还少"，说出了读书人的不易与辛酸。虽然艰难，但在传统社会，一旦成功考取功名，其名声和故事便会在方圆百里之内代代流传——一者邑人自豪，能吃皇粮，为皇上效力，足以说明本地人杰地灵，文风昌盛；二者激励子孙，胸怀梦想，向学向善，光宗耀祖。

以邓州彭氏家族为例。

当地流传，明朝初年，墨客彭资孔浪迹江湖，背木箱贩卖笔墨纸砚，偶尔也游方讲学。从江西来到邓州禹山脚下龙潭河旁——龙潭河位于州西南五十里，遍野茱萸、清泉东流。彭便于河侧的龙泉旁，结庐而居，世代耕读传家。有乡间风水先生指着龙潭说，"这老彭家占住了龙头地气，既有水的灵气，又有山势的环抱，要出几个大人物"。彭家人丁兴旺，彭资孔六世孙彭而述少有大志，学富五车、阔达大略。曾言："丈夫幸而得志，当驰驱边塞取封侯印；若不遇，则闭门著书十卷亦足以豪矣！"而述于明崇祯十三年（1640）举进士，授山西阳曲县令。明亡后，归邓隐居十年，在禹山筑"读史亭"。后任（清朝）广西参政、广西右布政使和云南左布政使。先后有《读史新志》《读书别志》《读史异志》《滇黔草》等著作和诗集行世。

彭而述读书时曾在龙潭河畔吊古伤今，其中一首《豆豉婆冢》传诵至今："鼯鼬窟宅老狐窝，寒雨秋风怨女萝。莫看人间将相墓，等闲得似豆豉婆。"豆豉婆乃岳飞抗金时的一位老婆婆，她见驻在邓州的岳家军中瘟疫流行，便煎豆豉甘草汤以解之。岳家军得胜归来，老婆婆已离开人世。将士们为感念老婆婆恩德，便在其坟捧积土成冢。诗中"莫看人间将相墓，等闲得似豆豉婆"深切地表达了对豆豉婆的感念之情——即使是将相公侯，如果没有德行于世，没有可歌可泣的义举或仁者之风，身后哪里能有豆豉婆的风光，只能是"荒冢一堆草没了"。

彭而述有六子，第五子彭始抟，曾为帝王之师，得到了康熙皇帝御赐

"公明尽职"的褒奖。彭始抟字直上，号方洲，康熙二十七年（1688）中进士。任浙江学政，选拔人才，秉公办事，不为金银权势所动。康熙任其为侍讲学士，不久授内阁学士兼礼部侍郎、经筵讲官、教习庶吉士等职，使之为雍正业师。文脉跃动，其后人有河南省文化厅原厅长彭玮者，曾作词《念奴娇·谒花洲书院范文正公祠》盛赞邓州人杰地灵与山水神韵。其词曰：

> 祀祠肃穆，喜瞻仰，儒雅威严气度。胸内甲兵惊敌胆，笔下雷霆金鼓。十事疏戎，布新除旧，催绽花千树。恶风难料，漫天纷舞飞絮。
>
> 书院名命花洲，莘莘学子，坐沐知时雨。妙记名楼称绝唱，"二字"光辉今古。忧乐何如？孰前孰后，泾渭人生路。寄言公仆，莫轻仁者斯语。

近世彭氏后裔有名者，当属镇平七里庄之彭雪枫，乃令人敬仰的抗日名将。

其实，彭家留下的更是家风、精神。据说在彭而述弥留之际，除留下康熙帝赠图赠匾彰显荣耀外，彭夫人捐出珠宝与白银，历时72天，在排子河上修永济桥一座。永济乃按八卦序未济之意，亦是让后人桥上路、路上桥，不可一条路上走到黑。现在的邓州地方志曰："永济桥为彭家桥，简称为彭桥。彭桥者，水之韵，亦乡党乡里行政区划之谓，亦即彭桥（今邓州市有彭桥乡）之来历也。"①

（6）旌表、祭祀、立约。"清制，礼部掌旌格孝妇、孝女、烈妇、烈女、守节、殉节、未婚守节，岁会而上，都数千人。"② 近代以来，清王朝内忧外患，统治不稳、风雨飘摇，为"励节劝忠""振起懦顽"，不断加强道德教化，频繁旌表忠孝节烈，树立德行楷模。③ 对于其中殉难惨烈者，

① 杨存德编著《历史文化名城邓州：水文化》，作家出版社，2007，第56~59页。
② 赵尔巽等撰《清史稿》第46册，中华书局，1977，第14020页。
③ 张昭军：《圣贤学问与世俗教化——晚清时期程朱理学与纲常名教关系辨析》，载中国社会科学院近代史研究所政治史研究室、河北师范大学历史文化学院编《晚清改革与社会变迁》（下），社会科学文献出版社，2009，第621页。

政府除照例旌表外，又额外赐恤，"除照例题请旌表外，其殉难尤烈者，并准其奏明请旨，分别赐恤"①。除节孝旌表事宜，累世同居、乐善好施、百岁寿民、一产三男、急公好义等旌表事宜，也由礼部汇题请旌。

据《顺治〈邓州志〉民国重修〈邓县志〉》（合辑）载，有清一代，受朝廷、命官旌表、立牌坊的节妇、烈女约 300 人；此外，民国以来记录的节妇、烈女约 200 人，其中多为不堪贼辱而死者。②

国家作为一个共同体，除了垄断暴力之外，还垄断着合法的文化资源——"文化"包括思维方式、伦理道德、价值观念、哲学思想、风俗习惯等。乡村社会的各种符号，不仅代表着强制、命令、说服等含义，而且象征着乡村社会的惯习、法统和权威。这些象征性符号本身看似是一个区域的人们所持有的观念，但事实上，它掩盖了在它背后利用其来达到自身目的的各个主体（国家政权、乡村领袖、社会组织、个人等）的产生和运作逻辑。这里面充满着细微而复杂的包括国家政权在内的各个不同集团之间的相互竞争、妥协及自我调节。③

杜赞奇在对华北村庄的村庙系统和"关帝"的研究中，表明作为被人们广为信奉的神灵——"关帝"尽管被赋予不同的象征性意义，但它最初只是作为一种地方性和职业性的神灵而存在。但自宋代以来，国家不断地对关羽及其后代加官晋爵以至尊关羽为武神。④ 国家与民间精英"合谋"以"关帝"为符号，以"忠义"教化民众的例子，在华北一代尤其普遍。

如北蔡寺位于今河南商水县白寺镇，始建于明代，原占地 160 亩，现存清光绪年间所建佛祖大殿 5 间以及古石碑 3 通。其中咸丰九年（1859）所立《重修关圣帝君庙记》碑，碑首刻云纹、寿星、飞鹤图案。碑文如下。

---

① 《文宗显皇帝实录》（二），《清实录》第 41 册，中华书局，1986，第 703 页。
② 马玉平整理《顺治〈邓州志〉民国重修〈邓县志〉》（合辑），河南人民出版社，2015，第 578～592 页。
③ 福柯：《疯癫与文明：理性时代的疯癫史》，刘北成、杨远婴译，生活·读书·新知三联书店，1999，第 16 页。
④ 〔美〕杜赞奇：《文化、权力与国家：1900—1942 年的华北农村》，王福明译，江苏人民出版社，2003，第 99 页。

重修关圣帝君庙记

圣之为言，通也，品之极其至者也；帝之为言，谛也，位之极其至者也。非品之至极而无以复加，则不足以语圣，非位之至极而无以复加，则不足以称帝圣也。帝也，其名非不可美而其实固未易副也。忆昔关圣帝君，生于汉代桓帝之时，居于河未解梁之地，桃园结义性名始著；献帝之时封为汉寿亭侯，追至昭烈之世，拜为将军，虽曰后汉功臣，惟此为最。而要之论乎其品，则英杰也，非品无复加圣也；论乎其位，则臣职也，非位无复加之帝也。然则关圣帝君之称，其无说以处此。三国之时，侵伐争雄，关圣帝君服事昭烈；昭烈布衣起兵，不敌魏孟德盛势，相□逼令降曹，关圣帝君果毅成性，刚强不屈，唯知有刘不知有曹，唯知有汉而不知有魏，任曹巧计多方，而其心始终不变者，此其识。期有其品，心不自圣，而人推之为圣，称之曰帝，为其节之至坚也，有其节宜有其位，身不自帝而人尊之如帝矣。他如两军对垒，战则胜，攻则克，此人臣份内之事，而天下吉，今之所常有者也。关圣帝君之称，岂债在是哉！此集旧有关帝庙，年深日久渐就坏。还庙，居民公议重修，非敢云善获福也者，则亦追思关圣帝君之识与节，而思著不志，云尔爱是，而为之序。

（笔者注：另有首事郭则文等三十四人姓名及捐五百文至四千文不等，从略）

己亥科举人候选知县 郭东昇 撰文

儒生 郭永年 书丹 住持僧 普全 住持 郭万一 泥匠 郭金梅 铁笔匠 秦书林

清咸丰九年岁次己未桔月建立

传统时代，国家重农抑末，但调剂余缺的产品交换是生产生活所必需的，因而遍布乡村的集市是村落（庄）日常生活的必不可缺的场域空间的一部分，集市商业秩序也是村落（庄）日常生活秩序的一部分。生产生活超出村落范围的特点使公共管理、国家干预十分必要，然由于管理运行成本所限，官府往往勒石立约，以教化行之。

今龙胜村在民国时由河南西华县管辖，中华人民共和国成立后被划归河南商水县管辖，曾是周家口（今周口市川汇区）沿沙河到漯河市之间的重要水陆码头，是该河段沿岸 3 个著名集镇之一。中华人民共和国成立前，南北客商云集，周边百姓往来赶集，热闹非凡。现存清乾隆二十一年（1756）所立《公平交易》① 碑一通，云纹镶边，碑上方正中刻"皇帝万岁"，下书"公平交易""署西华县正堂柴"。

楷书碑文如下：

为发运事照得市井：斗称必给贾司校勘印烙，牙行律选殷实人户充当。□造斗称无帖私充，把持行市、垄断累商均于律禁，前经聚呈示、在众□□出示以□为此示，仰龙胜□□□□□□乡地商各人众自悉自事之后，各行有条律，遵守法纪，使交易公平，取用合例，不得有违禁令□□□□□□□□□□□□□□□□究该管乡地□容，又查处□错不贷，遵之恪文，告示即刊石于后。

称照比较十六两足，一斗照习俗，二十商行用照制斗，较准印烙□□□，贷买房□杂一石，取用□□□用，建斗行每行□□□□□□□□□粮米行、牛羊行一半，各照分清，毋得台行混拢，公与客商买粮，以随集买庄，毋得却推即斗（）（）贷买□□□□□□□□□□□□□□□议民（）□□（）以医药者不得取用，公以坐商买粮糊口者止，出斗用，不出大用，其余收买粮人者大用，俱出旧规，行商买粮者勿论多少，斗用俱出□□□□□□□买粮止，出斗用，不出大用，久例各行，本各只帖（），以后五年一次编审，不于无帖私允，旧例更各换帖，俱照本行清规，不得图侵，□□□□旧规充许某行□□某行明例，毋得仗势垄断于他行，买卖索取抽分一旧例，一人止许□充□一行，不得霸占数行、朋充滋拢，一旧例各□习有定量，各就本集充（），不得于别集市影射公议，脚行设立脚头两各，官差对半、私在彼此论，毋得挟嫌争论兴讼取究。一戒指官打诈，一戒欺骗客商，一戒主谋唆讼，一戒酗酒打架，一戒包娼窝赌，一戒容留奸匪，一戒宰杀耕牛，一戒

---

① 《公平交易》碑高 1.7 米、宽 0.48 米、厚 0.19 米，1992 年当地修路时挖出，稍有损坏。现存于商水县张明乡龙胜村张某家院内。

邪巫惑民。

　　龙胜沟集绅士商民被恩公立

　　大清乾隆二十一年七月二十六日

该碑记载了清代龙胜集乡绅，颂"皇帝万岁"、奉"县官命令"，对龙胜集买卖的规定及戒律等，其内容可以看作龙胜集各行业的"乡规民约"。

三　权力制度网络、权力文化网络的急剧变迁

　　费孝通注意到一个问题，即晚清以来中央集权与地方自治政治双轨制被打破，导致基层乡村行政效率低下和地方社会结构紊乱，这种状况成为乡村社会的痼疾。[①] 海外汉学家如施坚雅、孔飞力、黄宗智、杜赞奇等人的中国乡村社会问题研究及其一系列有影响力的观点，指出了中国近代乡村尤其是 20 世纪中国乡村农业日趋失重、农民日渐失落、农村走向文化失范的三大表征以及农村崩溃的情形。

　　无疑，晚清中国社会的主体结构仍是皇帝、官僚、士绅体制，自上而下的皇权、官权和自下而上的绅权、族权构成传统政治运行的双轨模式，基层社会处于一种半自治状态。这是历经千年治乱循环的相对稳定的结构，有其内在运行逻辑：以与人口—耕地基本匹配的小农家庭经营模式为经济基础，以轻徭薄赋、皇帝—官僚有效管理为核心的国家管理模式，以及以儒家文化为主导并从社会吸收儒家精英的科举制维持社会有序运转。

　　这种稳定结构被打破，首先是符合中国历史治乱循环律的，即近代以来农村之衰败、失落可谓其来有自——在自然灾害和沉重赋税的催动下，人口—耕地矛盾加剧了农村的衰败速度——庞大的经常性处于饥饿状态的乡村人口，加上传统道义与乡里秩序的崩坏，使得乡村社会难以良性运转。

　　以河南省商水县为例。据民国年间统计，商水县面积 2884 平方里，人口 259831 人，每平方里约 90 人。[②] 同时期，与商水县相邻的淮阳、西华、

---

① 费孝通：《基层行政的僵化》，氏著《费孝通文集》第四卷，群言出版社，1999，第 37 ~ 342 页。

② 崔宗埙：《河南省经济调查报告》，载张研、孙燕京编《民国史料丛刊》第 377 册，大象出版社，2009，第 6 页。

项城、扶沟、上蔡等县人口密度分别为每平方里 63 人、77 人、47 人、74 人和 85 人，折合每平方公里人口分别为 252 人、308 人、188 人、296 人和 340 人，而河南省 1935 年面积为 656484 平方里，人口 34573236 人，人口密度每平方里 53 人[1]。

20 世纪 30 年代后，商水县所辖区域曾有调整。据载，1949 年，全县共有耕地 179.6 万亩，农业人口 51.5 万，总人口近 57 万，人均耕地 3.15 亩，农业人口人均耕地 3.49 亩。[2] 而 1946 年，河南省农民人均耕地 3.76 亩。[3]

学界提出一个在近代生产力条件下，全国范围内的"人口—土地的适当参数"概念[4]，即以 3.5 亩的人均耕地为最低生存标准，华北地区的自然条件稍差，最低生存标准大约为 4 亩。但需要说明的是，这只是一个静态标准，还需要进行动态的考察，尤其是灾害的侵袭、地权的差异、苛捐杂税等因素的叠加，放大了人口压力的负面影响，最低生存标准需适当提高。

商水县各类农户具体的土地及其他生产资料占有情况究竟如何，我们这里以 1950 年 8 月土地改革前，县委工作队对商水县一区董欢乡反减前各阶层土地等生产资料的调查统计为例予以说明（见表 4 - 1、表 4 - 2、表 4 - 3、表 4 - 4）。

表 4 - 1　商水县一区董欢乡反减前各阶层土地等生产资料调查统计表

阶层	户数（户）	人口（人）	劳动力（人）			耕畜（头）	房屋（间）	大车（辆）	土地（亩）	租佃关系与土地数量（亩）			
			自己	雇入	雇出					自耕	包租（出）	分种（出）	拉鞭（出）
地主	33	180	6	15		42	249	17	2913	182	294	878	1321
富农	19	138	18	10		46	161	13	1264	473	53	71	678
中农	277	1135	328			174	689	29	4322	4276		4	

---

[1]　河南省政府秘书处编印《河南省各县人口统计》，《河南统计月报》第 2 卷第 7 期，1936，第 3~5 页。

[2]　商水县人民委员会编《商水县 1949—1957 年户数、人口、耕地统计表》，载《商水县统计资料汇编 1949—1957》，内部资料，1958，第 2 页。

[3]　许道夫：《中国近代农业生产及贸易统计资料》，上海人民出版社，1993，第 10 页。

[4]　彭南生：《中间经济：传统与现代之间的中国近代手工业（1840—1936）》，高等教育出版社，2002，第 38~46 页。

续表

阶层	户数(户)	人口(人)	劳动力(人)			耕畜(头)	房屋(间)	大车(辆)	土地(亩)	租佃关系与土地数量(亩)			
			自己	雇入	雇出					自耕	包租(出)	分种(出)	拉鞭(出)
贫农	311	1141	349		28	49	1141	5	1360	1418			
雇农	6	19	11			1	7		10	10			
其他	9												
合计	655	2613	712	25	28	312	2247	64	9869	6359	351	949	1999

资料来源:《商水县一区董欢乡反减前各阶层土地等生产资料调查统计表》,商水县档案馆藏档案,档案号:县委全宗一永久卷第20卷第2件。

表4-2　商水县一区董欢乡董欢村反减前各阶层土地等生产资料调查统计表

阶层	户数(户)	人口(人)	劳动力(人)			耕畜(头)	房屋(间)	大车(辆)	土地(亩)	土地耕种形式						
			自己	雇入	雇出					自耕(亩)	包租(亩)		分种(亩)		拉鞭(亩)	
											出	入	出	入	出	入
地主	3	4	1				15		112	6	50		62			
富农	2	9	2	2		6	12	2	164						164	
中农	48	91	52			25	146	5	382	382		136		45		
贫农	75	117	78			4	89	1	276	276		15		45		
雇农																
合计	128	221	133	2		35	262	8	934	664	50	151	62	90	164	

资料来源:《商水县一区董欢乡反减前各阶层土地等生产资料调查统计表》,商水县档案馆藏档案,档案号:县委全宗一永久卷第20卷第2件。

表4-3　商水县一区董欢乡张楼村反减前各阶层土地等生产资料调查统计表

阶层	户数(户)	人口(人)	劳动力(人)			耕畜(头)	房屋(间)	大车(辆)	土地(亩)	土地耕种形式						
			自己	雇入	雇出					自耕(亩)	包租(亩)		分种(亩)		拉鞭(亩)	
											出	入	出	入	出	入
地主	6	27		4		8	44	2	313		11		72		231	
富农	4	38	5	3		14	48	4	280	109					171	
中农	20	120	37		10	25	63	6	420	420		11		45		
贫农	27	146	45		17	8	35	1	234	234		231		72		
雇农	3	7	4		3		5		10	10						

续表

阶层	户数(户)	人口(人)	劳动力(人)			耕畜(头)	房屋(间)	大车(辆)	土地(亩)	土地耕种形式						
			自己	雇入	雇出					自耕	包租(亩)		分种(亩)		拉鞭(亩)	
											出	入	出	入	出	入
其他	3	8	4							773						171
合计	63	346	95	7	30	55	195	13	1257		11	242	72	117	402	171

资料来源：《商水县一区董欢乡反减前各阶层土地等生产资料调查统计表》，商水县档案馆藏档案，档案号：县委全宗一永久卷第 20 卷第 2 件。

表 4 - 4　商水县一区董欢乡西小赵村反减前各阶层土地等生产资料调查统计表

阶层	户数(户)	人口(人)	劳动力(人)			耕畜(头)	房屋(间)	大车(辆)	土地(亩)	自耕(亩)	包租(亩)		分种(亩)		拉鞭(亩)	
			自己	雇入	雇出						出	入	出	入	出	入
地主	2	10	1	1		2	8	2	104	80	24					
富农								4								
中农	6	42	26			1	21	6	94	94						
贫农	13	36	10		3			1	22	22				28		
合计	21	88	37	1	3	3	29	13	220	196	24			28		

资料来源：《商水县一区董欢乡反减前各阶层土地等生产资料调查统计表》，商水县档案馆藏档案，档案号：县委全宗一永久卷第 20 卷第 2 件。

　　由以上统计诸表可以看出，土地改革前商水县一区董欢乡的土地占有情况。33 户地主，富农只占农户的 2.9%、人口的 5.3% 左右，这两者却占有全乡 42.3% 的土地，其余的农户、人口占有不到 60% 的土地。并非富者地连阡陌、贫者无立足之地，而是富者不富（大富），贫者太多、太贫。全乡人均耕地 3.78 亩，西小赵村人均占有耕地只有 2.5 亩，中农以下阶层的农户人均耕地 2.2 亩。也就是说，绝大多数农户的人均耕地面积在静态生存标准线以下。再从重要的农业生产资料——耕畜的数量看，全乡农业生产资料普遍缺乏：全乡 9869 亩地，只有耕畜 312 头，平均 31.6 亩/头。

　　一方面是人口——耕地矛盾加剧，另一方面是国家，或者说来自村落（庄）之外的榨取、破坏日益增多。

　　新野县位于南阳市以南，是传统农业县。乾隆《新野县志》记载，康熙五十年（1711），原册籍土地并新旧垦增田、到期荒地和收并卫司地共有 635834.28 亩，其中上等地 76545.52 亩，亩征银 2 分 4 厘 6 毫 3 丝；中地 214256.13 亩，亩征银 2 分 1 厘 6 毫 3 丝；下地 345032.63 亩，亩征银 2 分 4 毫 1 丝；三则熟地共征银 13566.829 两。计丁 17561 人，征银 2022.24 两。民国《新野县志》记载，民国 3 年（1914），划分国税和地方税，按丁地正银 1 两折征银元 2.2 元，国税计征 31794.5 元，地方税计征 9538.3 元，合计征收 41332.8 元。民国 4 年（1915），地丁增加赋税，每亩地收制钱 60 文，每正银 1 两附收制钱 2400 文。民国 6 年（1917），核减为正银 1 两，附收制钱 960 文。当年除正税外，附加制钱按市价折洋 11738 元。民国 7 年（1918）田赋征收直接缴纳银元。民国 30 年（1941），因抗日战争日亟，漕银及附加并而为一，改征实物。正税洋改为 123577.92 元，每洋 1 元折征小麦 1.5 斗，当年征麦 18536 石（合 148.3 万公斤）。民国 31 年（1942），全县陈报土地为 938175 亩，按定税制，分级评税，总赋增至 127875.4 元。除田赋正税外，又附加征购粮（次年改为征借）和县级公粮。民国 33 年（1944），田赋征税每元征小麦增至 3.2 斗（合 25.6 公斤），计征田赋粮 40920 石（合 327.36 万公斤），征借粮 38355 石（合 306.84 万公斤），县级公粮 16572 石（合 132.57 万斤），三项共计 95847 石（合 766.77 万公斤）。①

不说多如牛毛的地方捐税，仅就正税而言，新野县民国 3 年（1914）合计征收 41332.8 元，民国 31 年（1942）全县总赋增至 127875.4 元，后者是前者的 3.09 倍。

人口—耕地矛盾是近代乡村危机的根源性因素。人口—耕地矛盾导致乡村抗灾能力低下，遇灾害农民便流离失所，大量流民滋生农民起义，进而国家耗费钱粮治水救灾、镇压民变，财穷力竭，进一步厚税重赋，导致官僚腐败，更多农民陷入危机——历史进入衰世末世的死循环。但近代与此前不同，又加上西方势力对传统中国的全方位冲击——乡村社会演进兼具历史延续与变革性的特点。但对于晚清以来的中国小农来说，天灾人祸之下传统的村落（庄）秩序难以为继，以苛捐、杂税为生的官僚寄生者也愈益无法以常规方式存在。

---

① 何兆麟：《亘古通今说农税》，中国人民政治协商会议河南省新野县委员会学习文史委员会编《新野文史资料》第十四辑，内部资料，1988，第 30 ~ 33 页。

在皇权摧折，土地制度、户籍制度难以延续之下，科举制度的废止，导致秩序俨然崩坏，农村经济凋敝、政治纷乱、社会失序、文化失范呈现为一种整体性危机，各种社会变动与文化思潮竞相迭起、交错映合，形塑、改变了相对静止的村落（村庄）。[①]

此情此景，岂止是道德教化不存，更有甚者，乡村滋生崇尚暴力、羡慕强权的文化。

清宣统年间匪情显示，河南土匪滋盛；进入民国，中原匪势几成燎原之势。20世纪二三十年代，豫西诸县处处有匪、家家有枪。由于土匪在社会中总以强悍态势出现，百姓对土匪既恨又怕，还有一些艳羡。

民生凋敝、战火频仍，生死难料、正途无路，百姓便走险棋——乡村正常的生产生活秩序被打破，大量的农民加入兵匪行列。当时民谣云："一等人当老大（土匪头目），银元尽花；二等人挎盒子，跟着老大；三等人扛步枪，南战北杀；四等人当说客，两边都花；五等人当底马（亦称底线，土匪的线人），暗害民家；六等人当窝主，担惊受怕；七等人看肉票（被绑架的人质），眼都熬瞎。"又云，"要当官，去拉杆""进山转一圈，出山便是官"，这说明时人把当土匪当成不错的出路。乱世之中，百姓是弱势群体，他们中一旦有人铤而走险，在社会中变为强势角色，大家对他便不敢小觑，甚至高看一眼。"有枪就是草头王，杀人放火做强梁。当兵为吃粮，当匪为吃粮，整个镇嵩军，上至最高统帅刘镇华，下到各旅长、营长、连长，都从陕西往洛阳贩卖烟土，一个个腰包都鼓了起来，成了腰缠万贯的富翁。"[②] 在这种情势下，公理不存，道德沦丧，一些农民不视当土匪为耻辱，反而哪家有人为匪，其邻居竟会受到绿林保护，从此可免受土匪骚扰之苦。如果有人当了军官，回乡时骑着高头大马，带着马弁，耀武扬威，人们便艳羡不已。豫西人爱说："舍不得孩子打不了狼；剜不得好肉治不了脓疮。"很多人横下一条心，不当兵，就为匪。

宁老七是民国时期洛宁有名的土匪，13岁便是一位刀客。1924年第二

① 王旭：《近代中国乡村社会变迁的历史图景——王先明〈乡路漫漫：20世纪之中国乡村（1901—1949）〉评析》，《史学月刊》2018年第11期，第114~124页。

② 王兰轩：《河南镇嵩军成立始末》，载政协洛阳市委员会文史资料研究委员会编《洛阳文史资料》第一辑，内部资料，1985，第184~187页。

次被官军抓获后，因写下"还乡为民，永不为匪"的保证书、发誓当个老百姓而获释。但蛰居的宁老七总想再闹腾一番，尝吟诗抒怀："龙头山高洛水长，男儿岂能老故乡。洛河后浪推前浪，跳上浪头朝前闯。"[1]

"匪性"影响"民性"。时至今日，豫西一带一般不说"土匪"一词，只说是"刀客""趟将"，语气中不带任何贬义。

在晚清民国时期的匪患之下，老百姓也"狠心做人"——豫西一带流行"打孽"乡风。所谓"打孽"，便是"血亲寻仇"：双方或为争乡长、保长职务，或为了女人、为了田地、为了报世仇，都会拿起枪来杀掉对方，从不经官方调解，被杀者的妻子、儿女等亲属则用同样的方法消灭对方。于是竟催生了"打孽手"，类似职业杀手，专门替人消灭仇人。彼此间打打杀杀，冤冤相报，无休无止，手段非常残忍，例子不胜枚举。民国初年，嵩县黄兑村的郭×绪，是出名的打孽手。他爷爷有钱有势，是村中的霸主，因得罪同族另一个大地主，被对方雇请打孽手将其全家杀光。当时年仅12岁的郭×绪，因到舅舅家走亲戚才躲过一劫。郭×绪闻说凶讯，连夜投奔镇嵩军，当了一名小勤务兵。七年后，郭×绪身强力壮，他带兵回到黄兑村，二话不说，把仇人一家全部杀死，一个不留。那时的豫西民众，不但邻里之间有仇必报，就是亲弟兄之间有了纠纷，也请打孽手拿刀枪说话。[2]

正如梁漱溟所说："乡村所有破坏不外天灾与人祸。所谓天灾，例如长江大水灾、黄河水灾、西北连年大旱、南方江浙旱灾等；所谓人祸，例如一九三〇年中原大战，以及种种兵祸、匪患、苛捐、杂税等。又从破坏乡村的力量去分，也可以分为国际的与国内的两面。上所述多偏乎国内；而国际的力量破坏所及，尤为深远。所谓国际的，例如日本强据东北，影响于内地乡村者甚大；列强经济侵略尤为谈农村经济崩溃者所殚述，可无待言。有时我亦采用三分法：一、政治属性的破坏力——兵祸匪乱、苛捐杂税等；二、经济属性的破坏力——外国经济侵略为主，洋行买办等也为

---

[1] 舒六成：《宁老七事略》，载中国人民政治协商会议河南省洛宁县委员会文史资料委员会编《洛宁文史资料》第四辑，内部资料，1989，第50~59页。

[2] 王凌云：《豫西旧社会军匪横行的概况》，载中国人民政治协商会议河南省汝阳县委员会文史资料研究委员会编《汝阳文史资料》第二辑，内部资料，1988，第1~37页。

破坏乡村的助手；三、文化属性的破坏力——从礼俗、制度、学术、思想的改变而来的种种……又三者是相连环的，互相影响的，如政治制度改变了便影响于经济，经济也影响于文化，而政治制度的改变又是由文化问题引起来的。三者相连环的辗转影响，加紧加重了乡村破坏。"①

老子云，"大道废有仁义，慧智出有大伪，六亲不和有孝慈，国家昏乱有忠臣"。当时，乡村社会期待国家由乱而治，有人心、有风俗、礼仪兴。

"自去岁六月下雨至今春三月，无一犁漏者，麦未种，岁大祲矣。

"宣统三年，八月十八日，武昌革命。十二月二十六日清帝退位，至今又十五年。匪乱兵荒，民不聊生，国少宁宇。予虽弱老，亦旦夕守陴。或问于予曰：汝读书人应知天下之平在于何时。予曰：书中未有言及，然数虽难知，而理有可据。夫有天地然后有万物；有万物然后有男女；有男女然后有夫妇；有夫妇然后有父子；有父子然后有君臣；有君臣然后有上下；有上下然后礼仪得所指，伦理得所安。王者之治，教养而已。养之政且缓言，教之政始于舜典。命契曰：百姓不亲，五品不逊。汝作司徒，敬敷五教在宽。孟子谓庠序学校，皆所以明人伦。又曰：尧舜之道，孝悌而已。又曰：人人亲其亲，长其长而天下平。圣人只人伦至，桀纣无忠孝之禁，黎民时雍，自以亲族九始，犯上作乱由不孝不悌来。褒忠旌孝此盛世之美意也，灭伦丧纪此夷狄之故习也。晋废三纲，而五朝之乱起。唐紊伦常，而武氏之妖生。三十年来，外强中弱，用夷变夏，以至无君，无臣，无父子，无夫妇，无兄弟，灭天伦而后丧人记，势不欲驱中国而夷狄不止。夫擅聪明而后有政治；有政治而后有教化；有教化而后有人心；有人心而后有风俗；有风俗而后礼仪兴，乖戾平，今蹙蹙糜骋、嗷嗷待毙。欲知治之所由成，当返乱之所由生。殷因夏，周因殷，百世可知，如是而已矣。"②

笼罩乡村的"权力制度网络"去制度化，权力暴力化——社会秩序渐由野蛮暴力维持；与此对应，支配村落（村庄）公共行为、乡村社会行为的"权力文化网络"失去效力，人们不再以内心自律维护伦理道德——普通民众遵从基于生存攫取的丛林法则，儒家文化秩序解体，传统道德自

① 梁漱溟：《乡村建设理论》，上海人民出版社，2006，第9~10页。
② 王锴：《十五年丙寅（公元1926年）正月二十五日，七十岁》，载氏著《知无子备忘录》（未刊手稿，无页码），内乡县地方志办公室存。

律、道德关怀退居少数个体的内心。

第二节　国家推进的乡村社会革命与乡村社会发展

1949 年中华人民共和国成立后，中国乡村很快进入集体化时代。人民公社体制统筹了乡村的生产、分配、交流和消费等各个环节，它不仅履行生产等经济职能，还履行政治管理、宣传教化等职能。

改革开放以来，随着人民公社解体，农民通过土地承包、自主经营，其人身依附关系减弱；进而随着市场化城镇化速度加快、税费改革、工业反哺农业以及国家开展精准扶贫、实行乡村振兴战略，村落（庄）的国家在场呈现新的形态。

一　乡村社会革命

土地改革运动是一场彻底深刻的政治革命与社会革命，借助土地改革运动，国家建立了和农民的直接联系，并由此获得了对乡村社会的动员能力。

（一）焦岗乡社会革命概况

这里不妨以河南省西华县土地改革档案《西华县六区复查试点焦岗乡工作介绍》[①] 为例，考察国家对乡村重构的具体情形。

1. 焦岗乡基本情况

焦岗乡共三个自然村（焦岗、西贾、张庄），以焦岗村为最大，人口、户数约占全乡的 2/3，全乡土地 10744.956 亩，总户数 717 户，2995 人。其中地主 39 户，161 人；富农 17 户，101 人；中农 180 户，913 人；贫农 461 户，1788 人；小土地出租 20 户，32 人。该乡旧当权统治人物有李×阳、杜×完等 5 人，他们曾经抢走民兵步枪 5 支，杀害人命 5 条。

虽然经过了剿匪反霸、土地改革等几场社会运动，但因为当时民愤大

---

① 中共西华县委会：《西华县六区复查试点焦岗乡工作介绍》（1951 年 12 月 22 日），西华县委档案局文件，档案号：永久卷之 6（六）第 3 件。

的"匪霸"已经逃亡，只剩下几个非政治性地主，因此对地主群体的政治斗争不够，只是从"经济"上调动群众，征收、没收地主的一些破破烂烂的农具以及几件破家具等，基本上属于"和平分地"。

一方面，因为没有经过激烈的阶级斗争，群众没有受到锻炼，阶级觉悟没有得到提高；另一方面，地主没有经过政治斗争，气焰仍很嚣张。如地主李×贺被征收的房子里还放着自己的麦秸、麦糠，不让群众住；贫农贾×忠媳妇在新分到的房子里生孩子，地主刘×庆不让从他家门口路过，并说破了他的财神。

虽然有农会会员 657 人（男 356 人、女 301 人），民兵 96 人，党员 8人，团员 15 人，但组织涣散，开会少、学习少、活动少。干部成分不纯、思想不纯，对群众有强迫命令现象，如乡文书贾×兴因包庇被群众所痛恨，当过 8 年保长的张×相、村干部李×林强迫命令开群众会，谁来晚一点便被罚拉土 3 天。乡村干部思想松懈，松劲情绪严重，如原副乡长杜×，身为党员，刚娶了老婆，盖上新房子，就连开会也不参加了；西贾的村干部贾×旺土改运动时积极，土改运动后不问政治，开会时躲在家里或下地干活，有人问他，他就说"不生产能叫我饿死吗？"

总的来看，阶级敌人未打倒，群众优势未建立起来，部分干部思想不纯，部分干部不问政治、光顾生产等。干部思想松懈、滑坡，出现不愿意继续干革命的现象，正如当年湖南省批判的李四喜思想[①]，反映了虽然经过土地平分这个过程，但是国家对于农民的组织领导、在乡村社会的动员能力还有待加强和提升，尤其是新的思想尚未深入人心，村落里口耳相传的"老理"，还需要和国家的"新理"反复互动，进而达到新的均衡。

2. 工作队进村对农民宣传教育

1951 年 12 月，西华县组织干部 17 人（区委领导 1 人、一般干部 2人、乡干部 14 人）进入焦岗乡的几个自然村开展工作。

初进村时虽然干部劲头大，但因政策宣传不到位，群众不敢接近工作队。工作队去帮助干活，群众立即就走，干部了解到的也只是过去农会分

---

① 所谓李四喜思想，是指土地改革以后出现的农民和乡村基层干部的松劲思想。见王瑞芳《"李四喜思想"讨论：建国初期中共教育农民的尝试》，《史学月刊》2006 年第 9 期，第 50～58 页。

果实不公、干部不民主等点滴情况。

宣传教育，提高觉悟，开展斗争。三天后，工作队改变思路。召开各种会议（群众会、干部会、农会等），大张旗鼓地宣传政策，表明来意。通过小型座谈会议进行"查""比"教育，提高了群众觉悟，发现了新的情况。焦岗地主李×堂曾任过甲长，抓丁派款、奸淫妇女，群众对他非常痛恨，他在土地改革期间逃跑时还顺带拐走民妇，工作队开展工作时还隐藏在家，不劳动。西贾村张×相当过几年保长，曾勾结特务毛×獣，又抢去民兵枪支，工作队开展工作时还当着学校校董主任，群众敢怒不敢言。经过启发，有苦主李×肯"串联"了20余名群众，随后工作队对这部分骨干群众进行了系统教育。由此，群众由不敢接近工作队到敢于接近、积极反映情况，由个别私下反映情况到敢于公开向敌人进行说理斗争——斗争前，工作队先进行政策教育，防止打骂，强调了说理斗争及人证到场、物证呈现等。如斗争张×相时，他对于1948年抢民兵枪支不承认，后民兵作证才哑口无言。说理斗争会上，斗争对象越辩真相越明，当场教育了干部群众。

工作队趁热打铁，整理组织，开展全面的诉苦教育，充分发动大多数群众，打下下一步的工作基础。经过斗争，发现、培养了20多个新积极分子；对乡村干部进行"联系群众教育"，村干部李×林等分别在农会会议上做了检讨，如态度不好、有事不和群众商量等，群众对此基本满意。由此加强了内部团结，有利于各项工作的开展。

工作队接着对群众进行了普遍的诉苦教育。诉各种苦，追根求源，落脚点在地主身上。以此让农民认识到，农民与地主阶级是势不两立的，让农民更进一步地认清地主阶级的剥削就是万恶的根源。张庄刘×柱，诉被国民党二十师打数十棍，被逼得跳井寻死，幸亏攀着井内的树才活下来；吴×堂诉（民国）32年（1943）三天没吃饭，吃了地主李×国一个狗，李×国要活埋他，他被吓得逃跑了，因此二女儿饿死，大女儿为了找父亲不知去向，他家家破人亡……在场90%以上的群众痛哭流涕，大家都认识到过去我们是受苦的，今天要团结起来，才能打倒地主阶级。

接着通过查农民是否当家、查农民是否翻身，以克服松懈麻痹思想。一些群众认为分到了土地、农具，大地主跑了，在家的地主被控制住了，见面均喜笑颜开。但是，有的地主仍然不服气，气焰还很嚣张。例如，焦岗地主杜×勤说，"每月还吃六斤油"；地主李×运、李×头说，"划我地主没啥，每顿还是吃两个鸡蛋"……通过许多活生生的例子，教育了广大群众，使群众认识到敌人仍不服气、不死心，必须百倍警惕与敌人作长期斗争。

3. 处理遗漏问题

首先召开小组长以上的干部会议及贫雇农会议，充分说明查阶级的意义。刚开始，部分群众持经济观点，认为谁有油水划谁为地主，能分到东西。如李×金（中农）干过甲长，和过去的旧人物有联系，有土地27亩，不雇工，而杜×科自己劳动，雇一长工，部分群众要把他们划成地主。工作队详细讲解了政策，强调只有翻身当家作主，经济利益才能得到保证，并详细讲解了划分阶级成分的标准。经过讨论，部分群众所提的9户中农、2户富农，大家一致认为不是地主，又更改了5户中农为贫农。重新查阶级后，大家都很满意，从而壮大了群众力量。

工作队走群众路线，进一步总结经验，由大家讨论如何对地主算细账，然后用"追""减""免"三种办法结合进行。地主共交出粮食二石七斗，其中杜×勤交出了一石，其他地主同样交出了一部分，但像李×、杜×迎等地主，经过群众讨论，认为其确实无力偿还剥削贫下中农的粮食，便采取了减免措施，而个别顽抗不交的地主，群众对其进行斗争，共追出粮食25石3斗（包括土地改革期间农会存粮16石5斗在内）、人民币30万①。

果实的分配根据填坑补缺的方针进行。先建立评议委员会，经过群众讨论，比穷比苦，根据需要并注意考虑军烈工属。刚开始，部分群众有平均思想，评议员及村干部认为大家都分一点比较好。西贾村打算将11石粮食平均分给80户，后来工作队向群众说明，分果实主要是为了"填坑"，要分给最需要的人家。后来群众认识到东西不多，分零散了不治事，遂扭转了"平均分"这个弯子。结果分果实最多的群众，每人分五斗，分得少的，每人三升，全乡总计得果实者150户505人，群众对此均表示满意。

4. 组织农民与民主"建政"

经过各阶段的斗争，群众认识到了农会所起的作用、群众团结起来的

---

① 旧版人民币1万元等于1953年后的新版人民币1元。

威力，因此不少群众提出了加入农会的要求。于是，通过干部、积极分子召开农会讨论，谁有入会条件即吸收谁参加农会，保持农会内部纯洁。如杜×甫（国民党党员），曾任保长、队长；李×恩当过甲长，挑拨群众之间的关系，闹分裂，并从中获利；杜×贞，甲长，私派粮款，曾为催粮将群众磨面的麦硬从磨上扒走，大家均不同意他们加入农会。又如李×斌，曾因其老婆的问题，没能加入农会，这次群众认识到他是自己人，不能让他处于会外，因此吸收他及其他贫农6人、中农21人参加了农会，从而壮大了力量。

在组织农民群众的同时，对地主加强控制。地主李×柱追果实时不服气，顽抗不交，经没收的房子不让给群众；李×选曾任甲长，家里有枪支不交，追果实时"论堆"①；杜×勤，曾任保书记，被征收分给群众的东西还私下记着账。对这些人均应严加控制，才能巩固土地改革胜利果实。

丈量土地与民主建设政权同时进行。召开了党团员会、农会、群众会，做了普遍深入宣传。一是发土地证，即是确定地权，土地才有保证；二是选举干部，建立为群众办事的机关。发土地证首先要丈量土地，要求群众如实上报——一家报不实，全村都吃亏，而且隐瞒的土地得不到保障。在全乡群众中组织了27个普丈组（乡成立了抽丈组、登记组、调解组），分组划片、分段丈量，随时插标入册，晚上计算亩数；宅基丈量较难，问题也多。如焦岗村张×与崔×两家就宅基地存在争议，一家持有原来的官方文书，另一家持有民间调解的白纸写的协议。工作队刚调解时，两家都不认同，后来工作队走群众路线，查清了事实，终于解决了矛盾，两家都满意。也有因普丈组个别人不细心，丈量土地的尺子不准确，与抽丈组所丈量的地亩数不符，走了弯路。经过纠正后，丈量土地的工作才步入正轨。大多数群众对此次丈量土地、解决纠纷都很满意，有的群众说："去年的事这次解决了。"——遗漏问题的解决，加强了群众的团结。

全乡共选出77个代表，从代表中选出了21个候选人，在这些候选人中选出干部。办法是丢豆投票，共选出9个正式委员，票较多的分任

① "论堆"，豫东一带农村俗话，有不讲理、耍无赖，死猪不怕开水烫，要钱没有、要命有一条等意思。

正、副乡长之职。至于农协组织，除代表是从各分会内产生外，领导是选举产生的。一方面，群众认识到自己当家作主了；另一方面也教育了干部，有事必须和群众商量。

在整个复查运动过程中，全乡斗争 1 次，分村斗争 6 次，被斗人数共12 人（地主 10 人、中农 2 人），主要是 10 人未经过斗争、2 人反攻倒算。农会由 667 人扩大到 1736 人（男 1010 人、女 726 人），占全乡总人口的56% 强（贫农 449 户、中农 148 户）。民兵 96 人（曾洗刷 2 名，又吸收 2名）。党员 8 名、团员 15 名，经过复查锻炼，教育培养了 2 个党员发展对象，8 个团员发展对象，11 个宣传员，组织了包含 34 人的宣传网，自动地拿钱订报（《河南日报》《新淮阳报》《新青年报》）并分成"编辑""黑板""读报""广播"四个组，与文教委员会结合进行各种宣传。

5. 焦岗乡的社会变化

在斗争、复查中动员群众，动员群众推进下一个阶段工作，经过这样的过程之后，该乡群众的阶级觉悟明显提高。过去分得地主的房子不敢住，现在争着要；而地主的气焰已被浇灭，群众优势树立起来了。尤其是经过诉苦教育后，群众认识到美帝国主义的凶恶，在爱国增产捐献时，该乡四天累计捐款 1770 万元（旧人民币）。如李×肯经宣传解释及诉苦教育，提高了觉悟，认捐了 7 万元。部分群众订了爱国公约，生产积极性高涨。

存在的主要问题是，焦岗村农会东西分会仍不够团结，还需要补上民主团结这一课。

以上材料揭示了社会革命的深入与细致、斗争及其反复。但是，经过解放初期的土地改革运动以及其后的一系列社会革命运动，通过远远超出村庄（村落）层面的国家各级政府的努力，国家的乡村社会动员能力得到提升，在国家与乡村社会共同努力下，人祸的影响得到遏制。在小农经济逐步恢复的基础上，衰败的乡村焕发了生机，除人口、户数占比例很小的地主外，各阶层农民生活水平均有提升。

仍以西华县土地改革档案为例。兹举几个典型户 1950 年、1951 年收入支出情况，可资佐证。

（1）第一户，西华县邵蛮楼乡东王庄贫农张×海家生产力与购买力的调查情况如下。

①基本情况。户主张×海，贫农，全家共 5 口人（男 3 人、女 2 人），男劳力 1 人、女劳力 1 人。有旱田 19 亩，牛 1 头，小型生产工具（桑杈、锄、抓钩、扫帚）各 1 个（把），已参加互助组。

②1950 年收入豌豆绞子麦（对半）1023 斤、大麦 60 斤、绿豆 507.5 斤、红芋 2000 斤、籽棉 75 斤、花生 150 斤。总收入均折合麦，共计 2012 斤。

③1950 年家庭总支出。食物支出（包括油盐在内）：豌豆绞子麦 891 斤、大麦 60 斤（喂牲口）、绿豆 367 斤半、红芋 2000 斤，共支出折合麦 1369 斤。穿用开支：皮棉 20 斤、布六尺、煮青半筒支，折合麦 28 斤。建设方面，买檩两根、箔 1 领，共支出均折合麦 47 斤。完两季公粮麦 160 斤，耕地用麦 70 斤。1950 年总支出共折合麦 1674 斤。

④1951 年收入情况。全年总收入共折合小麦 2925 斤 12 两。其中，豌豆绞子麦（对半）1650 斤、芒大麦 75 斤、来大麦 99 斤、绿豆 280 斤、秫秫 160 斤、豇豆 17 斤、芝麻 5 斤、红芋 2500 斤、皮棉 7 斤、花生 450 斤。

⑤1951 年开支情况。全年总支出折合小麦 2645 斤 4 两。其中，全年吃食豌豆绞子麦 660 斤、芒大麦（喂牲口）135 斤、来大麦 66 斤、绿豆 297 斤半、红芋 2500 斤、买香油盐支出绿豆 140 斤，共支出折合麦 1414 斤 4 两。穿用皮棉 7 斤、买黑洋布六尺，买桑杈 1 把、扫帚 1 把、锄 1 把。投资于副业生产（粉坊）绿豆 210 斤，还耕牛贷款 20 万元，完两季公粮麦 200 斤，还公家贷种麦 50 斤，耩地用麦 120 斤，捐献飞机麦 28 斤，入合作社两份（折麦 28 斤），留 50 斤花生种。

另外，准备出售给合作社花生 400 斤。需要六掌广锅一口（15000 元），缺少石磙（全套）、扬叉 1 把、扬掀 1 把等农具。

现在参加了合作社，销售花生、粮食，购买油、盐、洋火、桐油布疋，均依靠合作社，认为从合作社买卖什么东西方都便省事、货真价廉，农民不受商人中间剥削。

（2）第二户，西华县邵蛮楼乡东王庄富农王×玉家生产力与购买力的调查情况如下。

①基本情况。户主王×玉，富农，全家共 10 口人（男 4 人、女 6 人），男全劳动力 2 人、女全劳动力 2 人，土地 29 亩（全是旱田），有两

头牲口（牛、驴各 1 头），生产工具犁、耙、耧等较齐全，已参加互助组。

②1950 年收入折合麦 4615 斤，支出折合麦 5081 斤。

③1951 年收入折合麦 5517 斤，开支折合麦 4945 斤。

④准备售出花生 600 斤，另外有个半大牛犊到过年卖。

⑤需要买扬掀 1 把、扬叉 1 把、略耙 1 把、扫帚 2 把（凤凰尾，麻布街产）、锄 2 把、镰 1 把、铲 1 把等。需要一口锅（需 30 斤麦）、碗 1 个、锅铲 1 个、钢洗脸盆 1 个、瓦盆 3 个、粗面箩 1 个。以上需要公家贸易公司运来。认为往贸易公司里去买，又省路费又便宜。

⑥没参加合作社，本来花生出卖时可以依靠合作社，对合作社的看法是价钱公道、货好便宜，就是不叫他入社。

（3）第三户，西华县邵蛮楼乡东王庄新中农张×乡家生产力与购买力的调查情况如下。

①基本情况。户主张×乡，贫农，全家共 10 口人（男 4 人、女 6 人），男整劳力 2 个、女整劳力 1 个、男半劳力 1 个。有旱田 36 亩、牛一头。主要生产工具较为齐全，已参加互助组。

②1950 年全家总收入折合麦 4724 斤，总支出折合麦 3574.5 斤。

③缺锅 1 口、碗 10 个，要求合作社向外购买，以便供给社员，给大家服务。认为政府扶持农业生产贷款较少，不能满足需求，解决不了生产上的困难，要求政府以后多贷一些。家庭里主要是没有住处，盖房自己不能全部负担，要求政府多贷些梁、檩和砖瓦。生产上主要是缺乏农具。已参加互助（记工）。购买石碾、竹竿、磨、锅等生活及生产资料和推销土产，都需要靠合作社，对合作社认同，因为认为购买一些东西很便宜，价格稳定，农民不吃亏。

（4）第四户，西华县邵蛮楼乡东王庄地主王×仁家生产力与购买力的调查情况如下。

①基本情况。户主王×仁，地主，全家共 7 口人（男 4 人、女 3 人），一个男全劳动力，王×深在淮阳工作，女全劳动力 2 个，半劳动力 1 个。有地 11 亩半（均是旱地），无牲口，生产工具不全，没参加互助组。

②1950 年总收入总计合麦 3654 斤，开支情况总计折合麦子 3028 斤。

③没有生产工具，没有参加合作社，感觉到城里去买东西耽误事又

贵，现在不参加合作社是因为成分不好，不知将来能参加否。

（二）以土地改革为中心的乡村社会革命述评：兼及救灾、水利建设与乡村动员

据周恩来 1951 年 10 月 23 日在中国人民政治协商会议第一届全国委员会第三次会议上的报告，一年多的新区土地改革运动，是在全中国革命战争胜利和农村中清匪、反霸、减租、退押等斗争胜利的基础上，根据中华人民共和国土地改革法及其他决定，有计划、有步骤、有秩序地开展起来。[①]

完成了土地改革的地区，农村已发生了根本性变化。

一是废除了地主阶级封建剥削的土地所有制，实行了农民土地所有制。农民群众所进行的一系列的斗争，与镇压反革命运动相结合，依靠各省（区）惩治不法地主暂行条例和人民法庭的处理，彻底摧毁了地主阶级的反动势力，使被压迫农民翻身成为农村的主人，完全掌握了农村政权，巩固了农村中的人民民主专政。正像农民所说，过去头顶地主的天，脚踏地主的地，现在天地都成我们的了。

二是农民生产热情高涨，解放了农村生产力。农民分得土地，又得到各级人民政府的扶助，所以农村生产力已得到显著的恢复和发展。

三是农民的政治觉悟空前提高。在保卫翻身果实的口号下，农村参与了轰轰烈烈的抗美援朝保家卫国运动，广大农民订立爱国公约，自动报名参军，踊跃进行爱国增产捐献和缴纳爱国公粮，表现了无限的爱国热情。

四是农民组织起来、武装起来。华东、中南、西南、西北四大地区农民协会会员 8800 余万人，其中妇女约占 30%。农民积极分子在运动中大量涌现出来。

五是农村文化已逐步发展。1950 年冬全国农民上冬学的已有 2500 万人以上，1951 年上常年夜校的有 1100 余万人，新的科学知识在传播，劳动光荣逐渐成为风气。

周恩来在政协报告中强调，在完成土地改革的农村，不论新区和老

---

① 辽宁省图书馆编《学习〈毛泽东选集〉第五卷参考资料》，辽宁人民出版社，1978，第 33 ~ 35 页。

区，都应大力发展生产，引导农民组织临时的或常年的劳动互助组，有重点地、有步骤地建立农业生产合作社，以及发展供销合作社，加强物资交流，使广大农民能够不但在政治上而且在经济上组织起来，以利增加生产，发展经济，走上既可使自己丰衣足食又可使国家获得资源的伟大光明的道路。①

以河南省为例。中华人民共和国成立前，河南是半殖民地半封建社会的典型区域，饱受资本主义帝国主义的经济掠夺，饱经战乱，抓差、要粮、要款给农民造成了无穷的灾难——土匪多、灾荒多、封建性恶霸多，人民群众颠沛流离，穷苦不堪。

根据《河南土地改革情况介绍》②，1951 年河南省 3400 万人口，除不到 200 万的城市人口外，3200 万人都在乡村，至 1951 年 5 月底，基本完成土地改革。

首先是 1949 年用了整整一年的工夫，基本上剿清土匪，创造了顺利进行土地改革的条件。河南省第一批土地改革区域是 11 个县（约 400 万人口），于 1949 年冬季完成土地改革。因为土匪剿清、恶霸斗争得狠，反革命分子镇压得多，群众组织得多，发动充分，所以群众情绪高，生产好，地主不敢乱说乱动；第二批 32 个县（约 1300 万人口），于 1950 年春季完成土地改革，因为恶霸斗争得不狠，群众组织得少，发动得差，所以当抗美援朝战争开始后，很多地主恶霸就开始闹事，从农民手里要回房屋及东西，于是这些县不得不在 1950 年冬到 1951 年春又补上一课，又镇压了一些反革命分子、斗争了一回地主恶霸，农民才抬起头了，封建地主才低下头去；第三批 43 个县（约 1500 万人口），1950 年冬到 1951 年春完成土地改革，成绩更好些，因为吸收了前两次土地改革的教训，并与抗美援朝、镇压反革命相结合，土地改革运动猛烈宏大、迅速彻底。

土地改革中的主要经验如下。一是要有正确的政策。土地改革的政策总的来说是依靠贫农、雇农，团结中农，中立富农，有步骤地、有分别地消灭封建剥削制度，发展农业生产。其目的是使农民在经济上获得解放——变地

---

① 周恩来：《周恩来在政协第一届全国委员会第三次会议上政治报告》，2008 年 2 月 20 日，中华人民共和国中央人民政府，http://www.gov.cn/test/2008-02/20/content_894351.htm。

② 《河南土地改革情况介绍》（1951），河南省档案局档案，档案号：永久卷第 79 卷。

主的土地所有制为农民的土地所有制，在政治上翻身——当家作主，由被统治者变为主人翁。这个政策与目的，不仅要使干部懂得，而且要使群众懂得，只有把政策交给群众，才能把政策变为行动，才能使政策成为革命的实践。二是要有步骤地进行，发动农民自己进行土地改革。土地改革是一场经济革命，而且也是一场政治革命，任何包办代替命令的办法是不能成功的，所以必须发动农民，让农民自己动手进行土地改革，这就需要从思想上提高农民的自觉性，让农民知道土地改革的合理合法性，需要从组织上把农民组织起来，建立以贫雇农为依靠并团结中农的农民协会。农民有了觉悟、有了队伍，就可以翻身，把地主推翻，把地分好。

最重要的是必须有中国共产党的领导，农民运动没有中国共产党的领导是不能成功的。中国共产党的领导表现在以下几个方面：制定政策（由中国共产党提出，由政府讨论通过）以实现政治领导；教育启发农民觉悟，以实现思想领导；选派干部加入农民协会以实现组织领导；集中群众创造性智慧，改进工作方法——"这样工作的结果可以使农民获得土地，我们获得农民"。

由于获得了土地，农民积极从事生产，1950年虽然有各种灾害（两旱两涝加虫害、风雹等），但仍然完成了增产一成的目标（由1949年的129亿斤到1950年的143亿斤），并且农业生产总量的增加也推动了城市经济的恢复。1950年秋收前后，不论大小城市都繁荣起来，这为多年所未见，城市主要是推销农民的产品并供给农民以生产资料和生活资料。由于推翻了地主统治，农民在村里当家做主人，选举自己的代表做乡长，过着自由民主的幸福生活。由于在经济政治上获得了解放，农民爱国主义情绪高涨，如坚决协助政府镇压反革命，热烈开展抗美援朝的游行示威与控诉运动，踊跃缴纳公粮，积极自愿报名参军，并积极兴修水利、施肥锄草，参加供销合作社与劳动互助组开展的爱国生产运动，这就使土地改革后呈现出一幅光明幸福的新图景。

中华人民共和国的成立，开启了中国现代化的全新历程。因为要在战争、贸易等领域同其他民族国家竞争，同时承担经济发展、公共服务、社会保障和军事安全的职能，国家需要做更多的事情，这需要财政税收的保障和民众的响应与合作。现代化的强大国家首先需要强大的国家能力去重塑并引导着绝大多数个体的忠诚，需要强大的资源汲取能力，在资源汲取的过程中需要民众的配合，需要他们热忱合作。

艾恺对梁漱溟的乡村建设运动思想与实践进行了研究，认为"梁漱溟和毛泽东的根本区别是，如何利用受目前恶劣的社会条件制约的人民去实现未来的良好社会？如果人民所持的价值和习惯模式仍然是目前这个不良社会形成的，他们怎么会真诚一致地去要求那些显然是不受欢迎的东西呢？例如，一些村民无疑仍然喜欢缠足。这样的问题如何处理呢？而且变革力量本身——即乡村工作者或党的干部——总是退却甚至不能获得新的意识。毛泽东对这一困境有他独到的认识。他希望小团体能将这种冲突公开化并着手解决和消除它们。而梁漱溟的儒家式的乐观主义偏见使他不能正视这种冲突和矛盾。他坚持认为决不能让这些事情发生，更不能让它们成为一种实际上的压制。相反，对民众一定要本着说服和自愿的原则。唯一的办法是求助于人类的感情和说理。在新的习惯形成之后，这个问题也就不复存在，那些力量的性质也就无关紧要了。毛泽东则认为会有'多次文化大革命'，有些甚至是和变革力量相对抗的"①。中共淮阳地委政研室1951年11月发布的《项城县七区火星阁村的调查材料》②，是对此生动的注解。

今火星阁自然村位于项城市永丰镇政府所在地东南3.2公里处（见图4-1）。聚落沿南北延伸，东西路1条、南北路3条、胡同12条，4个村民小组，有田、阎、王、于、郭、胡6姓，均为汉族，耕地1137亩。于、郭、胡、阎4姓，均为民国时在此打长工落户，王姓1986年迁来。《田氏族谱》记载，田姓七世祖田居仁从南田营迁此定居，因村东有一火星阁，村以阁命名。年久日深，火星阁庙宇无存，但火星阁村人至今仍保留有一些祭祀习俗：除了和全国百姓一样过小年祭灶外，火星阁的老年人每年在正月初七还为火王爷庆祝生日，烧火纸、放鞭炮——据说是因为火王爷曾

---

① 〔美〕艾恺：《最后的儒家——梁漱溟与中国现代化的两难》，王宗昱、冀建中译，江苏人民出版社，2004，第152页。
② 中共淮阳地委政研室：《项城县七区火星阁村的调查材料》（1951），河南省档案局档案，档案号：全宗一第9卷第11件。

显灵救人，但传说故事细节已不可考。[①] 火星阁村又称火星阁寨。《项城县志》（宣统三年）载，火星阁寨[②]属永丰集牌（注：今河南项城市永丰镇一带），又名天德寨，在城东北28里处，同治二年（1863）武生田连三、田文贵倡捐创修。传统时代，平原地区的寨就是缩小版的城，在非官方力量无序侵入时，保护附近村民免遭袭扰。

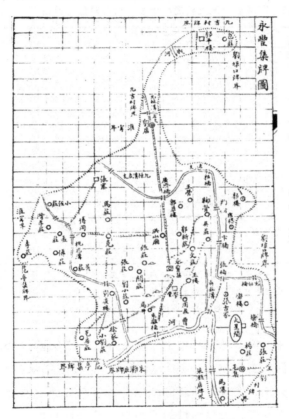

图4-1　火星阁地理位置

说明：《项城县志》（宣统三年）载火星阁寨所在永丰集牌舆图[③]，右下角画圈处即为火星阁村。

1951年11月，中共淮阳地委政研室调查项城县七区火星阁村时，田

---

① 《火星阁自然村》，载项城市政协编《项城乡村历史文化要览》卷一，内部资料，2018，第294页。

② 民国《项城县志》之《地理志》卷五，民国3年（1914），摄提阁石印本，第18页。

③ 民国《项城县志》之《地理志》卷五，民国3年（1914），摄提阁石印本，第41页。

姓占80%，其余杂姓多是过去外村佃户（已落户）。地主多、土地集中（见表4－5），历来的当权派，有曾任县长1人、乡长1人、保长3人，曾任团副1人、营长3人，以及校长1人、教员9人，还有一个老债主。该村是一个封建堡垒村，外村送外号"铁耙耙不平村"。

表4－5　项城县七区火星阁村土改前后各阶层土地占有情况统计表

	土改前					土改后				
	户数（户）	人口（人）		地亩（亩）	牲口（头）	户数（户）	人口（人）		地亩（亩）	牲口（头）
		男	女				男	女		
地主	16			900	48	15	43	55	313	16
富农	3			63.5	4	3	13	8	63	4
中农	29			462	40	39	73	81	536	52
贫农	60			275	14	51	144	148	664	20
合计	108			1700.5	106	108	273	292	1576	92
土改后土地买卖关系	地主14户卖地，共卖140亩，中农一户卖1.8亩，贫户2户买地58.2亩，中农5户买地19.4亩。					土改后地主倒地数			17户贫农被退地退去地110.6亩	
现全村土地只1576亩，户108，人口565口，牲口92头（牲口内牛马驴统计在一项内）										

注：土地改革前后相较，差124.5亩，据调查卖给外村的多，但只了解外村买走66.2亩。土地改革后有一户地主分家变为中农，故土改后地主少一户；贫农在土改后有9户上升为中农，加上地主变中农1户，故中农在土地改革后增加10户。这个表是大致情况，仅作参考。

　　像其他村庄一样，地方经过土地改革初期的"反霸""清算"，以及土地改革期间的深入发动群众、进行诉苦斗争、提高群众觉悟、整理队伍、继续斗争恶霸分子、发现培养新的积极分子、培养新的领导骨干、改造与教育现在的村干部等，火星阁村的旧当权派被彻底打倒，贫下中农的政治优势树立了起来。

　　总之，土地改革、土地改革复查、民主建政运动、合作化运动以及此后的统购统销政策、农田水利基本建设活动等，既是巩固土地改革后的乡村新秩序的过程，也是新的国家—乡村关系的再次磨合、逐渐贯彻国家意志的过程，即在国家与乡村的反复互动中，实现了乡村社会革命，实现了现代国家对乡村社会的主导。

　　一是"草根精英"的兴起。经过土地改革运动，没有人可以再凭借土地财富和对传统典籍文化的熟悉获得权威，原来的乡村权威全盘瓦解，乡村古老的社会权力结构完全被重建。

以河南省商水县为例。据1951年5月统计，"商水县农村原有党支部23个、党员301人，土改期间发展了67个支部、党员731人，合计农村党支部90个、党员1032人"①。这些党员，都是"在运动中产生的积极分子、经过运动考验的、出身成分好、历史清白、立场稳、大公无私、能联系群众、愿为共产主义奋斗的人"②。商水县委多次强调："一旦掌握了正确的政策，干部就决定一切。提拔干部要用群众的尺子作为衡量的标准，同时掌握德、才、资格兼备及宁弱无缺、宁缺毋滥的原则，以工农与经过改造的知识分子为主要干部来源，采取逐步提高，有计划的提拔，要眼睛向下，不要向上。"③ 即在支前运动、剿匪反霸以及随后的土地改革斗争中发现、提拔积极分子干部。新培训或提拔的基层干部的家庭成分，一般以贫雇农为主，占3/4以上，包括一小部分中农，约占1/4。但县区干部中，中农的比例要多一些。据1949年底的统计，商水县县、区政府所有343名干部中，出身于贫雇农家庭的有183人，占53.4%，出身于中农家庭的有132人，占38.5%。这可能与家庭富裕而受教育机会较多有关，因为在这343名干部中，文盲只有88人，占25.7%，而识字者占74.3%，远高于乡级干部55%的识字率。④ 说明干部级别越高，除了出身成分、个人的积极态度之外，可能在实际工作中，需要的文化水平也应该高一些。

二是宣传下乡与重构乡村文化。以土地改革运动为契机的政党下乡、政权下乡的过程，也是一个党和国家持续努力的宣传下乡历程。在社会的大变革时期，党—国家的宣传工作异常重要：一方面要回答社会实践提出的各种问题，提出解决问题的办法；另一方面要批判、批驳党外一切不正确的思想。宣传工作应该统一管理起来，统一领导宣传工作的是各级党委宣传部。

---

① 《商水党的组织情况》（1951年5月18日），商水县档案局档案，档案号：县委组织部全宗一永久卷第8卷。
② 《组织工作目前情况与今后计划》（1951年11月24日），商水县档案局档案，档案号：县委组织部全宗一永久卷第4卷第2件，第2页。
③ 《一九五〇年上半年民政工作任务与要求》，商水县档案局档案，档案号：政府全宗一永久卷第14卷第1件，第1~3页。
④ 《商水县区政府干部统计表》（1949），商水县档案局档案，档案号：政府全宗一永久卷第7卷第4件，第4页。

宣传入村、入户。对于迥异于乡村传统伦理的社会改造工作来说，需要一个长期而缓慢的过程。因此，为了迅速地把党的思想和主张传递到乡村社会，获取农民的认可和支持，党和国家动员各级干部、革命知识分子走出机关，深入农村，深入农户，采用适合农民特点的宣传方式，解决他们的思想问题。在宣传工作中，工作队下乡进村"三同"（工作队干部与贫雇农同吃、同住、同劳动）、扎根串联、召开不同规模的群众会议、诉苦讨论等，既是完成中心工作的过程，也是最直接的向群众宣传政策的过程、教育群众的过程、塑造群众的过程，是党和国家与群众直接交流的过程、对宣传效果进行检验的过程。

关于宣传内容，宣传"土地回老家，合理又合法"①。河南省委农村工作部总结的全省各地提高农民觉悟的经验是这样的："关于提高农民觉悟问题：根据各地经验，其主要方式是诉苦、挖穷根、算剥削帐（账），批判'好地主思想'，批判'穷人没有地主给地种就活不成'的糊涂思想。"② 宣传劳动光荣，不劳动可耻的思想。算剥削账，说明农民养活地主、地主剥削农民的罪恶，并进行阶级教育，说明没有中国共产党领导，穷人不能翻身。翻身靠谁呢？要自己靠自己，在人民政府和共产党领导下，组织起来动手干，自己解放自己——过去的苦是蒋介石与地主阶级血腥统治带给我们的，今天的甜是共产党毛主席的英明领导与全体人民的努力得来的。要教育群众重视生产节约，不要耽误种庄稼。③

三是推动积极分子的涌现与发挥积极分子的作用。"积极分子是不占有专职政治职位，但对公共事务具有特殊兴趣、积极性或责任的普通公民。"④ 不过，作为一个在中国革命过程中发明出来的词语，"积极分子"是一个具有强烈的共产主义意识形态色彩的词语，其实质是革命进程的内在运行机制、政治参与及政治录用问题，总是与具体的历史背景、事件相

---

① 《河南省第一次农民代表大会告全省农民书》（1950 年 3 月 21 日），载中共河南省委农村工作部编印《河南省土地改革文献》（上册），1954，第 331 ~ 333 页。

② 阚枫：《许昌专区前六县土地改革中整编农民队伍经验介绍》（1950 年 4 月 18 日），载中共河南省委农村工作部编印《河南省土地改革文献》（上册），1954，第 470 页。

③ 《一个乡的土改具体做法与步骤》，商水县档案局档案，档案号：县委全宗—永久卷第 29 卷第 8 件，第 53 页。

④ 〔美〕詹姆斯·R. 汤森、布兰特利·沃马克：《中国政治》，顾速、董方译，江苏人民出版社，2005，第 180 ~ 182 页。

联系，在革命的不同时期，它的含义也有所不同。

积极分子是党和国家联系群众的纽带与桥梁，在党和国家建构乡村新秩序过程中，积极分子发挥着无可替代的作用。首先是群众运动的推动者。在以群众运动为手段推进乡村革命的过程中，涌现了大批表现活跃、积极热情、善于发言、敢于斗争、工作积极的积极分子，在中心任务不同的群众运动以及群众运动的不同阶段，形成了不同的积极分子群体。其次是革命伦理的践行者。革命既是以新政权代替旧政权的过程，也是确立全新的价值规范、伦理道德的过程，即以革命伦理替代旧伦理的过程。在乡村革命的过程中，积极分子往往是革命伦理的践行者。革命伦理并非乡村内生的文化，乃是外在于乡村的革命建构的一部分。革命伦理在乡村的扩散，是自上而下的过程。首先是上级的宣传、宣扬，落实在乡村层面的切入点，便是积极分子的言行——积极分子正是革命伦理深入乡村的载体。如在诉苦、算剥削账时积极分子发挥了巨大作用，通过讨论谁养活谁、谁剥削谁等，展示的正是一套新的价值标准、行为规则。划分阶级时积极分子对地主富农成分的划分，分田地时在"土地回老家，合理又合法"口号下，积极分子带领群众分地主财产等行为，即展示了斗争伦理、敌我标准等价值规范。土地改革期间，常态的革命伦理践行者，是积极分子出身的乡村基层干部群体、党团员群体以及各种模范先进群体。

同时，积极分子是基层干部的来源。党和国家介入乡村的方式，决定了积极分子在新政权建设中有着极其重要的意义。在具体的革命实践中，共产党往往组织武装工作队随正规部队进入解放新区。初入乡村，一般通过访贫问苦、扎根串联的办法发动群众。开始扎的根子，就是积极分子，再利用根子去发动周围的人。就这样，像往水塘里丢了一块石头一样，以一个点为中心，波纹向四周扩散开去。在扎根串联、向外发展的过程中，一些表现突出、能力突出的积极分子被发现并被着意培养。积极分子是基层干部的帮手与监督者。刘少奇曾论述了发现与培养积极分子问题："在一切群众中，通常总有比较积极的部分及中间状态与落后状态的部分。在最初时期，积极分子总是比较占少数，中间与落后状态的人总是组成为广大的群众……我们必须特别注意教育、团结与组织积极分子，使积极分子成为群众中的领导核心。但是我们绝对不是为了组织积极分子而去组织积极分子的，绝对不能使积极分子从中间与落后状态的群众中孤立起来，而是为了要经过积极分子去吸引与推动中间状态与落后状态的群众……"①在具体的乡村革命实践中，积极分子以其干部与群众的桥梁角色，推动着各项工作的进行。尤其是在群众运动中，如开会、诉苦、斗争以及上识字班、推广新技术、生产救灾等，积极分子、党团员等往往走在一般群众的前列，对帮助干部完成工作，起了很大作用。例如，新中国成立前后，商水县连年发生自然灾害，需要国家救济帮助。但政府首先需要查清灾情，以便有针对性地救危济贫。而这些信息的准确获知往往需要大量的人力成本，并且在利益的纠葛下容易失真。灾民群体中的积极分子发挥了独特的作用，一方面帮助干部查清灾情、了解情况，另一方面监督基层干部的救济工作，确保其公平公正。

在一次次的动员群众、发动群众的过程中，形成了一个关键性的动力机制：工作队与积极分子的双向合力互动。由各级党委、政府下派的工作队承担着部分政府公共管理的职能，肩负着党和国家改造社会的任务，工作队的队员们是理想的实践者、社会改革的领导者、推动者。但他们毕竟是来自乡村社会外部的，本质上是外在于乡村的，如果没有来自乡村内部的呼应，工作队必然会是来时如疾风暴雨，去后似烟消云散。那么，乡村内部的呼应者就是众多的积极分子——支前积极分子、诉苦积极分子、斗地主积极分子、午征秋征积极分子等。当然，积极分子也是一个动态概念，有历次群众运动一贯积极的积极分子，也有某次群众运动中的积极分子，这是一个数量或潜在数量非常庞大的群体——贫下中农有多少，潜在的积极分子就有多少，而且成为积极分子的门槛甚低，只要有符合工作队要求的积极态度和踊跃行动即可，他们因与工作队积极合作成为干部与群众之间的桥梁，又以其群众身份而成为群众中的领头者，他们是群众运动成功的关键因素，乃至政权巩固的关键因素。正如商水县民政工作总结中所说："要在工作中注意培养骨干，有了骨干政权才能巩固，刀把才能真正拿到人民手里。"②

---

① 《刘少奇选集》（上卷），人民出版社，1981，第 356 页。

② 《一九五〇年上半年民政工作任务与要求》，商水县档案局档案，档案号：政府全宗一永久卷第 14 卷第 1 件，第 1~3 页。

土地改革期间积极分子群体的不断涌现体现了党和国家推动乡村社会革命手段的适用性。积极分子及其阶段性变动，既是扩大动员和参与的产物，又是扩大动员和参与的动力，从而成为一种不断复制与自我强化的以党和国家为中心的社会整合与凝聚机制。[①]

四是新政权推动下的大众参与。通过土改运动，新政权对以贫雇农为主体的农民进行组织的过程，也是一个塑造新的阶级意识的过程。农会、妇女会、青年会等群众组织的成员更多具有身份的意义——一个区别敌与我、先进与落后、基本群众和非基本群众的身份认证，一种权利保证。但是，组织赋予他们某种权利，是以他们服从、认可某种规则为前提的，否则，组织无法成立亦无法有效运转。当然，中国共产党所领导的群众组织，必然以党的理念为原则，成为革命思想的载体。党—国家初入乡村，就通过一系列手段，推动乡村贫困阶层建立自我组织，即分类建立基层群众组织，如农民协会、民兵、青年会、儿童团、妇女会等，这些组织覆盖面之广，基本包括除地主、富农等阶层之外的所有农户，可以说，经过土地改革运动，群众几乎都在组织之中。

大量"草根精英"应党和国家召唤而出现，经过不断整顿组织、清洗不纯分子，干部更加依赖、服从于党和国家的安排；加上宣传下乡与重构乡村文化、积极分子的涌现与积极分子作用的发挥、大众对社会政治经济事务的广泛参与，与王朝时代"皇权不下县"相比，党和国家在村落（村庄）成为一种弥散性的存在。这构成乡村集体行动的条件，为应对乡村的灾害危机、大规模治水兴修水利奠定了组织基础以及提供了相应的人力、物力条件——组织并非自然形成的，而是人为建构的，其存在主要是为了解决集体行动的问题、合作的问题，这种合作是为了运用集体的力量来解决大家所面对的共同的难题。

1951 年，西华县委下发通知："近日来，天气极为寒冷，数十万灾区群众难以出外谋生糊口，借贷无门，估计断炊者不在少数，我们不加以紧急救济与措施，势必发生饿死冻死人的现象，造成极不良的后果，我们应

---

① 见贾滕《阶段性变动：乡村土改运动中积极分子生成与淘汰机制研究——以河南商水县为例（1947—1953）》，《党史研究与教学》2012 年第 3 期，第 67 ~ 75 页；贾滕《从商水县乡村史实看土改中积极分子及其转化》，《史学月刊》2016 年第 9 期，第 133 ~ 136 页。

对数万灾民的生命负完全责任，为此各区接指示后，应采取紧急措施解决这一问题。一、凡灾情严重地区，应组织一定力量，派专人携带救济物资（粮、款、衣）前往救急，不要等待调查后再救济，否则耽误大事。个别地区，如今救济不力，致发生饿死人的现象，应负责任。二、一般灾区和非灾区部分贫雇农生活无着断炊者，也需注意解决。结合反霸运动对已反过的霸，清算出来的果实，可先行分配，解决最没有饭吃贫雇农的口粮问题，不必再等到土改征收没收时一起分配。但我们必须了解物资是很少的，而少吃无穿的灾民众多，若流于形式或平均摊派，会失去极少数物质的所起作用即丧失我们的泛区群众实际关怀的伟大意义，因此我们必须正确地掌握其主要精神，不是普遍救济，而是救死不救穷的正确目的（范围主要在严重灾区）。以上指示望立即讨论执行，并将情况报告我们。"①

此通知反映了政府救济灾民、解决紧急社会问题的坚决意志，同时也说明了行政有效性：物资少而少吃无穿的灾民众多，平均摊派、普遍救济失去意义，必须正确地掌握、救死不救穷——这就要求精准识别、精准救济，要求信息准确、工作无偏差。这正是社会革命的目的与效果所在。

西华县 1952 年上半年防旱、抗旱工作总结②，对此有更具体的反映。

西华县属于豫东黄泛区，地势平坦，面积约 1200 平方公里，淮河左岸最大支流沙河从县境与商水和郾城县接壤处流过。该沙河堤岸高出地面数米，历史上多次泛滥成灾；县内有两条河（贾鲁河、颍河），为水涝排水之利，1951 年春修小河三条（清水河、新运河、清流河）、小沟两条（重建沟、鸡爪沟）。但是，离大河较远、设施不全，小河（沟渠）陆地地基太高、河道低，故旱时不能利用河水浇地，只有打井方可浇田。但一般群众对防旱、抗旱素不关心，认为旱田浇水不是一件容易的事，存在"靠天吃饭"的思想。

1952 年 3 月 26 日，西华县召开生产扩大会议，对生产抗旱工作做专题报告，在会上批评了干部、劳模对抗旱漠不关心的糊涂思想，区乡级政

---

① 西华县委会：《关于灾民救济的紧急通知》（1951 年 1 月 13 日），西华县档案局档案，档案号：西华县委档案永久卷之三第十五（2）卷第 1 件。

② 《西华县 52 年上半年防旱、抗旱工作总结》，西华县档案局档案，档案号：西华县委档案永久卷之四第十五（8）卷第 1 件。

府继续开会贯彻抗旱工作。1952 年夏, 旱情严重, 6 月 20 日县委召开区长、区书记紧急联席会议, 提出抗旱是目前压倒一切的中心工作, 区级也召集农代会, 强调抗旱工作的重要性。西华县逐级开会贯彻、制定计划, 使防旱、抗旱工作成为一个从干部开始的群众运动。防旱计划提出, 分为三个时期 (麦前、麦后、秋季) 打井, 计打砖井 539 眼, 土井 2100 眼, 共计 2639 眼; 县设立生产防旱办公室 (工作人员 5 人), 下设 4 个工作检查组 (工作人员 16 人), 村设防旱组。6 月 21 日县委县政府联合成立办公室, 抽出机关干部 120 人, 组织抗旱大队 (包括 9 个小队), 后来转为抢种突击队。县委通过组织、分工、分片领导, 把抗旱抢种工作积极地抓起来。

西华县防旱抗旱运动开展情况如下。

(1) 群众对防旱、抗旱存在以下思想。一是 "靠天吃饭" 思想。如九区南陀乡群众说: "天也不下雨, 非饿死人不行。" 又说, "即使打井, 能浇几棵庄稼" "井里水凉, 浇的庄稼不肯长" "沙地更不管用水浇, 一浇田庄稼不长又发黄"; 三区田口乡群众说: "沙地不管打井, 打井光塌不济事, 还得靠老天落雨。" 二是等待依靠思想。一般群众说: "天不下雨, 不用着急, 时节赶着哩。现在离头伏还有一个多月, 天又不旱, 等旱了再打井浇也不晚。" 有的说: "今年有两个 5 月, 时节长哩, 天不会不下雨, 等着吧。" 也有的说: "共产党领导, 不像国民党那样糟。就是旱得不打一颗粮食, 政府也不叫饿死一个人。" 三是封建迷信思想。群众说, "人叫人死死不了, 天叫人死活不成"。九区奉母城乡、三区重桑乡, 有老婆婆收香钱, 叩头求雨, 并说: "谁不拿香钱不往谁家地里下雨。" 为了祈雨, 九区后刘一群寡妇开始挪树, 因为据说是挪树时哭出泪来就下雨。又有九区火岗一群老婆婆缠着走路人不叫走, 问路人啥时候下雨, 不说不叫走。以上的种种思想迷信问题, 没有真正得到解决, 阻碍了打井抗旱运动的进展。

根据各区群众思想状况及存在的问题, 最好拿着实例宣传教育, 查旱灾、诉旱苦, 批判封建迷信, 批判等待、靠天思想, 表扬积极典型, 解决群众问题, 树立人定胜天的思想, 并强调建立生产防旱机构, 组织力量解决存在的问题。逐级召开干部、群众、党团员及劳模会议, 总结经验, 然后开群众性的诉苦会。如九区南陀乡马×合说: "老旱那年 (1942), 没打粮食, 先卖七亩地, 后到南乡逃荒, 还饿死 3 口人。" 又如史×发母亲说:

"光景那年，赵×勤叫打井，我不听他的话，结果卖了12亩地，又饿死了4口人，他打了2口井，种了2亩红芋、3亩谷子，全家人都平安，还买2亩地。我今年一定响应政府号召，打井浇田，浇一亩是一亩。"大家一致表示，都愿自觉投入抗旱运动。又有九区白庄村在召开互助组诉苦会时，妇女也参加诉苦，会后即由妇女组长谭×带领3个妇女，两天挖井4眼，在她们的影响下，全村挖井252眼，浇地种晚秋庄稼1210亩。邵蛮楼乡邵蛮楼村劳模李×章，带领全组组员打砖井3眼，带动全村打砖井6眼，全组3天浇地种红芋14亩。全乡在党团员及劳模推动下，参加抗旱的有男劳力1187人、女劳力754人、学生67人，三天浇棉花164亩。二区陆城乡陆城村团员杨×英，从县开会回去，在本村发动妇女9名，带头打井并推动全乡群众三天打土井15眼。七区倪庄互助组长展×爱、刘×莲领导男40人、女30人，一天时间打成砖井两眼，又种红芋4亩5分，绿豆1亩5分。

经验办法推广后，加强了群众抗旱信心，各村各组制定抗旱计划，互相比较，各乡各村发现典型，及时表扬。只见挖地的挖地，拉水的拉水，栽苗的栽苗，掀起了群众性的抗旱热潮。

（2）西华县防旱抗旱工作成绩。种麦前后打砖井422眼、土井13033眼，共打砖井944眼，土井19347眼。

正常种晚秋17034亩8分，浇种晚秋8588亩8分，抢种晚秋1020444亩，共种1046067亩6分。参加劳动的，包括男175357人、女123779人，共299136人。

（3）经验教训。一是组织领导，必须建立巡回检查组。深入检查，发现问题能随时解决，这对工作进展上帮助很大，如春季打井存在了不少偏差，打在地主地、机动地、路边上、坑内的共有149眼，组织检查不够细致，情况未反映上去，以致产生偏差。二是发动群众，用实例宣传教育（回忆对比，诉旱灾苦）全县群众。宣传防旱抗旱获得的成绩，拿回忆对比算细账的方式是发动群众的关键。三是党团员起带头作用。在防旱、打井、抗旱、抢种过程中都是党团员起了骨干作用。四是存在部分乡村干部认为任务难办，不以说服教育为主，急于完成数目，就硬分配任务的现象。群众在思想上并未转变，因此在打井过程中没干劲、不积极、不认真。五是克服打井困难。在流沙地打井，应在底部下木盘，周围竖起竹竿，芡上芦席芡子，秫秸外边摆起砖来，光掏中心、井盘下降。在沙地打土井，可采用分级打井方式，遇着流沙地，或者挖到老土层，晾一晾再挖，这样打出的井才能够更坚固。六是要根据实际情况。要针对民众的思想情况开展教育，光按教条不切合实际，致使工作走弯路。七是要有群众带头。主要教育方式是发现典型，及时表扬，这是提高群众积极性的好办法。八是创造用具打好井，没浇具也是困难之一。能节约时间不费钱的就是用大竹竿做吸水龙，每天能浇两亩地。九是打井受益问题。以县为单位共同打的井，需分配给大家浇庄稼，以村为单位共同打的井，由村民共同使用。十是少数（个别）领导干部对抗旱抢种工作还不够重视，从复查转到生产不够快，对抗旱抢种运动抓得不够紧。

（4）群众反映及存在的问题。一是一般群众反映说："只有打井抗旱，才能保证秋收。"八区双路李××说："麦前打井不起劲，现在旱了，知道打井有好处了，以后听毛主席的话没错。"一区胡家堂村田×英的母亲说："听政府的话不逃荒，因为政府是为咱打算的。"四区老寨乡邓×欢说："现在毛主席考虑得真周到，国民党时期饿死人政府也不管。"二是在泛区打井困难多，没有砖料，在沙地打的井容易塌，现在用井水只管点浇，打井的数量没有超出原计划。非泛区因是老土地，地又凹，在这样的地上打土井比较容易，一个人半天就能挖一眼井，所以能完成抗旱计划。三是春季贷款买下水车 20 部，大部分水车因短了一截而没法吸水，一直没有补上，群众说："水车怪好，就是不管使用。"

（5）敌人活动情况。在开展抗旱、抢种运动过程中，发现不法地主及坏分子，不但不积极参加抗旱运动，反而搞破坏造谣生事，阻碍抗旱抢种工作。如三区陆城乡地主王×吉在南地跟两个贫农说："今年的旱灾肯定会发生，恁打井点种累死也不中。"又如三区王庄地主王×道说："别说这些人挖井，就是叫陈毅的兵都调来，也不济事。"七区×村地主许×殿在群众会上说："再浇也不中，光景是一定啦，看吧，秋后该天下大反大乱啦！"由此证明，不法地主胡说乱讲，破坏抗旱工作，阻碍抗旱抢种运动的顺利开展，因此，必须提高警惕性，加强对敌控制工作。

非独西华一县，像这种举全县之力动员干部深入村落（庄），统一群众思想、统一意志，推动社会生产、生活的情形具有普遍性。

扶沟县相关档案载，1952 年 6 月，因久旱未雨，气候干燥炎热，全县共计 57 个乡 342 个村遭受蝗灾，受旱面积达 565953 亩。县委紧急召开会议解决捕虫问题，成立县捕虫指挥部，领导全县捕虫，并责成各区、乡成立捕虫组织，又动员一批机关干部参加这一工作，深入群众帮助捕虫，并有县师男女师生 130 人组织起来到八区塔湾、赵岗、大王、太康营等乡协助群众捕灭蝗虫；县中师生 474 人到六区刘岗乡捕蝗，由于全县民众全力以赴，捕蝗成为轰轰烈烈的运动，历时五天，全县 90% 的蝗虫被消灭。这时虫虽消灭但天不雨，县委接到地委抗旱紧急指示，经过研究，为统一力量，即将各级捕虫组织改为抗旱组织，以便更有力地领导群众性的抗旱点种运动。县委按照地委指示，停止了一切可以停止的工作，抽出机关干部 77 名分赴农村帮助群众挖井，干部用实际行动挖井点种激发群众的积极性，破除群众的迷信思想——政府初号召捕虫、抗旱、点种，群众普遍有抵触情绪，怕麻烦、怕毁庄稼、怕耽误活，有松懈麻痹、靠天吃饭、等待观望思想，而且农民迷信思想严重。大新集姜×安说："蚂蚱是神虫，越打越多。"新集梁老五说："庄稼种在人收在天，挖井浇庄稼太费事，井水浇的不发苗。"并叫他的儿子（梁×成）锄地，无论怎样，不叫挖井点种……总之，不愿积极行动。干部根据群众以上思想情况，召开党团员、村干代表、劳模、积极分子等一系列的会议，通过对比查旱情、算细账等方式，通过大小会，破除群众等待、靠天吃饭思想，使群众树立起人能胜天的正确观念，又加上抗旱干部的以身作则，用实际行动教育群众，因此农村各个角落都充满了捕虫、抗旱、点种的政治运动。闫×礼同志首先到一区白亭城召开了包括全区党团员、干部、积极分子、代表等共 2000 人的会议，进行查旱灾、回味对比、诉旱苦的教育。大会上有孙岳乡前张村代表张×生，生动地讲述了 1943 年遭受旱灾之苦，他全家 8 口人出外逃荒，饿死 7 口，说至此泣不成声。再有，代表郝×次出外逃荒，眼看着自己的叔父因无吃的饿死路途，说至此亦痛哭流涕，话不成句。这样悲恸凄惨的经历引起全场 2/3 的人放声大哭，他们说当时国民党不关心群众疾苦，更别谈领导抗旱点种，致使人民受灾严重。这些铁的事实教育了干部与群众，只有响应毛主席的抗旱点种号召，坚决与天作斗争，才能克服困难。据不完全统计，参加捕蝗的共 323390 个人工，共捕获蝗虫 8674 斤半，救出地亩 77800 亩；夏收前全县共打井 1374 眼，麦收后全县共打砖井 1119 眼、土井 5542 眼，共挖砖、土井 8035 眼，共点种晚秋作物（浇的在内）：红薯 22664.18 亩、豇豆 5359.03 亩、绿豆 3684.43 亩、黄豆 5470.66 亩。①

除了临时性的救灾、生产之外，化水害为水利、治水、水利化建设，是中华人民共和国成立后的重要工作。

中国幅员辽阔，东西南北气候物产差异较大，但古往今来，如何合理配置和利用水资源、如何"治水"、如何抗旱、如何泄洪等，是与乡村社会生存息息相关的问题。由于河流的流域远远大于村落的范围，治水、抗旱、防洪等问题非某个村落共同体所能处理，因而争水、防洪往往是难以解决的持续性问题。晚清以来之所以产生乡村危机乃至统治危机，水利失修、水患灾害频发是主要原因之一。大至黄淮平原、华北平原，小到南阳盆地、晋中盆地等历史上的农业发达地区，在人口繁衍、过度垦殖造成的非良性循环的脆弱生态环境之下，由于国家缺乏相应能力，昔日丰饶之地经常受到洪涝侵袭，变得地瘠民贫。

河南项城、上蔡两县位居淮河支流沙颍河流域，一遇雨季，因上游客水过境，泄洪压力巨大。《项城县志》（宣统三年）之《河渠志》载，从康熙二十五年（1686）前后直到光绪年间（1875～1908），200 年间河南项城、上蔡两县关于沙颍河支流洪河、黑河、泥河（又名蔡河、包河）泄洪修堤，争讼不已。先是康熙二十五年（1686）上蔡县主杨廷望，开渠引境内五湖十八坡水入包河（后称此河为杨河）。杨河水势较大，下游项城境内只能不断修堤御水。项城以下、堤东 200 余里之民不堪其苦，控诉之词历 60 余年、数十县主未休也。乾隆四年（1739）豫省大水，祸及项城、汝阳、沈丘、阜阳四县境内数百余里 250 村庄。同治壬申（1872）秋，大水漫堤，项人修之，而蔡人常超举，私掘杨河东岸，项民与之械斗，项城举人王茂松首其事，致常超举毙命，蔡人上控……光绪二十一年（1895）夏六月，大水灾以及当年冬季大雪，第二年春饥荒，引起民变……直到京汉

---

① 中共扶沟县委会：《扶沟县委关于捕蝗抗旱抢种的综合报告》（1952 年 7 月 12 日），扶沟县档案局档案，档案号：扶沟县委档案永久卷第 10 卷第 17 件。

铁路修通，上游河水为路受阻，东注之水势大减……①

前文提到的河南省西华县、扶沟县、商水县、项城县（今项城市）俱为豫东深受黄河、淮河水系侵袭的水灾多发之地，尤其是1938年黄河夺淮入海，灾害影响深远。1951年，《中央人民政府政务院关于加强防汛工作的指示》（1951年6月8日）②指出，为了应对自然灾害，1950年和1951年春季，在全国范围内修建了相当巨大的水利工程。在1950年除去淮河流域因为洪水过大，仍然发生严重灾害以外，多数地区收到显著成效，但在短期内还不能完全免除洪水的威胁。要加强领导，密切上下游及邻接地段的联系。防汛工作是群众性的工作，领导机关必须联系广大群众，依靠群众，才能做好这一工作。各个地区对沿河群众，必须深入进行宣传动员，根据具体情况，建立巡堤抢险的基干组织。提高预见性，防止麻痹大意。

中华人民共和国成立后，举全社会之力推进基础设施建设，尤其是对治理河流兼顾水利的投入很大。

以1954年河南省水利建设为例，可见国家水利工程建设力度之大，对农业影响之大、对农民生产生活影响之大。1954年，相比往年，河南雨期长、雨量大，雨区广、降水时间长且集中，形成数十年来所未有的特大洪水。固始历年（11年）平均年降雨量为1046.8毫米，而1954年7月份降雨量即达855.4毫米，达历年年平均降雨量的82%；遂平年平均（14年平均）降雨量为681.5毫米，而1954年7月份降雨量即达658毫米，为年平均雨量的97%；项城年平均（20年平均）降雨量为464.8毫米，而1954年7月份降雨达889.1毫米，为年平均降雨量的191%，为1931年同期降雨量的210%。8月份雨区北移，根据全省统计，降雨300至489毫米者，有南召、济源、密县、洛阳、鲁山、郑州、新乡等地，暴雨中心集中在沙颍、伊、洛、漳、衡河等流域，淮河干流及洪汝河地区降雨量较小。7月、8月雨量过大、过暴，致使山洪暴发，河水陡涨。淮河干流在息县站，7月5日至7月28日连续出现九次洪峰，有八次超过了保证水位……8月10日，漯河最高水位达59.80公尺（保证水位为60公尺）；周口8月10日最

① 民国《项城县志》之《河渠志》卷六，民国3年（1914），摄提阁石印本，第23~38页。
② 周恩来：《中央人民政府政务院关于加强防汛工作的指示》（1951年6月8日），邓州市档案局档案，档案号：邓县档案永久卷第19卷。

高水位达 47.35 公尺，超过 1953 年柴湾决口水位 0.68 公尺……唐、白河亦出现较高洪峰。不仅多数河道的洪水位都超过了历年来的最高洪水位，且洪水持续的时间较长，各个河道的堤岸，洼地蓄洪区与水库工程，受到洪水的严重冲击，较高水位长时间的浸润，致使河道堤岸发生严重的塌坡、裂缝、漏水现象。如沙河仅在许昌专区段，堤岸出现渗水、裂缝、丹塌严重现象的就有 110 多处……淮河，洪、汝、唐、丹、刁河等部分漫溢。全省河道发生决口 2809 处。水库、洼地蓄洪的工程，不少地方也遭受相当的破坏，农田水利工程，损坏也相当严重。据全省不完全统计，损坏小水库 14 座、塘 8655 个、堰 4280 个、坝 7063 个、小渠道 5053 处、桥 348 座、梯田 8846 处、涵闸 181 座……

根据以上这些情况，根据标本兼治、防洪与排涝并重方针，河南省除开展群众性的农田水利工程建设与水土保持工作外，还开展汛后修复工作，以防御洪水、避免水旱灾害，保障人民生命财产安全。据 1954 年 11 月 2 日（河南）省委批转省人民政府制定的《河南省今冬明春水利修复工程方案》与《河南省一九五四年冬季生产救灾工作方案》①，河南省 1954 年冬 1955 年春水利修复工程方案要求，各专区、市主要工程如下。

信阳专区。在淮河、北汝河、马肠河、史灌河、潢河、白露河等支流……以整修围村堤为主。总计全专区土方 655612 公方，整修涵闸改建涵管 79 座，共分配经费 363 亿元。

许昌专区。以沙河为重点……在北汝河、颍河、吴公渠、贾鲁河培修。全专区共计土方 730130 公方，修建砖、石护岸五座，加上沙河加固工程，共分配经费 187 亿元。

商丘专区。在沙河进行削坡……共分配经费 122 亿元。

郑州专区。修复康沟河、丈八沟……共计土方 8 万公方，共计经费 3 亿元；伊、洛河黑石关至神堤段复堤工程，计长 30 公里，土方 20 万公方，分配经费 7 亿元。

……白沙水库。主要修理坝东头坝坡，隧洞裂缝及修理静水池陡坡钢板脱落。共土方 4050 公方，铺石方 1800 公方，浆砌块石 400 公方，共计

---

① 省委批转省人民政府《河南省今冬明春水利修复工程方案》《河南省一九五四年冬季生产救灾工作方案》（1954），河南省档案局档案，档案号：永久卷第 264 卷。

经费 6.3 亿元。石漫滩水库。以土坝修补，隧洞灌浆整理为主，共计经费 1.9 亿元。板桥水库。以尾水渠及滚水坝下游护坡，护坦、浆砌、进水明渠卵石浆砌等为主，并进行闸门防漏带修理，共计经费 460000800 元。

安阳专区。以堵复漳河三宗庙决口，卫河滞洪区扩建工程……共土方 225 万公方，建筑物 50 座，共分配经费 914 亿元。

新乡专区。以卫、运河修复堤防、济河疏浚为主……共土方 351 万公方，建筑物 54 座，共分配经费 56.6 亿元。

南阳专区。白河……唐河……共土方 13 万公方，石方 3.6 万公方，建筑物 10 座，共分配经费 29 亿元。

洛阳专区。重点翻修洛河西石桥堵口工程……共土方 63 万公方，石方 1.9 万公方，建筑物 1 座，共分配经费 34 亿元。

安阳市。市郊防洪沟疏浚复堤工程，土方 8000 公方，建筑物 9 座，分配经费 6 亿元。

新乡市。卫河修复护岸……共土方 10 万公方，石方 2500 公方，建筑物 15 座，共分配经费 14.4 亿元。

……

以上各专区、市修复加固工程总计土石方 18395481 公方（淮域 11437981 公方，非淮域 6957500 公方），共需经费 985 亿元（淮域 700 亿元，非淮域 285 亿元）。

农田水利修复工程。主要是依靠群众力量，根据群众受灾的情况，地方与办或由群众集资自办，但灾情重、工程大、群众无力恢复者，国家亦应酌情投资或贷款加以扶持。计需投资 30 亿元：信阳专区 10 亿元（包括用于潢川机灌站恢复的费用），新乡专区 8 亿元（包括用于原阳水土保持的 1 亿元），洛阳专区 5 亿元，南阳专区 4 亿元，安阳、郑州、许昌三专区各 1 亿元。贷款 100 亿元：信阳专区 26 亿元，新乡专区 20 亿元，洛阳专区 18 亿元，南阳专区 13 亿元，郑州专区 9 亿元，安阳专区 5 亿元，许昌专区 9 亿元。

以上工程 1954 年冬完成，为 1955 年农业生产奠定基础。

在工程修建过程中，充分发动群众、动员民工；省、专、县等各级防汛指挥部组织抽调干部，成立检查组，不断深入检查，以及时总结经验、纠正偏向，发现问题、解决问题。

同时，针对1954年河南省成灾土地2400余万亩，人口744万人，灾民的生产、生活存在很大困难的情况，河南省委要求各级人民政府必须大力扶持灾区人民，坚持贯彻依靠群众、组织起来生产自救的方针，加强对农民的社会主义教育，提高其组织起来战胜灾荒的信心，克服悲观失望和破产度荒的情绪，把灾荒消灭在冬季，保持灾民生产元气，为1955年生产做好准备，争取1955年丰收。同时动员灾民回乡参加生产，帮助灾民修盖房屋、重整家园；因地制宜，开展群众性、多样性的手工业、运输业等副业生产；做好以工代赈工作，结合生产救灾工作，治淮、治黄及其他水利工程优先组织灾民参加；反对铺张浪费，动员全省国家的机关工作人员，从9月1日起，每人每日要节约一两粮食，救济灾民。

中华人民共和国成立后，旋即在广大乡村开展的土改运动、救灾运动、兴修水利与生产节约运动以及合作化运动，实施的统购统销政策等，既体现了社会制度的优越性，又借此实现了经济、政治、文化等向乡村社会的全面扩张，重塑了国家与农民、城市与农村、工业与农业之间的关系，二者互相推动，尤其是国家在乡村社会革命中形成的动员能力，为从土地改革后的互助合作到集体化、人民公社化，奠定了社会基础、政治基础。

二 集体化时代的村落概况

推动社会共同富裕，向社会主义、共产主义迈进，早就进入中国共产党的革命理论体系，并成为党制定各种政策的基本指导原则。而从土地改革走向集体化，是国家与乡村社会持续互动的结果。

早在土地改革运动期间，党和国家就开始大力倡导农业互助合作，其初衷自然是引导农业经济均衡发展，进而实现国家主导下的乡村社会变迁。但合作本是掌握不同资源的主体之间的互惠互利，中农、富农拥有更多的生产资料和生产技能，自然会在合作关系中占据主导地位，但这会造成互助合作组织的成分不纯，与党的阶级路线背道而驰。土地改革结束后的乡村社会变动印证了经济学中的理性人假设，无论是党员干部还是普通农民，只要他们还有处置个人财产的权利，就会趋利避害，根据利益最大化的原则作出行为选择。当乡村社会成员的理性选择与国家有计划社会变迁之间的矛盾发展到一定程度，而国家力量又足够强大时，最可能出现的制度变迁路径就是以剥夺农民私有产权的方式压缩其行为选择的空间，将其彻底纳入国家控制的轨道。从这种意义上说，土地改革结束后的乡村社会变动，既坚定了国家从土地改革向集体化迈进的决心，也赋予了这种转变以合法性和正当性。①

中华人民共和国成立后，随着乡镇政权的建立，党的组织系统也在农村广泛建立起来，并发挥着乡村治理领导核心的作用，国家权力前所未有地下沉到农村基层社会；1958 年，乡镇政府很快被人民公社所取代。

人民公社的特点是政社合一、一大二公，三级所有、队为基础，公社实行党的一元化领导，公社一级设党委，生产大队设党支部，生产队设党小组。公社党委和大队党支部是各自区域内的决策和领导机关，一般重大的生产任务，都由党组织决定。人民公社实行对土地及其他生产资料和社区资源的高度垄断，集工、农、兵、学、商于一体，实现了国家对乡村社会的控制。

首先是户籍管理。为了控制农民向城市自发流动，1957 年中共中央、国务院联合发出《关于制止农村人口盲目外流的指示》，要求城市户口管理部门通过严格的户口管理，严防农民外流；② 1958 年又通过了《中华人民共和国户口登记条例》，全体人民被分为非农户口和农业户口，这种身份标志确立后，子女也随同父母身份类别。农业和非农户口在食品供应、子女上学、住房、退休、劳保、就业、医疗等方面的待遇存在差别。农村居民要改变身份，只有通过升学、农转非、参军转业、民办教师转公办教师、转干等途径。每年从农村迁往城镇的"农转非"指标不超过农民总人数的 0.15%。③ 户籍制度的出台，稳固了城乡二元结构，虽然有利于工业化，但它阻碍了人口和劳动力资源在城乡之间、地区之间的

① 李里峰：《土改结束后的乡村社会变动——兼论从土地改革到集体化的转化机制》，《江海学刊》2009 年第 2 期，第 159 ~ 166 页。
② 中华人民共和国国家农业委员会办公厅编《农业集体化重要文件汇编（1958—1981）》（上册），中共中央党校出版社，1981，第 110 页。
③ 中华人民共和国国家农业委员会办公厅编《农业集体化重要文件汇编（1958—1981）》（上册），中共中央党校出版社，1981，第 231 页。

自由流动，扭曲了城乡之间的资源分配，阻碍了农民收入的提高和农业的发展。

其次是劳动管理。在人民公社时期，有着一套严格的劳动管理体制，其核心就是工分制。作为以数量和质量来衡量劳动成效的工分制，如何确定劳动的数量和质量就成了关键问题。但是农业生产劳动最终劳动成果质量的评定往往依据的就是产量的高低，这只有在一年的收获季节才能看出，显然无法作为工分评定的依据。同时，由于公社细化的分工，一块土地的耕种、收获往往由多人合作完成，这也就无法真正区分每个人的劳动质量。所以，许多地方的工分评定往往采取以数量来论的办法，而数量又是可以以出工时间来考量的，因此劳动时间也就成了人民公社分配体系的关键。事实上，也确实有不少地方，是在底分的基础上，通过考核出勤时间来评定一个人的工分。这样，在公社的劳动管理体制内，劳动时间就成了人们从公社获取劳动报酬的主要依据。而且出工的早晚，也往往被认为是劳动态度好坏的表现。正是在这样的背景下，时间逐渐成了中国乡土民众生活中必不可少的尺度。在集体劳动的背景下，传统时代那种"日出而作、日落而息"的劳动方式逐渐退出了历史舞台，代之以严格的时间控制。何时出工、何时收工在公社的劳动管理体制内，成了一项严格的制度规定。川东双村的生产队长刘×立回忆了当时如何以时间来控制人们的生产活动。"每天早上，队长要负责派工，招呼社员出工，要清点人数，没有来的、迟到的都要扣工分。每天下午，队长要到田间地头查工。队长出工走在前面，收工走在后面。一般早上出工多在8点，中午12点收工，下午3点又出工，天黑再收工。"① 在这种严格的时间控制下，社员不仅把生活交给了集体和国家，更是将身体国家化。身体成了集体财产的一部分。

最后是阶级斗争与思想教育。借助于集体化强大的型构能力，国家试图改造人们的传统思想。革命与阶级斗争是当时村落（庄）的主流话语。尤其是"文化大革命"中的"破四旧"运动，对沉淀于村落（庄）中的传统文化冲击较大，对农民的思想观念影响深远。很多地方为了适应当时的形势，把流传数百年的村名、地名改了——改为具有革命色彩的名字，

① 吴毅：《村治变迁中的权威与秩序：20世纪川东双村的表达》，中国社会科学出版社，2002，第122页。

如前文中提到的今项城市永丰乡火星阁自然村，在当时为废除封建迷信，改为"红星阁"村，直到改革开放后才又改回火星阁村。[①] 虽然运动有的地方粗暴、过激，但客观上颠覆了乡村文化观念，重塑了国民思想，强化了国家的政治影响。

从江苏徐州新沂市桥塘村、山东东营市利津县南岭村、河南省灵宝市西水头村的村志记载中，可以看出当时国家对村落（庄）政治、经济、文化的全面影响情况。

《桥塘村志》载[②]：

> 1956 年
>
> 1 月，县区干部来村传达、贯彻中央《1956 年到 1967 年全国农业发展纲要（草案）四十条》，掀起合作化的高潮，接着成立新北高级农业合作社。
>
> 1957 年
>
> 1 月，新北社被县委确定为农业生产上的旱改水点，由县委常委副县长杨尊忠带领农业、水利部门的负责人及技术专家来新北现场审定旱改水方案，并为五里窑灌站选址。
>
> 2 月，进行第二次普选……县委县政府确定新北为养蚕点，常务副县长杨尊忠来村挂帅……又从县直机关抽调干部和教师来村劳动植树，不到一个月，完成植桑任务 500 亩，当年养蚕数十张。
>
> 3 月，县委农工部在新北社搞民主理财，粮、钱、物、工四上墙，劳力分等、当日出勤、劳动报酬三挂牌，以及"四到田"（分到田的作物名称面积、亩成本、工分报酬、亩实现产量插牌到田头）试点。
>
> 9 月，组织 500 名劳动力，进行沭河复堤，共干 20 余天完成任务。
>
> 1958 年
>
> 1 月，村召开水利配套誓师大会，共上整、半劳力 900 多人……

---

① 《火星阁自然村》，载项城市政协编《项城乡村历史文化要览》，内部资料，2018，第294 页。

② 桥塘村党支部、桥塘村委会编《桥塘村志》，资料，1999，第 31~48 页。

宣传贯彻"生产大跃进,两年五百斤,五年赛江南,七年千斤县"等浮夸口号。

5月24日—28日,县召开社会主义建设积极分子万人誓师大会,我村由村支书带领大小队干部和积极分子30余人参加会议……

10月,县公布《新沂县人民公社章程(草案)》,实行公社统一核算。牲口、农具、物资三大集中……锅整钢铁制品集中送冶炼营抵交任务,瓷缸瓷器类杂碎碾磨成粉抵交耐火土任务。

1959年

4—5月,徐州专区和县抽调医生来村,给群众治疗浮肿病,并检查治疗妇女病,上级对浮肿病给粮油补助,治疗不要钱。

11月,集体食堂停办,粮食分到社员各户自炊。

1962年

2月,学习贯彻《农村人民公社工作条例(草案)60条》,实行以生产队为基本核算单位。即"三级所有,队为基础"。重新调整划分社员自留地每人一分;饲料地每头猪一分。

4月,对四类分子:地主、富农、反革命分子、坏分子进行评审,按照党的政策、宽严结合,对表现好的给予摘帽子。对表现不好又抗拒改造的,有破坏活动的进行打击。此次从宽摘帽子的有2人。

1963年

7月,县社会主义教育工作队6人进驻我大队。组长张继业(县粮食局副局长)、副组长胡连科、马金灿、藏其敏,组员陈诚、牛某某等人。进行社会主义教育,进行"三清理""四核实",重点查大队、三队账。

1964年

1月,连续降雪二十余天,正值春节还在下雪,造成部分群众生活困难。县、社、大队干部带着面粉等食物冒雪上门访贫问苦,安排苦难户生活,深受群众欢迎。

5月,进行第二次人口普查,全大队672户、2888人……初识字到高中文化1588人……

12月,社教工作队进驻我大队各生产队,扎根串连搞"四清"……

1965 年

3 月，为了普及教育，各生产队办起耕读小学，全大队共办 7 个班，业务属塘桥小学领导。

5 月，……掀起活学活用毛主席著作，学雷锋做好事……

1966 年

3 月，公社在橡胶厂召开干部党员大会，动员党员干部带头实行计划生育。本大队有刘奉俭、刘奎亮等 4 人当场做了男结扎手术。

12 月，"文化大革命"波及到新北大队：大队"贫协"成立贫下中农造反总部"一二二六"战斗队……

1967 年

5 月，掀起活学活用毛主席著作高潮。

1968 年

2 月……户户家里门窗和墙壁上剪贴大红纸的忠字，表示对毛主席忠心。

……

1969 年

3 月，掀起大搞积肥卫生运动，全民打防疫针，防治脑膜炎病，户户打扫卫生，家家户户开窗户。

5 月，批斗四类分子……在批斗会上，批斗四类分子 4 人。

1970 年

1 月，新北大队接收 4 名城镇下放知识青年，安排在 2、4、7、8 队，插队落户。

3 月，实行合作医疗……

10 月，家家户户安装广播……

1971 年

1 月，为了节省土地，又便于使用机械化耕作，大队党支部决定，把全大队坟墓集中在沭河岸边废地里埋葬，清明节前搬迁完毕。

1972 年

3 月，大队召开社员大会，传达中央文件"关于批判林彪一伙炮制的反革命政变纲领《五七一工程纪要》"等罪行，并在大队部等处办起大批判专栏。

1973、1974、1975 年

学大寨

1976 年

1 月，周恩来总理逝世……

7 月，朱德委员长逝世……

9 月，毛泽东逝世，18 日大队院内设灵堂，全大队男女老少都参加追悼大会，干群大哭不止。

……

山东东营市利津县南岭村《南岭村志》之《大事记》[①]、河南省灵宝市西水头村《西水头村志（1949～2009）》之《大事记》[②] 均有类似事件记载。可以看出，国家通过全面管控土地、耕畜、机械等生产资料，完全控制了乡村的经济活动，进而通过干部、积极分子、思想教育等方式，掌控了农民的物质、文化生活，每一个人、每一个家庭，都处在国家的管控体系之内，形成一种"国家—个人、家庭"社会结构。

《张楼村志》[③] 为我们呈现了人民公社时期河南省商水县汤庄乡张楼村及所在的社、乡组织机构及领导人变动情况，便于我们理解"国家—乡村"关系的"如身之使臂，臂之使指，莫不制从"之情形。

1955 年 8 月，张楼村村民积极响应党中央毛主席的号召，取消单干，建立农业生产初级合作社（初级社）。全村先后成立了前社和后社。前社社长张×钧、张×礼，后社社长张×珍、张×清、张×各。将全村的土地、耕畜、农具统一作价入股分红。土地统一耕种、统一调配。村民（称社员）生产劳动凭之记分，按劳分配加照顾。开始走社会主义大集体道路。

1955 年张楼乡被撤销，合并至汤庄乡，下辖原张楼乡的 20 个村，又

---

① 陈建功：《南岭村志》，内部资料，2007，第 17～23 页。

② 西水头村党支部、村委会编《西水头村志（1949～2009）》，河南人民出版社，2011，第 22～27 页。

③ 张祯祥：《张楼村志》，未刊稿，2002，第 150～175 页。

增加夏王、汤庄、付楼、铁炉等村。乡主席郭×仁、乡长娄×钧、民兵队长王×云（夏王）、财粮员付×伦（兼文书）（付楼），同时乡信用社建立，主任为张×青，职工有张×美等人。

1956年10月，张楼与王堂、李菜园、大小李庄、李小寨、娄小寨、娄冲、吕庄、顾庄、刘庄、娄庄、西赵桥和东欢庄的几个村共同建立了"互爱一社"的高级农业生产合作社（简称高级社），同时建立党支部和社管会。

1958年8月，张楼高级社被撤销，改建为张楼大队，并设大队党支部、管委会。

1958年，张楼大队和全公社一样先后建立了公共食堂。废除社员家庭厨灶，社员一律到食堂就餐，享受共产主义生活。张楼村各生产队都建一个食堂。1959年全村合并为两个食堂。1960年又合并为一个公共食堂。

1958年9月，汤庄公社建立西、南、中、北、南管理区。

公共食堂全部解散。散大伙后张楼大队分成三个大队。

1964年秋，全社会开展对农村干部进行清政治、清思想、清经济、清财物的"小四清远动"。

张楼大队和全国一样于1966年开展了无产阶级"文化大革命"运动。

集体化时代，上级来张楼村的党政干部分别有：

1953年，汤庄十二区政委张×正来村搞统购统销一年多；

1956年春至1958年8月，大赵中心乡政府党委书记张×禹、副书记徐×甫在村住；

1960年，汤庄公社党委书记张×山来村住，因建餐厅12间受处分。同年许昌地区地委书记段×建，商水县委书记刘×民、县委办公室主任葛×来村，查建餐厅一事；

1963年至1964年，汤庄公社党委书记吕修德带工作组来村驻队两年；

1964年秋，许昌行署副专员李××和商水县县长满×良来村搞三定试点（定产、定农业税、定统购）；

1964年冬，许昌地区工作组郭科长和汤庄公社党委副书记陈×演在村搞"小四清运动"（清政治、清思想、清经济、清财物）；

1972年，汤庄公社党委副书记赵×彬和副主任黄×郎来搞三类队一年；

1975 年，汤庄公社副书记张×贤和副主任位×福来搞农田水利基本建设，实现了路沟、林网化（1976 年秋全村土地划成方田，为了便于就近生产，四个生产队的土地重新调整）。

集体化时代无疑是集中力量办大事的制度优越性充分体现的时期，但全能国家必然负全部责任。由于农村、农业生产的复杂性、不稳定性，以及国家与乡村利益的不完全重合，或者说不完全同步性，在国家政策过急过猛、各级政府执行刚性的情形下，难免会有失误。如此，农民难免有怨言。例如，中共商丘地委《关于皖北灾民大批流入我区及采取措施的报告》称：

省委：自 16 日以来，皖北涡阳、蒙城、太和、亳县等地不少灾民流入我区，男女均有，大部为青壮年，各备简单行李及路费。昨晚到商丘车站 162 人，经我们劝回 70 余人，其余乘车西去。今天又聚集 400 余人，停在车站和街头，统一的说法是去西安做小工（又据永城电话汇报，还有很多灾民陆续北来，并扬言要抢永城仓库）。经我们派干部深入了解，他们说："主要是灾情严重，秋季水淹，政府动员在高粱地里补种红薯，为保留红薯，不让种麦，红薯不收耽误了种麦""补种的寒谷，因季节晚不出穗，说是烤火可以出穗，每亩地用二三百斤柴给寒谷烤火，也未结穗，政府又不准毁掉种麦，直到下雪，政府又动员扫雪种麦"，"麦种雪地是否成长尚不可指"，"政府正在统购，包括红薯片和干菜，现仍在强迫统购罚站、受冻、在风口反省"，"河南和安徽是两个天下，吴主席领导的好曾主席领导的不好"，"河南是□毛主席领导的，安徽是□毛主席领导的"，"灾民在家没有指望，那里有吃向那里去"。"听说西安做小工每人每天可得一万多元的工资，妇女政府发给棉花纺线，除管吃外，纺一斤还给一斗小麦""听说火车年关照例放假三天，坐火车不要钱"。也有的说："买一站票坐上就不下来"。又说："一个庄救济款只发三四户，都是干部评议，区干光说成立社、转社，政府不供应粮食，在家也是饿死，逃出一人算一人"等对党与政府极端不良之怨言。

上述说法，在太、涡、蒙、亳数县是异口同声。显然是敌人利用我们工作中的某些缺点造谣、煽惑，加以外逃群众片面夸大缺点，致有以上反映。当前我们采取的措施是：（1）地委和市委召开了会议立即派一部分干部动员街道干部分头对灾民进行说服动员解释工作。对缺乏路费者给以必要的救济。劝其回乡勿为流言所惑。（2）已用电话报告省政府并和阜阳地委联系，请他们采取有效的措施，不让灾民继续外流。（3）通知我区商、夏、虞、永、鹿等县布置沿途区乡就地劝阻并进行适当安插，不要再向商丘集中。（4）加强车站仓库等部门的保卫工作，免生意外事故。以上措施当否，请示。

中共商丘地委

1955 年 1 月 22 日 24 时[①]

经由土地改革运动等一系列的农村政治革命、社会革命以及经历了社会主义教育运动等洗礼，农民具有了全新的国家、民族意识，改变了传统的道德观念及其行为方式。但是，毕竟生产力水平没有质的提升，生存状态没有彻底改变，农民的理性小农意识还是根深蒂固的，而且，反霸减租、减租减息、诉苦报仇、翻身以及分配土地等，本来就有发动农民、动员农民，把农民纳入党和国家的政治社会目标体系的目的。

三　改革开放时期的村落概况

以 1978 年 12 月十一届三中全会召开为时间节点，中国开始实行对内改革、对外开放政策。对内改革先从农村开始，以"分田到户，自负盈亏"的家庭联产承包责任制（大包干）拉开了中国对内改革的大幕；1979年 7 月中央正式批准广东、福建两省在对外经济活动中实行特殊政策、灵活措施，迈开了改革开放的历史性脚步。在改革开放时期建立了社会主义市场经济体制，这使中国发生了巨大的变化。

总结农村改革 40 多年经验，党国英认为，把效率、平等与稳定作为人

---

① 中共商丘地委：《关于皖北灾民大批流入我区及采取措施的报告》（1955 年 1 月 22 日 24 时），载中共河南省委办公厅编印《中共河南省委一九五五年重要文电汇集》（上册），1956，第 228 ~ 229 页。

类追求的价值，虽然只有不长的历史，却有相当高的共识度。① 而到 20 世纪 70 年代末，中国农村经济效率与社会平等有待提高和维护，改革本身成为有利可图的事情。一是效率损失。在公社架构之下，各类投入和产出非市场定价，农业合作社的成果分配与农户的土地投入无关，村庄新出生人口自动成为享有分配权的"社员"，完全与投入无关。而家庭联产承包责任制实施后，虽然单位土地面积产出效率变化不大，但因为大量劳动力外出，实现了劳动生产率的大幅度提高。二是平等牺牲。因效率低、产出匮乏，且实行"余粮"征缴制度，于是当时农村出现两种底线不平等：其一，连底线生存也得不到保障的小共同体，很难得到其他小共同体的帮助，彼此不平等；其二，大共同体内部的不平等，即城乡不平等。同时，因受极右政治的冲击，稳定机制也受到扭曲。

毋庸讳言，40 多年的农村社会发展，就社会结构关系而言，是此前人为简单化的"国家—个人"到"国家—地域—村落—家庭—个人"的复杂适应变动的过程。这里从"党政组织""生产、务工以及经营活动""教育文化活动"等在村落中的作用出发，考察国家在乡村现代化进程中的影响。

（一）党政组织

韩鹏云等认为，随着经济社会的巨大发展进步，日臻完善的组织体系和充足的财政支撑使乡村社会的基础设施越来越健全，各种管理和服务的职能部门，将自身触角以各种"条条"或"条块"结合的方式"嵌入"乡村社会，开始对乡村社会进行直接治理并与农民"面对面"打交道。② 尤其是税费取消之后，国家机构进一步通过多种自上而下的"管道"向乡村社会输入公共品资源和福利并努力打造成公共服务型政府。可以说，乡村社会的基础设施已经基本健全甚至是日益完善，国家基础权力的功能也相应地不断增强。

人民公社体制瓦解之后，乡村社会进入分田到户的税费时代。由于市

---

① 党国英等：《中国农村研究：农村改革 40 年（笔谈一）》，《华中师范大学学报》（人文社会科学版）2018 年第 5 期，第 1~5 页。

② 韩鹏云、徐嘉鸿：《乡村社会的国家政权建设与现代国家建构方向》，《学习与实践》2014 年第 1 期，第 85~93 页。

场经济的推行和政社合一的解体，乡村组织的统合作用急剧减弱，尤其是随着打工经济的兴起，农民外出流动的急剧增加，乡村的组织和管控功能进一步衰退，而且随着分户单干的普及以及在市场经济中发家致富理念的催动，乡村社会的经济分层也进一步显现，随着基层权力组织网络的弱化，乡村的"红色"权力文化网络也开始隐退。可以说，与人民公社时期的高度集权统合式的乡村常规权力相比，税费时代的乡村常规权力开始减退效力。

以 1978 年党的十一届三中全会为标志，全党工作重心转移到社会主义现代化建设上来。反映到农村社会生活上，一是实行家庭联产承包责任制，二是淡化阶级斗争，为地主富农"摘帽"。例如，1978 年 2 月，（河南省淮阳县朱集乡）大张营大队为 6 户地主、富农分子摘帽，为其子女改变成分，取消阶级划分。①

正值改革开放前后，经过 20 多年的积累，中国工业化的基础初步奠定，政策的支持，加上化肥、良种、农药、机械、水利等发挥作用，为中国农业的快速发展奠定了坚实基础。以《张楼村志》② 记述的化肥使用对农业的促进为例。

1963 年汤庄公社党委书记吕×德在村驻队，从外地引进日本产尿素搞实验。村民不敢施，之后抱着试试看的心态在小麦返青前亩施尿素 10 余斤。小麦长势喜人，获得单产 138～150 斤。从此村人才知上"洋粪""肥田粉"的好处。但是此时中国还没有化肥厂，进口量又很少。到 1975 年后，随着科技的发展，中国也生产了尿素、碳氨、磷肥等。一直到 1980 年后化肥才基本满足农民的需求。之后又生产了大批"二胺""复合肥""专用肥"等化肥。所以小麦单产从 150 斤逐步增长到 300 斤、600 斤、800 斤。施化肥的方法：亩施底肥 100 斤碳氨、100 斤磷肥即可产 800 斤小麦。还有一种办法是亩施底肥 30 斤二氨、15～29 斤尿素即可产 800 斤。到 1996 年后为使小麦亩产高达 1000 斤，有亩施底肥碳氨、磷肥各 200 斤的。1953～2001 年各品种小麦产量见表 4－6。

---

① 大张营村志编委会：《淮阳县大张营村志》，资料，2010，第 23 页。
② 张祯祥：《张楼村志》，未刊稿，2002，第 69 页。

表4－6　1953～2001年引进小麦品种及其产量表①

单位：斤

时间	品种	单产	时间	品种	单产
1953 年 8 月	碧蚂、白玉皮	180	1992 年	周麦 9、10、12	
1958 年 5 月	枣阳红、内乡 5 号	200		矮旱 781 号	1000
1963 年	阿夫、阿勃	220		予麦 47 号	1000
1969 年 9 月	郑州 683	300		温麦 6 号	1000
1970 年	丰产 3 号、7023	380	1999 年	内乡 188	1000
1979 年	百农 3217	680		9023	900
1980 年 9 月	予麦 2 号	800		新麦 1 号	1000
	郾师 4 号	800	2001 年	许农 981	1000
	洛阳 7620	800		周麦 16 号	1000
1981 年 9 月	西安 8 号	700		新郑 98	1000
1982 年 9 月	郾师 9 号	720			
1983 年 8 月	徐州 21 号	800			
1984 年 6 月	周麦 8846 号	790			
1985 年	徐州 2111、7544	800			
	宝丰 7228 号	800			
1988 年	内乡 182 号	800			
	郑州 891	800			

　　虽然国家以经济建设为中心，但国家深入村落（村庄）的政治动员能力依然有坚实基础，政治动员方式依然发挥作用。

　　2003 年 4 月 24 日，大张营村开展"非典型性肺炎"防控工作，成立以张×显（村支部书记）为组长的"防非典领导小组"，投入经费 2000 余元，累计隔离外出返乡人员 74 人，经过有效防控，全村无一例"非典型性肺炎"疫情发生和病人传入。

　　2003 年 5 月，为贯彻市、县、乡麦茬禁烧工作精神，动员全体村民、干部、教师、学生，实行责任制，严禁焚烧秸秆。确保了"三夏"中未发生一起火灾。

　　2004 年 2 月 2 日至 6 月下旬，村组干部全力投入"禽流感"防控工

---

① 张祯祥：《张楼村志》，未刊稿，2002，第 66 页。

作，全村无一病例。

2005 年 10 月，村民集资 1 万元，在村中 1000 米路段上安装了路灯。①

从改革开放到农村税费改革的 20 余年间，乡村基层政权建设虽有村民自治等形式改革，但整体上仍然处于强化之中。

以河南省商水县汤庄乡张楼村为例。② 1983 年 12 月将人民公社改为"乡政府"，村管委会改为"村民委员会"，生产队改为"组"。1990 年张楼村党支部、村委会干部是：党支部代理支书王×强（兼村主任），副支书张×祥（兼民兵连长），支委张×礼、王×喜，村文书张×亭，治安调解主任张×，妇女主任雷×（女）。村下设四个村民组。

1995 年村党支部、村委会改选。主要干部为：党支部支书张×祥，副支书王×强（兼文书），支委李×海、刘×青（兼团支书）；村主任王×科，副主任王×（兼民兵连长），王×富（兼计划生育专干），妇女主任王×（女）兼小李庄组长，治安调解主任李×海、副主任张×太。村下设四个村民组。

根据《组织法》的规定，村党支部委员会、村民委员会（简称村"两委"）的干部必须由民主选举产生。张楼行政村于 1998 年至 1999 年对村两委干部实行了换届选举。经过民主选举支部委员和村委会干部，主要委员和干部如下：党支部支书张×臣（2001 年 3 月免）、王×民（2001 年 3 月任）、张×臣（2002 年 1 月任），副支书张×奇（2001 年 3 月免），支委王×强兼文书（2001 年 1 月免）；村主任王×奇，妇女主任史×（女，2001 年 1 月任村文书）、张×霞（女，2001 年任），治安调解主任张×太（2000 年任），团支书张×安（2001 年任），民兵连长王×兴（2001 年任）。

村两委会第二次换届选举。张楼行政村村民委员会和党支部委员会于 2002 年 4 月进行了第二次换届选举。经选举，新一届干部为：党支部支书王×富，副支书鲁×孩，支委张×奇兼组长；村主任张×国兼四组长，副主任史×（女）兼村文书（2001 年 6 月离任），委员袁×芝（女，2002 年 6 月任村文书），妇女主任张×霞（女），团支书张×举（兼三组长）。

在此期间，上级（乡以上）干部多次到张楼村。具体情况如下。

1977 年汤庄公社党委书记苑×海和副书记曲×信来村驻队；1986 年 5

---

① 大张营村志编委会：《淮阳县大张营村志》，资料，2010，第 28 ~ 29 页。
② 张祯祥：《张楼村志》，未刊稿，2002，第 150 ~ 175 页。

月 7 日周口地区区委副书记彭××和朱××和商水县县长王×严来村视察冰雹灾情；1987 年至 1989 年汤庄乡党委书记马宪初在二队搞试验田；1992 年至 1993 年汤庄乡党委副书记位×保、王×山来村查账清经济；2002 年 4 月河南省委派省土地管理厅副处长王×富带领张×亚、朱×星等人来驻村，2003 年为村捐款建学校一幢，为村里当街用砖砌街道；2002 年 4 月商水县委书记张×光和汤庄乡党委书记王×春来村看望省直工作组的领导同志。

当地出现了农民负担重的情况，《张楼村志》认为农民负担重的原因如下。一是 1996 年国务院为了减轻国家财政负担，在全国对基层实行财政大包干的政策。可是每年大、中专毕业生，军队转业到地方的干部很多，县、乡党政机关干部，教师队伍人员越来越多，造成地方财政收不抵支。为了保证干部、教师人员的工资发放，农民负担就加重了。二是地、县、乡部分工厂、企业处于停产、半停产和倒闭状态。国家企事业单位的垮台，使县乡地方税收来源减少，造成基层财政困难。这也是农民负担重的原因。三是干部的吃、喝招待费增加，加之向上级多报了农民的人均纯收入。四是近十多年来，让农民集资的情况增多了，如农民集资办教育、办交通、办水利、办企业，植树造林、优军优属以及复退军人补贴、困难户补贴、残疾人补助、五保户照顾等 20 多项费用都需要农民负担。村民难以接受，对此有意见，加大了乡村干部的工作难度。①

2005 年，中央宣布全面取消农业税费，乡村社会开始进入后税费时代。此后国家更多地开展了对乡村社会的"直接治理"——直接对接农户或农民个体。一是国家资源依托于各级行业单位的"管道"，以专项资金和项目制的形式"下乡"，有一套严格的申请批复、实施验收的技术性治理程序。二是国家的各项惠民惠农政策直接对接到农户或农民。各种惠农补贴，如牲畜补贴、粮食直补、农机具补贴甚至是种粮大户专项补贴等，由各行业部门直接拨付资金到农民的专项户头；各种惠农政策的实施，如新农合医疗政策、农民养老保障政策等，也是由部门进行专项补贴，农民直接到医院或保障部门办理手续，乡村组织在其中只做一些次要的配合性工作。

___

① 张祯祥：《张楼村志》，未刊稿，2002，第 96～97 页。

（二）生产、务工以及经营活动

杨建华等认为，中国改革开放以来的主要发展逻辑，尤其是农村经济社会发展逻辑，是内生型发展。[①] 内生型发展的精神实质在于强调发展以内生为主，重视传统，充分发掘、利用本土资源，坚信发展最终都必须是从自身社会内部创发出来的。传统是社会发展的文化基石，应该尊重地方文化传统。由于中国农耕文明源远流长，积淀了深厚的"男耕女织""农工相辅"的文化传统，而独特的文化必然产生具有地方特色的经济实践活动；"内生型发展"是一个自发的、自下而上的过程，其动力来自社会内部，最终将归结到社会中人的身上，基于民间和基层的内在需求的草根阶层的"内源性创造力"，是不断推动经济增长和社会发展的原动力。

放开了政策限制，农民劳动务工致富、创业致富的积极性被激发出来。以河南省淮阳县朱集乡大张营村为例加以说明[②]。

1992 年春，张×良自筹资金 30 万元，在村南建起淮阳县金德轴承座厂。占地面积 3000 余平方米，有厂房 10 间。购置铁炉 1 座，买专用机械设备 31 台（部），货车 2 辆。主要生产轴承座 SN15、SN16 系列，外球面系列等。

1995 年春，党支部、村委会组织有经营头脑、经营理念的村民，在村西"朱时公路"旁建起了大张营木材交易行，带动大张营 60 余人从事木材生意。

2005 年，村民张×同自筹资金 10 万元建面粉厂 1 座。

大张营村相对偏僻，属于至今仍不发达的典型豫东传统农业区域。而那些市郊的农村地区，借助靠近市场、运输便利、人才聚集等有利条件，发展起步更早，集体经济、个体民营经济发展更快。桥塘村位于徐州市新沂市城区北郊，靠近陇海铁路新沂火车站，205 国道穿村而过。

1978 年 3 月，大队筹建轴承厂，当年建设，当年收益。

1979 年 3 月，大队购买 50 型拖拉机 2 台，成立新北大队机耕运输队。

1981 年 9 月，大队自筹资金兴办水泥制品厂；12 月，大队向县、社有

---

① 杨建华、姜方炳、李传喜：《浙江乡村社会 60 年的发展逻辑》，《中共宁波市委党校学报》2010 年第 1 期，第 23～30 页。

② 大张营村志编委会：《淮阳县大张营村志》，资料，2010，第 26～29 页。

关部门报告，筹建二队轮窑厂。

1982 年 2 月，大队经社、县等有关部门批准，在沭河岸边建立新北黄砂站和生产码头，当年建设，当年收益……

此后，该村又建安装公司、停车场、储运站……村民开饭店、汽修厂……①

改革后，农民往往离土不离乡，半农半工，以技术、能力务工。

（三）教育文化活动

得益于 40 余年来的经济发展，农村教育成效显著、文化活动丰富多样。

从《淮阳县大张营村志》可以看出，大张营村改革开放后，截至 2009 年，20 年间，通过升学走出村庄的人是此前 30 年（22 人）的 2 倍还多（45 人），此前 22 人全是男性，后来 45 人中有 30 位女性。② 身体素质较男性弱的女性，能够比男性更多地通过升学走出村庄，反映了国家宏观政策在村落（村庄）的积极影响：只要努力，个体便有机会成功。

改革开放后，村落（村庄）走出众多的大学生，一方面反映了国家政策的支持，另一方面体现了农民对教育的强烈需求，对通过升学改变命运的渴望。

M 村位于豫东黄淮平原的 F 县北部，是著名的黄泛区村庄中的一个普通村庄，是全国著名的大学生村。据粗略统计，改革开放至 2013 年，考上各类大学的共有 200 余人，其中硕士研究生近 30 人，博士研究生 3 人，而且出了 1 个博士研究生导师。距离该村 40 公里左右，F 县的 T 村，也是全县闻名的大学生村，改革开放以来，近 3000 人的村庄出了 300 余名大学生，目前仍有数十名在读大学生。③

传统农区中的家庭历来注重子女教育，随着经济条件好转，很多村庄办起了幼儿园，升级改造老旧中小学校舍，群众集资、捐款办教育热烈踊跃。

---

① 桥塘村党支部、桥塘村委会编《桥塘村志》，资料，1999，第 48 ~ 64 页。
② 《在大张营学校学习毕业成才学生部分名单一览表》，载大张营村志编委会编《淮阳县大张营村志》，资料，2010，第 194 ~ 199 页。
③ 贾滕：《当代农村大学生群体阶层突破研究——以豫东黄淮平原 M 村为个案》，《中国青年研究》2013 年第 10 期，第 10 ~ 14 页。

山西芮城东窑村，"1995年，随着东窑经济发展，在小学的西边建立幼儿园区……兴建学校40余年来，共投入建校资金300万元……东窑兴教育人，为社会输送了大量的优秀人才。在外工作人员中有正高级技术人员15位、副高级技术人员28人；博士12人、硕士22人；大学生317人"①。

20世纪八九十年代，出于对集体化时代传统文化压抑的反弹，乡村传统文化一度复苏。修祠堂、续家谱等在中西部农村比较流行，各种传统文艺活动，在传统节庆日纷纷呈现。

通过河南南阳南召县《崔庄乡民间文艺调查》②可知20世纪90年代初乡村文艺活动状况。

崔庄乡有25个行政村，自然村747个，10户以上的自然村695个，10户以下的自然村52个，其中深山村7个。全乡现存有大锣鼓班的有13个行政村，共有15个大锣鼓班（俗称大铜器），会打鼓打钹打锣者900多人；还有小锣鼓班（俗称小铜器），会打鼓打钹打锣者700多人。会耍狮子、撑旱船、踩高跷、耍龙灯、表演武术的有22个村，共47班，艺人549人，有彩色大旗176面。还有17个民间业余戏班、曲艺杂技班组等。

其风俗是，每逢过年时，庄与庄盛行集体拜年，形式是打锣鼓，表演民间舞蹈，如狮子龙灯等。村与村互相献艺祝贺，谁也不在谁家吃饭，只是招待一些烟茶水酒。水磨村致富能手民间艺人赵×强说："有一年春节，张村的锣鼓班和民间玩艺儿游乡踩街，穿村而过，去别的村子表演，把我们村隔过去了，我们村的人都感到丢人，脸上无光，面子上过不去。我们村有几个人在一起商量，为了争口气，图个面子，于1986年派人奔许昌，跑长葛、襄县，奔波20天，花去5500元，买了十二副锣、八副钹、一面牛皮大鼓、四副大锣，农闲时请老艺人传教技艺。这年春节灯节，我们水磨村的一整套新的大锣鼓班亮相了。全村共350口人，就出动80多人参加演出。头一站先去张村演出，争回了面子，也联络了感情。原先俺庄周围一些山村，有个坏风气，一到春节灯节农闲时，赌博成风，现在有了这些民间优秀的娱乐活动，大家都来了精神，踊跃参加，把赌场也给冲散了。"

---

① 东窑村志编纂委员会：《东窑村志》，资料，2016，第81~84页。
② 黄学林：《崔庄乡民间文艺调查》，载中国人民政治协商会议南召县委员会学习文史委编《南召文史资料》第十四辑，内部资料，2006，第108~110页。

　　过去，每年农历正月十六日，草庙街有香火会，后来不烧香火了，改为迎春会。据老人们说："大山根有个小寺沟，有尊铁铸的佛爷，原来要运到李青店国清寺敬奉，可是运到草庙铁佛爷不走了，说是神灵放光，要为我们造福呢，人们慌忙就地盖起一座草庙，把铁佛爷敬奉进去，从此，我们村叫草庙，正名称天青寺，庙内供奉着龙王、火神、药王、关公、十八罗汉、送子奶奶等。"旧社会香火极为旺盛，1947年那年正月十六日春会，就聚集了邻村各路铜器及民间舞蹈班七十二路。1991年的春会，包括罗坪、周湾等各路大小锣鼓班子和狮子、旱船、彩龙、扯犟驴、推小车、秧歌舞、高跷等共出动30多路。铜器对着打，节目比着舞，看谁的套数全、质量高、花样多。整个山冲聚集了数万人，人山人海，拥挤不动。村民们痛痛快快玩了一整天，大伙都说："平时忙于生产生活，节日里，大家通过娱乐活动，可以在一起聚一聚、玩一玩、乐一乐，村与村、朋友与朋友、亲戚之间也可以见见面、说说话，道一道家长里短，交流思想，联络感情。"草庙街还有个风俗，不论参加春会的有多少人，各家各户都管饭招待，客人进门要放鞭炮相迎，尽其所能用好饭、好茶、好烟招待。有的人还说："哪年来参加春会的人越多，当年打的粮食就越多，哪年参加的人少，打的粮食就少。"

　　崔庄乡民间打击乐器可分为三种风格、三个来源，如塔寺、草庙等几个村，锣鼓乐谱热烈而欢快，花样多。据王×民（退休干部）等村民讲，铜器乐谱有祖上传下来的，也有自编的。十回以内叫"狗撕咬"，十回以上有"推到墙""凤凰单展翅""老二回""炮打襄阳""狮子斗宝""一串铃""双叠翠""套三环""安头"等。草庙冯沟村学的是李青店街北头的打法，只有十多支歌。70岁的王×青介绍，马良村打法是民国8年（1919）请李青店街南头贺×举老艺人教授的，流传至今的鼓歌是"干草把""小虫闹""硬五捶""狗撕咬""倒上桥""推到墙""顺上桥""二十捶""爪""一串铃"等十回，雄壮威武，铿锵有力。水磨村打法是跟马湖学的，而马湖的是由周湾传教的，鼓歌是新八回，不紧不慢，从容自如，深沉有力。

　　民间文艺活动经费均为群众自筹，王×青叙说了这样一种现象："村里收提留款，有些人拧着不愿缴。可是，一听说买大鼓大钹或添置舞蹈服装、道具时，那就不一样了，都是积极主动送钱，若手头不便，就背来袋粮食抵价缴上。群众说：'是个人嘛，吃好、穿好、干活好，也得玩好。不论男女老幼，总不能光是干活吃饭睡觉吧？'"

王×青讲："我们这一道大山川里有个好风俗，那就是年节期间，庄与庄之间相互集体拜年，如去外庄拜年，执事人前边带路，手里端一挑盘，上放五根香，五张黄表纸，五个炮，一挂鞭；后边紧跟几个扛大彩旗的，接着是大锣鼓班、小锣鼓班、民间舞蹈队，一路浩浩荡荡地边敲打着，边表演着进了村庄，对方村庄里的执事人迎到村口接着挑盘，互相抱拳施礼，燃放鞭炮相迎，让客人坐桌喝酒，互相敬罢酒后，又正式开始敲打表演起来，再放一阵鞭炮，以鼓劲助兴，同时本村的乐队舞蹈班也开始演出回敬，然后再分别去其他村庄拜年。"

"礼源于俗，俗源于生产生活。"作为社会个体，除了"吃好、穿好、干好活，也得玩好。不论男女老幼，总不能光是干活吃饭睡觉吧"。物质生活之外，精神文化生活不可或缺。

结语　村落中显现的国家影响力随国家能力及其能力指向的目标任务而变动

中华人民共和国成立前，国家虽然有明确的传统向现代转型的指向，但囿于统治集团自身的局限，无力管控社会——不但无力动员农民，反而把农民、农村视为主要榨取对象，进而乡村在天灾与人祸交织之下，陷入恶性循环，农民的生存底线被冲破，最终国家残破、社会失序"失控"。

在动员乡村、动员农民基础上成立的中华人民共和国，内在地具备重构乡村社会的能力。因而通过土地改革运动、人民公社化运动，顺利实现了"对乡村社会的全面管控"，但城乡二元社会经济结构，非但加剧城乡之间的社会分裂，更不利于农民生产积极性的提升。以家庭联产承包责任制为标志，国家一边推行市场经济改革，与国际接轨、积极融入全球化产业链分工体系，一边初步在乡村具体事务中后退——由国家处处"在场"到国家外在于"村落"。

市场化基础上的现代化建设，给包括乡村在内的社会带来翻天覆地的变化。但在城市化快速推进，社会总体福利提高的前提下，人多地少仍是我国的国情，小农经营仍有其合理性，在一个较长的时期内，农村仍然存在，村落仍然具有生产生活的价值，那么，在此背景下，如何"顺乎天而应乎人"？"国家在场"如何弥补市场化的不足而在村落中"恰当"呈现？

第五章
传统农区村落文化共同体的时代特征

在西方人眼里，乡村是晚清帝国的缩影。明恩溥的《中国乡村生活》对中国乡村有这样的图景描绘。"中国乡村是自然而然形成的，没有人晓得，也没有人去理会它的前因后果——在那遥远的、无法确定年代的、朦朦胧胧的过去，有几户人家从其他地方来到这安营扎寨，于是乎，他们就成了所谓的'本地居民'，这就是乡村。……一个乡村就是一个微型的城市，同样有着高度拥挤等各种弊病，尽管它可能位于一个且相当不适合居住的平原上。无论土地是贵还是贱，乡村总是同样的拥挤，而且，村民们同样地对乡村未来发展的必要条件不予理会……到目前为止，中国人盖房子最通用的材料就是那种手边最近的东西，到处都大量地做砖，其颜色差不多像他们身上所穿的衣服那样的蓝灰色。这种颜色是在紧紧密封的砖窑里形成的。……由于燃料稀少，人们不愿意浪费它，这使得砖块普遍烧的不结实，因而降低了其作为建筑材料的价值。……大多数农村的住房就是简单地用土砖做成的。是将泥土塑造成砖坯，等到它干了，不再皱缩了，土砖就作成了……与其他房屋一样，土砖房的地基也必须有砖，在离地面一两英尺的高度，还必须有一层芦杆和其他什么东西，以防湿气上升到墙内，否则，它就会像雨中的糖果房子那样容易消溶。由于中国北方大平原的土壤里有许多盐碱，如果不是特别小心在意的话，房屋结构过上几年就会显示出衰颓的迹象。屋顶由若干柱子支撑，不管房子用什么材料做的，柱子的材料被认为只是其中的填补物，不过，为了节约，便宜的房子一般不用柱子。其结果是，在多雨的年头，许许多多房屋都着实饱受了湿气损害地基之苦。许多人因此而丧生，更多的人因此而伤病缠身。在某些县区，人们能够看到类似于洋房的屋顶，但一般都是具有前后柱子的形式。不管哪种形式，都是纵长的栋木支撑着小桁木，其上是薄砖，更经常是芦杆、麦杆或高粱杆，再上面是一层厚厚的泥土，构成了屋顶主要的部分，这些泥土吸收湿气之后变得特别重，一旦栋木腐朽，就非常危险。通常屋顶是扁平的，能够存放农作物燃材。如果乡村位于地势较低的地方，人们就会堆起一个土墩，然后在上面进行建筑。"①

明恩溥描述了晚清村落的外观，描述了农民就地取材、因陋就简的房屋建筑以及人口众多、生产力低下状况下的生产生活方式。同时，也观察到了中国乡村个别家庭由富裕到贫困的变迁。"有一个人，其祖父一直很富有，当年拥有一套两层建筑的住宅，这在当地是相当显赫的了。他告诉作者，当年他的祖母经常在住宅前面的高建筑和那些为下面的院子遮阴的大榆树上装饰一些东西，以至于根本没有地方晾衣服，随着时光的推移，这个家庭逐渐败落，两层建筑的房屋被拆毁，大榆树被砍伐，到现在这一代，已经和其他家庭一样，全家人在夏天，挤在一个狭窄的院子里热得发昏，不过，倒是可以到处晾衣服，然而，他们事实上也很少有什么衣服去晾。那种房屋住宅所拒绝的华丽是与神同在的，神没有什么衣服需要晾干，只需要门前有一个小寺庙和一片老树丛。"②

进一步探究发现，晚清以来的乡村，正是处在普遍贫困、国家缺位的状态之中，乡村家庭丧失再生产功能、纲常坠地风骨凋零、乡村（村落）陷入集体行动困境。

第一节　日渐解体的村落文化共同体
（晚清至 1949 年）

张鸣《一份"村图"的故事》③ 越过物化的村落外观，解析了村落的

---

① 参见〔美〕明恩溥《中国乡村生活》，午晴、唐军译，时事出版社，1998，第 11～20 页。
② 〔美〕明恩溥：《中国乡村生活》，午晴、唐军译，时事出版社，1998，第 11～20 页。
③ 李鸿章做直隶总督曾支持修订《畿辅通志》，要求各州县将自己所辖的每个村庄人文、地理、社会等情况调查清楚，开列成册，并绘有各村地图，作为编撰《畿辅通志》的素材，这些素材有几份流传了下来，人称"村图"。村图图文并茂，图上绘出"村"的地理位置、离城的远近、周围的村庄与集市，还有村上房舍与田地、水井与庙宇，（转下页注）

社会结构以及文化生态，呈现了一幅乡村"权力—文化"网络图景，尤其指出文化（道德）在村落生产生活中的伦理秩序意义。在此，我们以晚清民国时期各种矛盾激化、农业生产停滞衰退、农村经济危机为背景，对村落文化事象进行历时性探究。

一　部分家庭丧失再生产功能

家庭是中国社会生活的基本单元，是中国乡村社会千万个村落内的基本共同体单位。但晚清民国时期，传统的家庭结构、婚姻模式以及家庭的运行机制在天灾人祸之下，难以保持脆弱的平衡。

> 在中华帝国的大部分地区，降雨量多少随天定，饥荒时有发生。……有时为了活命，一个到了结婚年龄的女孩会被卖给负担不起婚礼开销的人当妻子。众所周知，再婚无典礼，每当家庭解体，几乎所有的寡妇都能立即再嫁，其实这种结合在遇到又一次食物短乏时还会破裂。
>
> 政策失调常常会引起小规模的反叛，它的作用与饥荒和洪水是一样的。……家庭并非只是在特别紧张的时候才会分散。在中国的某些省份，相当一部分成年男子是在远离家乡的地方谋生。北方的许多中国人就是这样越过长城到千万里以外的满州（洲）或其他地方谋生，许多人再也没有回过家。……贫困的家庭没有为任何一种疾病保留储金，而疾病可能出现在人生的任何一个阶段。当养家人躺到了一边，当有几个儿女的母亲不再能料理简单的家务时，真正的麻烦就降临了……①

通过外国人的眼睛，结合中国近代急剧变迁的社会背景，对此我们当有更深刻的理解。

（接上页注③）但也许更重要的是与图相配的文字，因为它向我们展示了那个时代生活在"村"里的人，以及把人编织在那个地理空间的社会制度网络。见张鸣《一份"村图"的故事》，氏著《乡村社会权力和文化结构的变迁（1903—1953）》，广西人民出版社，2001，第6~12页。

① 〔美〕明恩溥：《中国乡村生活》，午晴、唐军译，时事出版社，1998，第311~314页。

晚清民国时期，一方面是资本帝国主义的入侵，逐步消解中国传统农业基础；另一方面，适逢王朝后期、末世衰世，贫富分化、官民对立，"人口—耕地""官僚阶层—民众""地主—农民"等各种矛盾激化，农业生产停滞衰退、农村经济产生危机。如汪敬虞认为，1895~1927年，中国内地农业普遍处于停滞和衰退状态，其突出表现是肥料日益短缺、农田水利遭到破坏。肥料短缺的原因一是人口增加、燃料奇缺，原先作为肥料的作物秸秆、叶片被当作燃料；二是一些优质高效肥料，如牛骨粉、各种饼肥等被外商大量搜罗出口。由于官府不修农政、农民无力兴修水利，水利灌溉设施大多淤塞废弃，进而大大降低了抵御自然灾害的能力，结果各地水旱等自然灾害频仍，给农业造成的损失越来越严重，直接表现就是农业收成持续下降（见表5-1）。

表5-1　南北9省夏秋收成成数统计10年平均数（1841~1911年）

时期	夏收成就				秋收成就			
	北方4省		南方5省		北方4省		南方5省	
	成数	指数	成数	指数	成数	指数	成数	指数
1841~1850年	7.1	100	7.2	100	7.0	100	7.1	100
1851~1860年	6.1	86	7.3	101	6.6	94	7.1	100
1861~1870年	6.1	86	6.6	92	6.1	87	6.7	94
1871~1880年	5.9	83	6.5	90	5.9	84	6.5	92
1881~1890年	6.0	85	6.6	92	5.8	82	6.3	89
1891~1900年	5.9	83	6.2	86	5.5	79	6.2	87
1901~1911年	5.9	83	6.2	86	5.5	79	6.3	89

注：原表"8⁺"（8成有余）以8.5成计算，余类推。见汪敬虞主编《中国近代经济史（1895—1927）》，人民出版社，2000，第1270~1286页。

资料来源：据李文治编《中国近代农业史资料》第一辑，生活・读书・新知三联书店，1957，第755~760页计算编制。

对于1927年后的农业、农村经济状况，陈瀚笙从农产品商品化加速、纯封建制渐归消灭、高利贷变本加厉、地权集中农民离散、劳力锐减熟荒骤增等五个方面观察，发现20世纪的前30年，代表全国经济主干的农村，已很穷困，而且穷困的情形日益严峻。[1] 钱俊瑞指出，在生产力极度衰落下，中国连年灾荒、地方军事实力轧轹，加上世界资本主义的总恐慌，造成了中国 20 世纪 30 年代农业的恐慌。[2]

以民国年间河南省南阳县为例。南阳盆地土地肥沃、人口密集，东汉称为"帝乡"，乃历史文化悠久之地。通过冯紫岗的调查可以发现，晚清民国时期，与全国其他地方一样，南阳农民负担沉重、生活艰难、部分家庭丧失再生产功能。

南阳农民的生活水平在整个中国来讲都算是很低下的。交通的不便，文化的落后，土地的瘠薄，天然环境的恶劣，土匪不断的骚扰，土劣、政府、军队的任意敲诈与摊派使南阳农民破产化、无产化。而他们的生活需求也不得不降低到最小限度。

衣。关于衣，其原料几乎全部为土布，并多数系自织，那种城市里出售的各色各样的洋布，农民是很少享受得到的。一般农民的衣，总是破烂不堪。他们只有在年初一，三月三赶会，或者遇喜事等时候，才把那仅有的一套总算不破烂的衣服穿上，也只有那一刹那，调查人才会下意识地感觉到南阳人是"有饭吃的"。南阳出产著名的家蚕丝绸及山蚕丝绸，南阳人却从未梦想过亲身去感受用蚕丝做成的衣服，因为若是在天热的时候，与其穿上一件薄而轻飘的衣服，毋宁直接爽快地赤了膊，丝绸只是有闲阶级的化装品而已！

食。南阳全县的农产为 3841892.55 担（百斤），除棉花外，尚余 3833902.607 担，均可食，全县人口 733310 人，平均每人每年可得 522.8 斤，价值 20.69 元，内主要粮食（米谷类、豆菽类及甘薯）474.9 斤，占平均每人每年可得总数的 90.8%，大人小孩平均每年有 400 多斤的粮食，够食用了。但贫苦的农民们在农产收获的时候，往往急着使钱，于是最廉价地出卖其农产，到将来再用高价买进粮食，农民们卖贱买贵的损失，不知凡几。至于佃农和小自耕农，本来所收粮食也不足以自给，那自然是更苦了。

---

[1] 陈瀚笙：《三十年来的中国农村》，载薛暮桥、冯和法编《〈中国农村〉论文选》，人民出版社，1983，第 815 ~ 824 页。

[2] 钱俊瑞：《中国目下的农业恐慌》，载薛暮桥、冯和法编《〈中国农村〉论文选》，人民出版社，1983，第 825 ~ 837 页。

农民处于普遍贫困状态，衣食难以为继。"农民们平日以甘薯，高粱馍，豌豆馍，小米，绿豆汤为其主要食品。能吃小麦馍者甚少。贫穷的人家甚至用肥田的芝麻饼为其寒冬及春荒之充饥食品。前年，欲收食树皮，树叶，草根及碎石粉者所在皆是。"①

农村普遍的贫困，必然难以应对天灾人祸的冲击。因而出现大量辗转沟壑、死无葬身之地的游民、乞丐。

表5－2显示，在南阳各区里，100人里面约有1人是乞丐或游民。

表5－2　民国21年（1932）南阳县各区的游民和乞丐

单位：人，%

区	总人数	游民与乞丐			
		游民人数	乞丐人数	游民与乞丐总数	占该地区人口总数的比例
一	113248	300	355	655	0.6
二	93391	475	398	873	0.9
三	84554	881	762	1643	1.9
四	58578	347	871	1218	2.1
五	74526	225	507	732	1.0
六	49568	167	321	488	1.0
七	68368	971	482	1453	2.1
八	56159	147	523	670	1.2
九	69213	104	300	404	0.6
十	65705	323	290	613	0.9
总计	733310	3940	4809	8749	1.2

当时调查者感慨："游民乞丐在治安的观点上来讲，同是危险的分子。但他们为什么会成游民会成乞丐？这里就含蓄着很值得注意的社会问题。在从前他们又何尝不是好好的农民？忠实厚朴而节俭，并且勤劳，说不定还是最穷苦的，生活在最下层的，最需要我们去提拔救济的一群。但他们受到了不断的天灾兵匪之害，受到了地主豪绅们的压迫，终于在最后一滴

① 以上关于南阳的资料见冯紫岗《南阳农村社会调查》，载中国人民政治协商会议南阳市委员会文史资料委员会编《南阳文史资料汇编》第七辑，无日期，内部资料，第6～119页。

油压榨尽净的时候，黯然地离开了故乡，妻儿子女，各走各的路，于是就成了所谓无业的游民与讨厌的乞丐！"①

除灾害冲击、官府压榨之外，地方豪强的巧取豪夺是众多家庭解体的直接原因——在一个缺乏国家层面公平的社会里，任何的资源、财富的聚集都充满原罪，尤其是在传统农业社会，人口密集、耕地稀缺的情况下，一家一姓的发财致富，意味着许多家庭的生产生活无以为继。对此论断，南阳方城县石头寨周家的发家史作了典型的诠释。

南阳方城县赵河镇石头寨，位于伏牛山东麓乌云山下，为周姓地主于清道光末年至咸丰末年，历时20余年修建完工。该寨北扼伏牛山出口柳河大石门，南衔南阳盆地，是方城县进出南召县的重要门户，当时既是伏牛山丝绸、药材、木炭、山货出山与外地日用小商品进山的物埠，也是近代兵家南下、北上战略进攻转移的必经之地。在石头寨的几座大院门上，都贴着这样一副对联，"当年北洛家声远，此日南阳世泽长"，横批是"忠厚开基"。此副对联意在表明周家祖先是洛阳人，并且那时就大有名声，后来来到南阳靠着忠实厚道创立家业。其实，周家原先居住于洛阳周家庙，乾隆年间先祖周×英早年病死，因大儿媳与婆婆不和，大儿子一家被赶出家门，流落到方城县西建庄落户。后来洛阳一带发生灾荒，周家婆婆领上四个儿子到方城找大儿子，遭到白眼，母子5人又沿路乞讨来到石鼓泉（北石寨原称），遇上财主白员外。白员外也是洛阳人，他乡遇故知，白员外就收留了他们母子5人。②

在石鼓泉村，流传着周家发家的传说。周家母子落脚石鼓泉后，给白家开荒种地，农闲兼卖煨壶。一天，一个过路商人得了急病，二儿子周×甫顿起歹念，假劝商人住到他家，并自吹自己一向"乐善好施"，可以请医生给他治病。商人不知是计，结果被害。周×甫得手之后，把钱财隐藏起来，赶走了三个弟弟，自己立门独居。后来，周×甫为掩盖其发家史，精心编造了一个故事。那个过路商人重病到周家后，家里精心照料，商人

---

① 以上关于南阳的资料见冯紫岗《南阳农村社会调查》，载中国人民政治协商会议南阳市委员会文史资料委员会编《南阳文史资料汇编》第七辑，无日期，内部资料，第6～119页。

② 陈新刚、张保德、金真：《百年沧桑赵河石头寨》，载政协河南省方城县学习文史委员会编《方城文史资料汇编》，无日期，第947～953页。

感激不尽；一天早晨周×甫担起挑子出去卖煨壶时，前边的一筐煨壶撞到路旁一块大石头上全碎了，后边的一筐也摔坏了。周×甫恨这石头，就要刨掉它，一刨当当响，扒开石头一看，下边竟埋着白花花的满罐银子，从此发了大财。日后，那条扁担也被摆放到周家祠堂里恭恭敬敬地供奉了起来。

周×甫利用从商人身上谋得的钱财，开始置买土地、修盖房屋。到了他儿子周×辉时，白员外的儿子为非作歹，惹了官司，导致白家入不抵出，找人借债。周家就分批把金银贷给白家，本利滚翻，加上白家最后打输官司，倾家荡产，只好把庄田卖给周家，并被周家赶出石鼓泉，周家由此独得石鼓泉及相邻的小北庄、白家庄三村2000多亩土地。

在此后的100多年间，方城、南阳一带经常闹灾荒。周家趁机大搞粮食贩运，放高利贷，借一斗还三斗、五斗。还不起债者，拿土地抵押。就这样，从周×辉下传三代，到周×青、周×贤一门两户时，吞并土地竟达28000多亩。

周家在吞并大量土地后，通过地租盘剥、巧取豪夺，残酷地剥削压榨佃户。在地租分成上，完全依附于周家的佃户与周家的分成情况为麦季二八分（地主八成，佃户二成），秋季三七分（地主七成，佃户三成）；有劳动工具和耕畜，租种周家土地的佃户与周家的分成情况为五五分（地主五成，佃户五成），但佃户要负担各种特别款项，如守寨火药钱、寨丁鞋袜钱、押金钱、节礼钱等等。到中秋、九月九、十月一、春节等各种日子，佃户还得给地主送礼，不然地主要收回土地。就这样，佃户一年辛辛苦苦换来的一点粮食，差不多被周家剥削完了。此外，周家还有一条规矩：谁种他的地，住他的房，就得支差做杂役。佃地文约写着："早喊早到，晚喊晚到，一次不到，锅碗瓢勺齐撅。"佃户除种地外，还兼做杂活：男的做木工、当小工、打扫院落，老年妇女纺花，青壮年妇女除纺花外，还得织布、做针线、洗浆衣服。不论农活忙闲，都得无偿给周家干活。通过种种剥削手段，周家聚敛了大量钱财，成为富甲一方的大地主，同时也为日后修建石头寨奠定了雄厚的物质基础。

道光年间，豫西一带土匪蜂起，到处骚扰，民不聊生。为防御土匪，拥有雄厚财力的石鼓泉、王杆庄（后来的南石寨）周家地主先后强迫佃户修寨。修寨之前，周家地主给佃户下令："照佃地文约行事，有车出车，有人出人，木泥石匠一齐上工。"佃周家土地的农民有几百户，周围地主也逼自家佃户出工，农忙时节修寨者五六百人，农闲时3000多人。农民们从北边4里多远的乌云山上把石头一块块刨下来，又用牛车一块块运到工地，再一块块用绳索吊砌上去。在修寨过程中，地主、监工来回巡查，佃户稍有怠慢，便挨一顿皮鞭，说不满话者被关进私设的牢房毒打。很多农民因修寨伤痕累累、倾家荡产，不少农民命丧寨墙下面。至咸丰末年，历经20多年，两寨先后建成，共花去白银10万两。

建成后的石头寨，布局完整、高大气魄。寨墙全用数百斤的方青石砌成，每层白灰扣缝，又灌入糯米汁汤；寨高3.8丈，厚1.2丈；四角建有炮楼。寨墙上，寨垛突兀，并建有魁星楼；寨墙下，护寨河环绕，河里岸还修建有一丈多高的临河墙。绕寨一周五六里路，只有通过寨南的吊桥才能进寨。高大的寨门包着铁叶板，钉满扣钉。寨楼、寨垛间布置了榆木喷、罐炮，由三四十人的守寨队日夜把守，为防止佃户反抗，门楼上还有周家私设的吊人楼，里面有踩杆、老虎凳、皮鞭等各种刑具；寨门右边有一座刻着"寨规"的石碑，上写"非经查清盘明不准进寨""客人可疑，户主以通匪罪论"等条文。寨内青堂瓦舍，雕梁画栋，粮行、屠行、药铺、烟房、酒馆、杂货铺样样俱全，奶妈、女佣、厨师、绣花工、织锦工各色人等，应有尽有。粮食堆积如山，布匹整房存放。南石寨有两座一进三的宅院，房子有200多间，分杂役院、账房院、内客院、住宅院、书房院等，还设有绣花室、梳妆室、熏衣室以及织布间等。

石头寨是贫苦农民血汗的结晶，也是地主剥削农民的历史见证，但客观上对当时防御土匪骚扰、保境安民有一定作用，当地每遇土匪骚扰，老百姓便"跑反"到石头寨躲避。石头寨建成后不久，捻军和太平军先后打到了方城、南阳县境，周围财主纷纷携带金银财宝逃奔至石头寨，一时间，石头寨成了南阳、方城、南召、鲁山一带大地主的"避难所"。南寨寨主周×青的儿子周×京夸下海口："非天灭我，世人无奈也！"从此，周家"名声"大扬，身价倍增，一举成为宛北名门望族。南阳镇台黄×宋将800亩地送给周家作为犒赏，南阳知府顾×衡还亲笔题写"保卫功高"四个大字刻在寨门上，翰林院编修谢×浩题匾词"景云象征"。趁此机会，南寨周×青、北寨周×贤各为其子买了官衔，周家从此一跃成为官宦人家。寨内设"衙门院"，常驻军队。以后在北洋军阀、国民党统治时期，周家都有人当官——北寨周×泰的儿子周×波，曾任北洋军第六师副官长兼苏皖赣三省巡阅使署副官长，授陆军少将军衔，北洋军失败后回乡任地方参议；南寨周×轩是清末县丞，国民党时期当过六十八军参谋，抗日战争时期充当日伪军大队长，至于周氏家族里当过国民党区长、镇长和地方民团头目的人就更多了。

周家的故事应该具有一定的普遍性——无非大同小异。据西华县土地改革时期档案记载，该县第二区南凌典型村南凌村①黄泛前，地富很多，不唯占有经济优势，且占有政治优势。全村 217 户人，共有土地 6649.2 亩，地主 25 户，即占有土地 3210 亩，其中 9 户大地主，即占有肥沃土地 3000 亩。在政治方面，地主掌握政权统治人民，这些地主以凌×昌、凌×云二人地最多（11 顷多），以凌×云、凌×汉二人最霸，凌×云担任过伪区队副、还乡团长、伪保长、税警队长等职务。凌×汉任过伪保长，其他几户大地主，也都任过伪保甲长、师爷等，压榨人民贪污自肥，霸占强奸无恶不作。凌×云当伪区队副时，贪污款子买了 300 亩地和洋楼房，通匪窝匪、自己为匪（凌×云是土匪出身，中途发家），欺讹佃户，所收租粮三斗作两斗，群众敢怒不敢言，否则被打骂、收地、拉派壮丁。几户地主矛盾很深，分成两派，互相倾轧争权夺利，钩心斗角，恶霸一方，致使邻里受欺。该村前后受过 3 次黄水侵袭，村民均纷纷逃难离乡，穷人生活困难，多是先逃、远逃，地富有钱有势，多近逃、晚逃，水势下去即先返回，继续开荒种地，掌握村政，勾结救济总署，吞并救济物资，利用救济总署拖拉机，开 14 顷荒地，村人陆续回来各人开荒地种。②

---

① 原件注：当时该县二区认为，南凌村可以代表泛区一般村子的政治和经济情况，笔者（二区党委）进行了调查，这个调查是分别按户进行，结合各方面的讯问，因此笔者认为比较确实。

② 中共西华县二区区委：《西华二区南凌村情况调查》，西华县档案局档案，档案号：西华县委全宗第七卷第 1 件。

据该县二区区委报告①，南凌村统治集团分为两派：一派以凌×风、凌×心为主，参加者有凌×云、凌×庚、凌六×、凌子×、凌相×等；另一派以凌×汉、凌×科为主，参加者有凌×昌、凌×涵、凌×顿等人。两派互相倾轧，因争夺保长职位，长年打官司，诉讼费皆取之于民，而且转嫁负担，在派粮款中贪污浪费（凌×云当保长时曾买地70亩），统治集团有长枪50支、手枪5支。征兵壮丁皆是中贫农，地富者无一出征。

该村知识分子有八人（凌×礼、凌子×、凌×民、凌×庭、凌×心、凌×夫、凌×、凌×国，皆高中简易师范文化程度），皆地富子弟，在外当教员。

地富土地都是边拉（鞭）地。佃户与地主分成比例为麦二八分、秋三七分。分种地很少，只有凌×春、凌青×二户富农、中农生活尚优裕，有一部分贫农每年逃荒外出。该村群众对统治者的压榨敢怒不敢言，特别是对于抓壮丁，虽受欺压，但不敢反抗。

表5-3显示，地主未逃或逃在边线者，占地主成分的80.00%，富农占63%强，他们生活没有很大困难。他们一面留家看守财产，一面等待黄水下去，如凌×顿、凌×春，皆此种打算。一部分孤寡人口，如宋氏母女，以及凌宋氏、凌周氏、凌郭氏等皆无人力，无法远逃。一部分主要统治者参加匪伪，凌×章给马×立当书记，凌×云跟刘×黄当队长，凌作×当游击队长；凌×臣、凌×川等结合匪伪，贩毒品于黄泛区。

表5-3　黄水期间南凌村各阶层逃亡情况统计表

单位：户，%

	未逃或逃在边线者					逃百里以外									
	西华城	未逃	逍遥	周口	合计	占原成分	西遂平	太康	汝南	豫西南	豫南	湖北	漯河	不详	合计	占原成分
地主	10	1	5		16	80.00		1	1				2		4	20.00
富农	6		6		12	63.16		5	2						7	36.84
中农	17	1	12	1	31	57.40	2		7	6	4	1	3		23	42.60

① 中共西华县二区区委：《西华县第二区南凌典型村调查情况》（1949年12月21日），西华县档案局档案，档案号：西华县委全宗第一卷第1件。

续表

| | 未逃或逃在边线者 | | | | | | 逃百里以外 | | | | | | | | | |
	西华城	未逃	逍遥	周口	合计	占原成分	西遂平	太康	汝南	豫西南	豫南	湖北	漯河	不详	合计	占原成分
贫雇农	15		9	2	26	29.43	11	6	11	12	9		2	9	62	70.57
合计	48	2	32	3	85	47.00	13	12	21	18	13	3	7	9	96	53.00

注：根据原表整理，表头原为"各阶层逃亡"。

中农未逃或逃在边线者 57.40%，一部分中农无力逃出泛区，在家做小生意和卖东西为生。若逃外，来往路费及生活马上就成问题。到外面又无亲无故，难以站住脚。一部分人为了看守东西而没有逃远，如凌体×等；个别兵痞参加了匪伪；个别人以撑船为生。

在家的贫农多数为兵痞、不好劳动的懒汉；逃到百里以外者多为本分贫农，这些人中甚至有逃到武汉的。

在体力劳动上，中农、贫农以出卖劳力为主要生活来源；地富多从事脑力劳动或做生意，或参加匪伪（见表5-4）。

表5-4 黄水期间南凌村各阶层职业情况统计表

单位：人

	大生意	小生意	教书	推脚车	搬运工人	卖柴	雇工	佃户	玩船	讨饭	贩毒品	参加匪伪	偷盗	合计
地主	3	5	6							2	1	3		20
富农		5	1	4		5	1			2	1			19
中农		20		18		4	6			4	2			54
贫农		12		23		11	8	2	4	15		4	2	88
备注	指坐商	指烟摊贩												

注：根据原表整理，原表无表头。

天灾人祸打击之下，农业的凋敝与农村的穷困，使相当多的乡村下层家庭丧失了再生产功能，从而瓦解了传统乡村伦理道德的存在基础。

二 纲常坠地风骨凋零

贾谊给汉文帝刘恒的《论积贮疏》，切中中国 2000 年社会治乱之肯繁："仓廪实而知礼节，民不足而可治者，自古及今，未之尝闻……失时不雨，民且狼顾；岁恶不入，请卖爵子，既闻耳矣……兵旱相乘，天下大屈，有勇力者聚徒而衡击；罢夫赢老易子而咬其骨。政治未毕通也，远方之能疑者，并举而争起矣……"（《汉书·食货志》）

其中，"岁恶不入，请卖爵子……兵旱相乘，天下大屈，有勇力者聚徒而衡击；罢夫赢老易子而咬其骨"正是晚清民国时期生态环境日益脆弱的农村尤其是传统农业区域农村，在天灾人祸打击下的社会生活写照。

（一）伦理道德无存、礼教秩序崩毁

"在中国，穷苦家庭中离散力量的作用较之富贵家庭要更有效，因为前者中的整合力量较之后者要弱小。"① 晚清民国年间河南南阳内乡乡儒王镡《知无子备忘录》载《继不归宗》② 一篇，节录如下："一愚直农村，本姓周，兄弟五人，伊居末。未逾年，其父母以家贫子多，乳养不给。有王姓自确山徙吾邑，罪满。为博棍、人贩，与周亲近，熟视周姻族，因己妻无子，欲取周末子为子。周与之。王娶妾吕，亦无子，终身惟妻生女二，遂坚意以伊为子。讳为己子。伊天性愚直，事王妻妾，及葬祭。虽长，知家乡，无他志。年三十余，商过周宅。伊长兄哭诉生父母皆亡，惟存兄嫂二人。二、三、四兄无室。亦皆亡。兄年及五旬尚无子，闻弟有一子，乞王父母亡后。弟可归宗。伊听至此，无戚荣哀意，坚意不许。伊兄又哭曰：若弟不归宗，俟子多，还兄一息为继，仍不许。兄遂释然。伊亦终无反问音志。噫嘻！忍夫，家贫委子养之于人，父母之不得已为子求一生路也。子受他人恩养，一身二姓本人生之爱，而大不幸也。第处之岂无术哉？乃拘于妇人适人从一不改之语，守匹夫之小惊；断祖宗之血食。割生己之恩情；念乳养之大德，愤当日之舍弃；怀后此至收育，竟为此已甚矣乎？以予论之，王有亲，伊报养育之德后，归宗可也。王无亲子，生事死葬，为王立嗣可也。所生之父母有子有孙，已惟尽生我之孝，不归宗可也。两处无子无孙，两为立嗣可也。两立不能任至养子己者乏嗣，专为生己者立嗣亦可也。两处尽孝，两处为子，两处无憾可也。即不能曲意尽志，遭

---

① 〔美〕明恩溥：《中国乡村生活》，午晴、唐军译，时事出版社，1998，第312页。

② 王镡：《继不归宗》，载氏著《知无子备忘录》（未刊手稿，无页码），内乡县地方志办公室存。

人生之不幸，号泣吁天，只求心尽亦可也。而顾若此，在彼方以为从一不改，有操有守，不知灭理丧心，其罪有不胜课者矣。甚矣！其忍也！"

此例中，"伊听至此，无戚荣哀意，坚意不许。伊兄又哭曰……仍不许。兄遂释然。伊亦终无反问音志"，可视为生存维艰之下，其家庭、家族观念淡漠，对于什么"断祖宗之血食、割生己之恩情"毫不在意。

更甚者，在贫穷与灾害之下，粮食与钱物无比稀缺，众多灾民命悬一线，人们往往会为了一点活命的东西而相互争夺，人与人之间充满猜忌与敌视，人们唯一的想法就是要有饭吃，饥饿支配着人们的行动，伦理道德荡然无存——"没有别的灾难能像饥饿那样地杀害和破坏人类的品格。"①

灾荒年月，粮价飞涨，斤米千钱，灾民典当无主、揭借无门，灾民卖儿鬻女不鲜见。饥饿使同情心荡然无存，使习俗、道德等失去约束力。如前文的西华县土地改革档案显示，1938年黄河水泛滥，西华县南凌村被淹后，"一部分主要统治者，参加匪伪……吸、贩毒品于黄泛区。中农在家57%……个别兵痞参加了匪伪，撑船为生。贫农在家27%，多数为兵痞、不好劳动的懒汉。在体力劳动上，中贫农出卖劳力是主要生活来源；地富多脑力劳动或做生意、或参加匪伪"②。

可以认为，正常的生活秩序被打破后，在生存困境下，各个阶层无不利用可以利用的一切手段谋生，如当土匪、贩卖毒品、偷窃等，置伦理道德于不顾。

（二）传统精英退场、劣绅横行

前文提到的《一份"村图"的故事》中，在那个年代，西方资本帝国主义已经侵入中国，太平天国农民大起义刚被镇压，虽然大多数北方农村此时还没有什么大的变化，但乡村内部边缘人物，即乡村能人影响力的提升，当可显示村落社会结构、文化生态变化的指向——"我的老师程先生曾经在华北农村一个村庄做过田野考察，在调查中，得知该村（传统时代）的'能人'有这样一干人等：'张义、长茂''二刀黄'，'包麻子'、

---

① 〔巴西〕约绪·德·卡斯特罗：《饥饿地理》，黄秉镛译，生活·读书·新知三联书店，1959，第63页。

② 中共西华县二区区委：《西华县第二区南凌典型村调查情况》，1949年12月21日，西华县档案局档案，档案号：西华县委全宗第一卷第1件。

董五、王庆祥，陈祥、'大刀'、董石璞，西街有个'抓山李'，道北有个'溜地杨'。顺口溜里的董石璞，有财产有功名，是在官面上吃得开的核心人物。张义是个不大讲理的肉铺老板。王庆祥是到处串村的风水先生，号'小诸葛'。'抓山李'和'溜地场'是两位好打抱不平的讼师兼教书先生。陈祥是聪明能干的小商人，在村里修戏楼时设计了一个不动台柱换楼顶的方案，外号'大主意'。其他五位都是以看青、赌博和四处谋食为生的穷汉，以敢作敢为著称。至于人们对该村最大的一位土财主董兆玉却不屑一顾：'一辈子连一条新鲜黄瓜也舍不得吃的看财奴！'这些'能人'的排列，虽然已经带有晚清社会变化的浓重痕迹，一些流氓气十足的'光棍'居然也列入'能人'的行列，按照这个趋势发展下去，很可能他们中的若干人就会进入'有枪阶级'，从而徒然发起来。"[1]

时局艰难、世风日下，传统乡村精英分子只能选择明哲保身、闭口避祸。《知无子备忘录》有《先兄纪略》篇："二十二年丙申（1896）四十岁，训读。冬十一月，应选拔……先兄于农事通敏，于世情宜通敏之至。邻有丧中娶媳者，镡论其非宜，兄诘曰：'前我族中有此事，与汝甚契，汝言之果听否？今仍聒聒乎，即谓间论，彼间之不增恶乎？'镡悚然醒悟。自后遇此事，不敢妄自一语，先兄教之也……"[2]

与传统乡村精英分子态度相反的是新的以权力、武力等非常规手段逐利群体的崛起，而有功名、有文化，被当作乡里道义化身的传统精英，逐渐去中心化。

通过 1948 年《中共豫西区党委关于白象店的调查报告》[3]，可以看出当时的村落文化生态状况。

白象店家族情况。地主有四大家——邢、王、刘、尤，其中尤家系外籍户、单独门户，政治上无势力，人称"死憋子户""尤葫芦"。当权地主是邢、王、刘三家。邢家是大家族，有 20 余户，以一、二、三、四、五、

---

① 张鸣：《乡村社会权力和文化结构的变迁（1903—1953）》，广西人民出版社，2001，第 6 ~ 12 页。

② 王镡：《先兄纪略》，氏著《知无子备忘录》（未刊手稿，无页码），内乡县地方志办公室存。

③ 《中共豫西区党委关于白象店的调查报告》（1948 年 7 月 20 日），载中共河南省委党史工作委员会《河南解放区的土地改革》，河南人民出版社，1991，第 467 ~ 472 页。

六寨首为统治集团，并以四寨首邢×锡为首领，他是白象店十年前（1938年前）的统治者。四寨首被土匪打死后，邢家无人统率，开始走下坡路。王家7户，以王×三、王×一为首。王×三是很活跃的人物，与旧河南省政府拉关系，请客宴会，坐汽车来往，威风凛凛；王×一任寨首，和乡长勾结，压下邢家，成为10余年来白象店统治的首恶。

邢家、王家矛盾激烈，例如邢×面、王×一曾因唱戏钱之争，把锣鼓打烂。邢家上年开家族会议，协商反王家；此两大家，从大人到小孩，矛盾重重、互不相容。

邢王两家矛盾重重，加上时局变动，反而让刘家登了台。刘家有弟兄二人，刘×肖系土匪团长，依靠其土匪首领姐夫发家，刘×安当寨首，人称"鸡子屎""糊涂老太太"，有9个流氓作帮凶，强迫群众打寨，罪恶多端。刘家虽当权，但有事需请示王家，"领王家圣旨，看邢家脸办事"——这是群众的结论。

富农中有外籍杂姓9家，除尤家是大地主外，其余都是小地主和富农（如贾、朱、李、白、芦、周等杂姓户）。因外村土匪骚扰，小地主和富农搬家到白象店里久居下户，没势没权，对穷人不敢欺压，对当权的本村老财"巴结不上"，出粮出款多，不满当权统治地主。

邢家有一批洋学生，中等以上学校毕业学生共27名，以邢×泰为首，曾有加入国民党三青团组织的，其中个别贫苦知识分子（如邢×中），亦是邢家近门。邢家的老统治者，老的老、死的死、破产的破产，此批后起青年活动积极，在本村政治上对群众有一定影响。

除邢家邢×玉（四寨首子）、邢×品（邢家当权首领），王家首恶王×三、王×一，刘家刘×肖、刘×安，再加上国民党成员邢×泰等极少数当权者外，外籍杂姓地主多家受压制不满，本村一般中小地主、富农都无权势，面对宗族矛盾，他们一般是中立的。

群众说，"穷人出力（指出壮丁），老财出钱，而大老财既不出力，又不出钱，只请上一桌饭就中了"。

白象店经济剥削情况。地主23户，占有出租土地1665亩，占其所有土地的96%，其余4%靠额外剥削，由佃户捎种。富农18户，占有（出）租土地545.5亩，占其所有土地之75.7%，其余为自种或雇工经营。中农

60 户，其中 22 户有租佃剥削，出租土地 71.4 亩，占中农所有土地之 25.9%。出租原因主要是富裕中农租出多余远地、坡地，另租入地主好地。此种情况有时并不是中农自愿的，往往是地主逼迫着他们租入土地，中农将自己的土地出租一部分，以便有劳力和肥料能把地主土地种好。此外，贫农及小商贩等亦有出租土地者，共 14 户，出租土地 142 亩，原因有二：没有劳动力而出租，或因自己的土地不好而租出，另租入好地。全村出租土地者共 77 户，共出租土地 2532.9 亩。

租入土地方面的情况。地主没有租入土地者，富农有 3 户租入土地，共 16 亩（外籍户）。中农 39 户，租入土地 965.8 亩。贫农 60 户，租入 777.9 亩。

中贫农佃户，共 129 户，占全村农民的 54.8%。租佃形式都是"对半分"的活租制。额外剥削苛重，主要有四。①种子力。地主出租种子，分粮时，借一斗还二斗。②额外劳动。拉煤、拉磨、担水、洗衣、抱孩子、送亲戚等。如佃户许×额外劳动年达 118 个工。③捎种地。地主 4% 的土地，每家种烟叶或小菜，由佃户无偿劳动，叫捎种。④负担。正税地主负担，地方款及苛捐杂税，主佃各半。

在农民内部的租佃关系中额外剥削轻或没有，多采取牛工换人工的办法，但不够等价。

高利贷剥削。抗战前放银元，利率有日利一分二分三分的，抗战开始后改放蒋币，利率同样有一分二分三分的。民国 30 年（1941）、民国 32 年（1943），利率苛重，借粮一斗要还六七斗。民国 33 年（1944）日本侵占后，通用伪钞，日本投降后改为蒋币，因货币不稳，都改为放粮帐（账），利率普遍是借一加五（借一斗还一斗半），五月为期。另有牛利、猪利，即"分喂牛"。

各阶层债务关系很复杂。白象店地主不注重放高利贷，都把加钱做了"盘子"，收购粮食贱买贵卖，囤积居奇。

在全社会流行非常规手段攫取财富的背景下，村庄（村落）权力便是利之所在。如果说拥有文化资源的乡村传统精英在取得财富资源时还顾及点村庄舆论、公共道德的话，新的恶势力对权力、权利的激烈争夺，往往是残酷的、毫无顾忌的你死我活的斗争——这种行为方式、斗争理念之坚定，甚至一度延续到新中国成立后的数年。

这里兹举扶沟县 1953 年的一个案例予以说明。扶沟县法院卷宗《关于二区永昌乡后王村干部包庇反革命陷害富农王×航的案情事实调查报告》（1953 年 9 月 14 日）① 载，该村有 90 余户（除个别外姓，全系王姓），情况复杂，著名匪首王×牙即是该村人。中华人民共和国成立前"狗咬狗"的斗争很激烈，王×方曾经与王×勋白日持枪对打。村中分两派，南头派以王×方为首，北头派以王×德、王×正、王×航等为首。中华人民共和国成立前后，"镇反"前曾镇压了王×庄、王×中、王×彬，"镇反"开始后镇压了王×正、王×德、王×乐，至土地改革复查时又镇压了王×方，判了土匪王×无期徒刑，王×恂、王×升逃亡。但是，积习难改，在中华人民共和国成立初期，村庄仍分南北两派，它们压榨群众、欺瞒政府、互相攻讦、陷害，严重影响政权稳定、冲击基层政治秩序，扭曲国家建构乡村新秩序的目标旨向。这反映了土豪恶势力根深蒂固，非经历巨大的社会变动难以铲除，也验证了乡村社会革命的意义。

三　村落集体行动及其困境

官方弘扬的儒家主流文化与农民立足村落（村庄）、世代生产生活经验与梦想层垒而成的乡土文化的博弈，构成了底层社会的现实文化格局，更推动了村落文化共同体的形成。其中，以儒士为主体的"乡绅""师者"是连接"大传统"与"小传统"的"桥梁"，在维护乡土社会秩序方面起着至关重要的作用。

但晚清近代以来，兵连祸结、水旱频仍，加之废科举、行新政、办新学，士人进路被阻断。传统乡绅或忧心忡忡或随波逐流、自甘堕落。

晚清民国之交晋中乡儒刘大鹏《退想斋日记》载："光绪三十年四月十九日（1904 年 6 月 2 日）。现在士风不振，读书之士往往坐困，并无生路，不得已借行医以糊口，同人中尚多也。""光绪三十二年二月二十五日（1906 年 3 月 19 日）。去日，在东阳镇遇诸旧友借舌耕为生者，因新政之

---

① 扶沟县纪检会王荣、许昌专署检察署高汉章、许昌分院马天溢、扶沟县人民法院李志浩：《关于二区永昌乡后王村干部包庇反革命陷害富农王×航的案情事实调查报告》（1953 年 9 月 14 日），扶沟县档案局档案，档案号：扶沟县法院卷宗第六卷第 5 件。另见扶沟县人民法院《关于我院审理王×航案情的调查事实报告》（1953 年 8 月 24 日），扶沟县档案局档案，档案号：扶沟县法院卷宗第六卷第 3 件。

行多致失馆无他业可为，竟有仰屋而叹无米为炊者。嗟乎！士为四民之首，坐失其业，谋生无术，生当此时，将如之何？出门遇友，无一不有世道之忧，而号为维新者，举欣欣然有喜色而相告曰：'旧制变更如此，其要天下之治，不日可望，诸君又何必忧心殷殷乎？'""民国二年（1913）四月初八日（5月13日）。顷闻人言各村董事人等，无论绅学农商、莫不借村事从中渔利，且往往霸公产为己产，肥己身家。村人多陋劣，敢怒不敢言，其中有狡黠之辈，非入其党即与抗争，往往大起衅端，赴县构讼。官又以若辈办公，且为祖庇。""民国三年（1914）正月十七日（2月11日）。管子曰'礼义廉耻，国之四维，四维不张，国乃灭亡。'光绪末宣统初，目前尽是无义无礼、寡廉鲜耻之人，世遂大乱，迄今仍然，何能望世之治安。"①

晋中、南阳，虽远隔千里，但身份、地位相似且同年（1857）出生的刘大鹏、王镈的所思所忧是相似的。《知无子备忘录》有《记匪祸烟害》一篇，反映了当时乡村传统知识分子对社会的观察与思考。

自民国创建以来，南北不和，兵连祸结，岁岁有战。问其所战之故，争意见，不争治安，致令民间糜烂者，不知几千万亿。因是规制未定，章程不守，上下交征惟有一利。政繁赋重，水旱濒（频）仍，民不聊生。而内地盗贼蜂起矣。即以我县论，匪之起，自民国元年正月始。初一日陷县城，而北山一带，混称革命者。纷藉而起，或一杆数人，或数十人，或数杆聚为一起；或一杆放出数杆。杆上有正架、二架、色目，以得财为主，以拉票为事。票之拉也，初则富者耳，近则贫富齐拉。富者逼赎，所索过于其人之产，故有至死而不能赎者，贫甚者，则杀之。前则所拉壮男耳，今则不分男女老幼，而逢人拉之。其打票逼赎。名曰炒票，残酷之视轻于牛马。烧人房屋，直以为戏；奸掳妇女且不准赎，或作妻室，或转赎卖，不知何故，并无死节者。

匪类之多，一由壮丁无所归也。明清之世文武并试，缓弱者习文

---

① 刘大鹏：《退想斋日记》，乔志强标注，山西人民出版社，1990，第133、149、181、191页。

以博青紫，成名则节行自爱，不成名应试至老；豪强者习武以求科甲，成名则庠序检躬，不成名弓矢终身，纳天下聪明英哲之男丁，悉入文武两途。不能文武者，则农工商贾而已。自科举永停，其深知防闲者，安于正途。稍破藩篱者，将何归乎？此匪类之所以日多也。一由水旱代为驱也。我国中央、省份，人满于地，岁不歉荒、尚可接给。近十余年，水旱濒（频）仍，饥谨（馑）荐臻，民无恒产则无恒心，黄馘间毙，匪类之日亦多也，又在于是。一由物价之腾贵也。民间所食所用，价值之昂，较民国以前，无物不在十倍以上。四民终岁勤动，不足以仰事俯畜，束手无计，枵腹难安，流入匪类，可恨亦可怜也。一由税敛之繁重也。汉代榷输，唐时间架，北宋新法，明末加赋，今之财政不知较前代何如？然我县则已甚矣。正供之加，地亩之加，呈状之加，印契之加，粮货物产叠加。渐削渐瘠，势益贫困，廉耻亡，则失其守；饥寒迫，则丧其天，匪类之日益萌蘖，此又其一矣。

鸦片烟为祸大，为毒深。民国初，我县西北山中，为尝试偷种之举。有不种五谷，而惟种烟者；有山前之民，入山课地种烟者。西北县所治辖，纵横三百余里，皆垄断之所也，嗣是愈种愈广。去县城三四十里之西北，烟之种十室而九，十亩二三矣。其始种烟之款，各处局绅收款，继乃查烟委员与各局抽款，款无定数。去岁至今，县知事按定每亩抽款八元矣。委员索之知事，知事假之城绅，城绅令之乡董，乡董派之牌户。由今年而论，则为吾县之巨款矣。尝论种烟之害有十：腴美之田尽种鸦片，则五谷之种少，此其害一；丸百肥料概粪鸦片，则谷之力薄，此其害二；鸦片多则吸者众，瘾革者复吸，新吸者添瘾，病均入于膏肓，此其害三；瘾多则强者弱，良者病，勤者惰，一有缓急，不可信恃，此其害四；吸者多则财物耗而生机困，贫窭愈众，廉耻日丧，此其害五；生机困则无聊无赖，于是习滑钻黠，以其心机，而用全力于鸦片，或为讹骗，或兴狱讼，或作盗贼，乡所蛊蛇，城多牙角，由此俗糜化敝矣，此其害六；种烟之区，匪类群聚，先收其烟，次夺其财，终罄其家，甚则贼其人，此其害七；一烟也，而局绅派其款，委员收其款，城绅侵其款，知事分其款，又有匪类之抢夺焉，此其害八；为此垄断之小利，致合县争争扰扰，丧品辱行，匪日以滋，此其害九；以中国之金瓯，而以种烟之故，为所破坏，爽订盟之约，犯全国之禁，至于不可收拾，此其害十。自河南全省而观，种烟者仅我县西北一隅耳？趁此用禁烟条规，严禁查办，尚易为力也。倘若贪小利，支吾掩蔽，恐眈眈之视，倏而偏（遍）种全县，倏而尤效邻郡，倏而蔓延全省。以新章之繁，兼兵力之分，又查烟禁烟之委员知事，或各有瘾，或各贪利，将官纵民，民欺官。顾目前利，忘久远祸，则鸦片之害，吾不知其所终极矣。

人谓匪祸烟害消除最难。吾谓得一好知事办之足矣。吾县自民国元年正月后，无省发来知事。四月间钟洁卿知事莅任，百务草创，无甚福威，丞（承）革破之余，且以民国官气不张故也。后则三月换一知事，五月换一知事，无满一年者。知事明知不久于任，凡事聊且支应，无心于民，故刀匪任其横肆，鸦片任其种贩。计十数年来，知事换十余次。省垣人员拥挤耶，贿饱即放，转眼而又贿饱者耶。尝思古之循良，邑难繁难，无不治者。我县人多质愚，并非刁黠难治之区，苟得一强干公正者为治，不必戴星出入，不必俭啬厨傅。北方虽山多道远，一明，一严、一勤、一廉、期月已可，三年有成，易谓大圣人靳人以学也。

惟自科举兴而实学少；学堂设而功利炽。为知事者设法剥民，贿上肥身而外，则无所事，博弈消日，娼酒滋乐，案犊（牍）披阅堂皇喧阗，苟焉而已，不知圣人之学，圣王之政，安得起汉唐循吏，与明道晋阳，象山荆门、稼出嘉定，灵寿以作榜样哉！①

以上所论，切中肯綮。显然，水旱灾害、物价腾贵、税敛繁重、为官者贪污纳贿以及帝国主义的侵略是匪祸烟害的主要原因，也是传统纲常伦理崩坏的根本原因。唯其如此，文中一句“奸掳妇女且不准赎，或作妻室，或转赎卖，不知何故，并无死节者”读来令人唏嘘。圣人云“大道废、有仁义”，应该指的是社会秩序混乱的时候，对于社会伦理、道德等

① 王镡：《记匪祸烟害》，载氏著《知无子备忘录》（未刊手稿，无页码），内乡县地方志办公室存。

精神文化的重建更加迫切，在"水旱濒（频）仍，饥谨（馑）荐臻，民无恒产则无恒心"的时代中，在命悬一线、生离死别早成常态的村民日常生存环境中，罔顾人的正常求生本能，要求处于依附地位的女性、要求受害最深的村妇"死节"，实为本末倒置之论。

在社会秩序混乱、在乡村处于国家缺位的自发状态甚或说自生自灭状态的情况下，自保也是一种无奈的反应。尽管用于防御的围墙在高度上一般不超过 20 英尺，但是，遇上收成不好的光景，同时抢劫者又大举入侵的情况，即使是这样的防卫设施，也能奏效。应当说，这种围墙在抵抗有组织的、正面的攻击时的价值并不是很大；然而，经验表明，它们的威慑力足以打消企图入侵者的念头，使他们只好转向其他入侵不会遭受阻力的乡村。任何有关叛乱的传闻都会促使乡民们缴纳地税，以便修复他们的土制防御工事。按理说，对付那些有组织的入侵者，尤其是叛乱集团，当局责无旁贷。不过，与其等待当局谨小慎微、拖拖拉拉的行动，乡民们更相信自己的力量。[1] 不可否认，地方兵连祸结、社会糜烂之时，地方传统精英——出类拔萃之人，不管是出于自救还是恻隐为善之心，往往依托村庄（村落）、依托乡邻，结寨自卫。如前文提到的唐河县苍台乡的于湾寨、咎岗乡廖庄寨等，在危急时刻，在村庄（村落）精英领导下，上下齐心，为共同利益而达成了村落范围内的集体行动。

《知无子备忘录》所载《本寨规制碑序》，记述了内乡县马山口镇大寨村在村落精英领导下，数十年间修寨御匪情形，所述"结寨自保"情况在当时应当有一定代表性。

> 十二年癸亥（1923），六十七岁，家居。夏四月初一日本寨规制碑序。
>
> 黄帝战蚩尤之后，天下无长治久安之时也。其时当过代，兵连祸结，以草菅民命，暂则十数年，久则数十年，民生其间，欲苟延旦夕，思免糜烂者，或潜林崖，或依城郭，或守保聚，然必有出类拔萃，恻隐为心之士，从而主持之，贾翼之，帡幪局安全之。适事平世

---

[1] 〔美〕明恩溥：《中国乡村生活》，午晴、唐军译，时事出版社，1998，第 11~20 页。

定，局村墟乃有孑遗。明清以上，不可得而见矣。近如咸丰二年，洪杨巢于金陵，以南土多故，江捻、苗捻、张任诸捻，亦起颍亳而扰秦豫。咸丰十年冬十月，江捻始窜我境，发逆亦间侵过，致吾民陟山越岭，转死沟壑，室庐焚，商农弃者何亿万数。乡里老幼，佥以奔逃非计，乃议修堡寨、为藏避所。维时默水左右，老东寨、人和泰、宝善寨倡议先筑，而我庆平亦次第举事焉。相基鸠工，程役建规，汇财酌费，铸炮掌药。首主者训导柳塘王公；襄勤者张、李、王、杨诸绅董；派役视功者则环寨二十余村之伯长也。以同治二年某月始，三年某月告竣。匪屡经，警屡备，烟火二千家，产妇数千人，幸凭藉以无虞焉。

同治五年，匪类绝迹。远近肃清。同治十二年六月，柳塘公卒。诸绅董亦半继辞世。光绪中年，土匪迭闻，柳塘公孙遂生，暨公胞侄元奇，又相继补修。及宣统末，民国初，满地凤鹤，而寨务又纷纷集矣。柳塘公胞侄武庠生鸿治，初膺寨务，鞅掌贤劳。已能卓著，民国六年殁。柳塘公次孙子泽仰□祖公之志，克绥士女之望，竭厥宵肝，敝瘁精神，有守而复有为，任劳而兼任怨，风雪雨潦，补苴建筑，或一二次，或三五次。其间造械制器，近征近守，应支兵差，排难解纷，缪辖纠结，无一事不经厥乎，无一刻弛厥心，于今盖十有二年。

柳塘公存时，已声（剩）碑石二，欲立修寨原委，普列规制，未果而卒。统计六十年间，由危乱而承平，由承平而复危乱，际此清室鼎移，民国草创，外侮不靖，内讧多端，嗷嗷中泽，茫茫前途，天心悔祸，未卜何年，规则不定，法守何从。兹因刻石四面，详修寨之颠末，示寨众以遵依，亦柳塘公之遗志也。是为序。①

跳出个案，从更大范围看，在村落精英领导下，"修寨御匪""结寨自保"，只能说或可自保，前文提到的唐河县砑岗乡廖庄寨在土匪围攻下，寨破人亡的概率恐怕要大于唐河县苍台乡于湾寨，尤其是面临超出土匪流寇的危害时，更是以卵击石。对此，《邓县文史资料》所载一文可为证。

---

① 王镡：《本寨规制碑序》，载氏著《知无子备忘录》（未刊手稿，无页码），内乡县地方志办公室存。

《邓县文史资料》载《惨绝人寰的大屠杀——追记民国时期西北一军血洗张村堰子赵楼的滔天罪行》记述：

　　1930年春夏之交，中原大战之后，西北军刘汝明部入驻邓县张村镇，距堰子赵楼八华里。一天，刘汝明部下团长李金田派人去赵楼寨派款。曾与寨内当事者多次讨价还价，最后决定要一千元大洋。因那两年多次来驻军向百姓派款，加上地方上的横征暴敛，百姓不堪重负，就严词拒绝。时曾任过邓北三区区长退职还乡的赵洛先（被推为寨主）说："按户分摊有些穷家出不起，再说，军队催逼又紧，我一家拿出来，打发军队来人走了再说。"但寨里的其他几位成员和群众代表都不同意让一家出，一人说："你的好意我们领受，可这些事（指派款）经常不断，什么时候是个头啊？我们必须像对待土匪李凤兰一样，给他们个样子看看，让他们知道知道我们赵楼寨不是好惹的！"大家都坚定地说："不能给！一元也不能给！"后团长李金田又派一副官和一护兵前来催促，几个管事的仍坚持不给。副官说："你们不给，我俩不好交待，可去个人见见我们的司令，我们就可以交差了。"大家说，只要讲理，那是可以的。就随即决定让赵玄五随副官见司令刘汝明。刚走出寨一里多地，寨中一位姓徐的老人因为早已对军阀部队的索粮派款恨之入骨，加上他倔犟的性格，听到此事，义愤填膺，他掂起一根如拐杖长的旱烟袋，跑二里多路，追上了副官，照副官的头上狠狠地捶一烟袋锅。说："你们向我们要东西，还把我们人押走，这么厉害！不能去！"副官、护兵手握短枪，即时剑拔弩张，事在一触即发之中，可副官也是个会随风转舵的，立马又息怒为和，急忙拦住士兵，并对来人说："你们要不愿去，你们就回去吧！"副官便同护兵回司令部复命去了。

　　那副官返回司令部向团长李金田和师长刘汝明汇报后，刘汝明非常生气，说："这寨中人好不识抬举，敬酒不吃吃罚酒。"当即下令派兵围寨。赵楼寨群众见此情况，也封闭寨门，并动员寨内全体民众携带大刀、长矛、长柄农具（桑杈、谷杈、铁锄头等）登上寨墙，形成双方对垒、严阵以待之势。赵楼寨四周较长，步行一周需半晌时间。

寨墙上有能通行牛车的宽度，上有寨垛，寨外沿墙有寨河，河中有水，确实固若金汤，是易守难攻的。大家认为，只要我们万众一心，同仇敌忾，是不怕他们的。

守寨民众手持家伙，挤满了寨墙，稍有不慎就会被碰伤（赵洛先家一伙计就是在寨墙上行走时，被碰瞎了一只眼）。一军虽气势汹汹，但他们是理亏的。全体民众的反抗是正义之举。特别是寨中的广大青年，性悍刚烈，有一股大无畏的反抗精神，在一军明为捐饷、实为掠财的侮辱、欺凌面前，他们众怒难遏，就点燃了土炮，使寨外的几个士兵即时丧命。这一炮激怒了指挥围寨的军官，当即下令攻寨……

寨中民众有百十支步枪，还有土炮、土枪，守寨民众人人都手持长柄农具，成了一支坚强的、团结的正义之师。此前大土匪李风兰曾围寨七天七夜，也未能动寨中一根毫毛，后自行离去，故大家对一军也不放在眼下。寨中还有个叫"堂子"的精神鼓励团体，他们说："穿上黄马夹，刀枪都不怕，神灵能保佑，胆壮力又大。不会伤人死人。"以此鼓励大家。而当时的一军，系正规军，双方武器悬殊很大。双方对峙七天七夜，寨破。军队冲入寨内，杀得尸体遍地，惨不忍睹……屠杀过后，天降大雨，无人施救，又造成躺地伤者伤重者死亡、轻伤者难医。加上六月份天气闷热，到处血腥恶臭之气冲天……一军士兵在寨内又驻二十余天，将寨内财物洗劫一空，便移防嵩县去了。临走时，还掳掠一些寨民作人质，最后用钱赎回才算了事。据统计，这场惨案被杀民众达三千多人，其中有籍可稽（有名姓）者一千四百余人（另有高集一带逃土匪荒居此的灾民难以登录）。正所谓"民国纷乱群霸争，军阀蜂起动刀兵。丰饶张村肥美地，驻军犹如走马灯。今朝索粮又派款，明日敲诈势更凶。可怜赵楼三千众，尽罹血雨腥风中。"①

---

① 赵文汉（口述），刘鼎炜、洪荣惠整理《惨绝人寰的大屠杀——追记民国时期西北一军血洗张村堰子赵楼的滔天罪行》，载中国人民政治协商会议河南省邓县委员会文史资料委员会编《邓县文史资料》第一辑，无日期，第56~60页。注：作者赵文汉，邓州市张村镇堰子赵楼村人，邓县一高中退休教师，其祖父赵洛先当年为堰子赵楼寨主。

虽然有村落层面的集体行动,"不屈服、人心齐、斗志昂",但在国家缺位的情况下,面对强大势力侵袭,村落层面的集体行动招来的是灭顶之灾,这造成村落层面的集体行动的"两难困境"。

第二节 乡村社会重构与国家主流文化支配村落生活 (1949～1976 年)

从一定意义上说,中华人民共和国是应晚清以来日益严重的乡村危机而生的。国家政权在乡村基层确立与巩固的同时对乡村社会进行了整合,通过土地改革运动打破了旧乡村的社会均衡及其集体行动困境,从而在全新的文化伦理道德规范下,以动员—运动机制与集体行动逻辑的耦合共振,维持一种新的社会均衡及达成高效率集体行动以应对各种危机。

一 村落(乡村)文化生态重构

一般来说,国家政权深入一个具体村庄(村落)的过程是这样的。首先选择重点村,组织工作队进村宣传政策,串联扎根、座谈,摸底查情况,组织队伍,通过"同吃、同住、同劳动"的"三同"活动对贫苦农民进行教育,提高其阶级觉悟,开展对村内旧当权派的斗争,整顿贫雇农组织并开展全面的诉苦教育,发动大多数群众进行查阶级、查剥削、划阶级,追缴斗争果实,丈量土地、分配土地,进一步整理各种群团组织、巩固政权。然后,带领重点村涌现的积极分子到周边村庄开展同样的运动——像波浪一样向四周扩散开来。但是,由于时间要求紧、干部与工作人员经验能力的差异,运动效果也是有差异的,因而土地平分之后,还要组织一轮土地改革复查与民主建政运动,以检查上一阶段的工作、巩固上一阶段的成果,因此,土地改革运动包括一系列夹杂当时国家统一要求或地方独特的中心工作(如救灾、挖渠沟等)的前后相连的环节,大体上需要两三年时间,从中南地区来看,应该是在 1952 年告一段落。土地改革的实质是以大体平分土地、打倒旧的村庄(村落)当权派、让边缘群体翻身做主的方式获得大多数农民拥护,进而动员乡村人员应对危机,为实现国家的现代化奠定基础。

现代中国的建构是"行政下乡"的过程，即国家行政和乡土社会渗透的动员、任务和命令机制，都是为了以统一思想、统一意志、统一行动去改造、支配乡村社会。虽然以土地改革运动为中心的一系列运动反复强化巩固着革命秩序，但最终新秩序的确立还是体现了由战场斗争推进的强制性社会变迁的战斗向乡村延续的情形——在我们这个有着2000多年封建传统的国家，尤其是在远离国家权力中心的村落（村庄），革命的过程总是曲折的。

据档案记载，出于对新政权打击与冲击的不满，鹿邑县二区刘营乡地主就曾浑水摸鱼、制造事端。[①]

竹恺店恶霸地主付×凯被政府扣押，其子付×祥勾结本姓地主6家，晚上在一块开私会，商量准备报仇。被乡政府发觉后，付×祥被捉，并对反动行动供认不讳，又承认有一支枪存于王营村（王营村王×成家是他老娘家——外婆家）。乡干部根据他的口供情况，让邢×粮委员当夜（1950年1月4日）和竹恺店民兵10余人押着付×祥到王营村去取枪。他们进入王营村刚到王×成家，该村王×德率领上夜校的40余人包围了他们并大喊："咱们村招土匪啦！全村赶快起来拿家伙来打土匪！"煽动不明群众把邢×粮和民兵捆起来，毒打后交给刘营乡政府。后来鹿邑县二区区委调查研究认为，王×德以抓土匪为名，行对抗政府之实，属于地主有意暴乱行为。一是王×德本人是恶霸地主（有名的活阎王），过去当过保长，在这次事件中曾说："谁是青年团员就把他打狠点。"二是帮凶王×聚，富农成分，干过联防军、当过伪军，他的父亲在1947年组织联防队被革命政府镇压，在该事件中下狠手吊打于寨乡民兵，还试图枪决民兵。

后来，鹿邑县二区彭区长到王营村开群众会，把此事件发生的情况进行了说明，并批评了于寨乡的盲动错误，严肃指出这是反动地主王×德公开向政府对抗、实行暴动的罪恶行为，政府对这种行为要坚决镇压。群众了解清楚该事件的原因、过程，一致认为"坏人该落网"。同时鹿邑县二区在全区下发通报，指明于寨乡违反政策，造成了恶果，并指出刘营乡乡主任姜×理分不清敌我界线，造成乡政府镇压自己人，让政府成了敌人的工具。

---

① 《鹿邑县二区刘营乡地主暴动事件经过及处理意见的报告》，西华县档案局档案，档案号：西华县委全宗第三卷第9件。

如果说鹿邑县二区刘营乡地主王×德，是出于对新政权打击的不满，故意制造事端的话，新野县"齐花园事件"① 中的旧当权派则对昔日村落边缘群体崛起、凌驾于自己之上充满刻骨仇恨——旧当权派极力反扑，竭力保住自己的权势和财富。1950 年 6 月《中华人民共和国土地改革法》明确指出土地改革的目的是废除地主阶级封建剥削的土地所有制，实行农民的土地所有制，借以解放农村生产力，发展农业生产，为新中国的工业化开辟道路。但在具体的村庄（落），原来处于村落边缘的贫苦农民得到了土地，政治上翻了身，而原来的当权派，失去了权力、财富，在激烈的矛盾下，斗争不可避免。这里可以看到，社会惯性的力量是巨大的，尤其是人们的思想、理念及其行为方式。"齐花园事件"固然反映了旧势力竭力反扑的凶狠，但所谓"地主代理人""上当分子"的利益驱动行为，不能不说仍是晚清民国以来，乡村中形成的为了利益不顾道义、良知的行为方式的延续。

同时，该事件也反映了具体村落政治文化的独特性、复杂性。社会秩序的重构不但需要国家层面的强力推进，还需要付出巨大的变革成本，需要多次的教育、宣传来强化新的社会秩序、形成新的村落文化。

由儒家伦理道德统摄的乡村文化②，不但规范社会价值判断，而且制约人的行为方式。同时，承载传统文化的政权与制度，在近代成为农村危机的直接根源之一，如此，传统乡村文化在一定程度上不可避免地沦落为乡村腐败政治的帮凶。因为在传统中国这样一个具有长期集权文化传统的国家，政治权力决定经济资源的配置。在相对传统的乡村社会，文化只能是权力支配性的宣扬。③

---

① 关于"齐花园事件"的具体情况，见王保廉回忆，何玺廉、郑进禄、周自兴整理《齐花园事件始末》，载中国人民政治协商会议河南省新野县委员会学习文史委员会编《新野文史资料》第十四辑，1998，第 40 ~ 50 页。

② "文化"这个词指的是社会成员共享的一整套知识、信仰、态度和行为规则。一般来说，现有的文化基础很大程度上决定了能够接受什么样的新变迁，不同的文化表现出了不同程度的接受变迁能力和准备程度。见〔美〕瓦戈《社会变迁》，王晓黎等译，北京大学出版社，2007，第 191 页。因此，这里的"乡村文化"主要指乡村社会的行事原则与标准，即主流道德规范体系。

③ 陈国和：《乡村政治与四五十年代的土改小说》，《湖北社会科学》2007 年第 1 期，第 135 ~ 138 页。

二　国家主流文化主导农民生产生活

革命伦理下乡，主要是通过宣传方式实现的。当然，根据不同时期的形势与任务，新政权对群众灌输的革命道理也往往随着中心工作的转移而有不同的侧重。俗语云，"名不正则言不顺，言不顺则事不兴"。土地改革开始后，首要的问题是转变农民的思想。河南省第一次农民代表大会告全省农民书云："以前咱总认为'穷总是命穷'，'祖先没有留下土地'，'坟地风水不好'，现在咱们的觉悟提高了，明白了这都是地主阶级制造出来的欺骗咱们农民的迷魂汤。原来一切土地，都是咱们祖先用手开种出来的，地主的土地是霸占剥削来的。人民政府、共产党领导咱们搞土地改革，消灭地主阶级，废除封建半封建的土地制度，是'土地回老家，合理又合法'。"①

但毕竟农民的眼前利益与国家的长远利益、具体村落的情况与国家的统一要求之间不可避免地存在差异，这决定了宣传的效果需要不断巩固、强化。从认知规律上看，宣传思想信息首先在人脑中形成表象，经过原有认知结构的筛选，形成新的认知结构，在新的认知结构的基础上，开展行动。因此，从心理学角度讲，在宣传活动中一定要尊重农民，宣传工作必须注重贴近实际、贴近生活、贴近群众，以平等的工作态度和工作方法去密切联系群众，取得群众的理解和信任。② 持续的、锲而不舍的国家主流话语宣传，其实是一种引导、规范，或者说要求。以报纸上此时期有关春节的报道宣传为例。③

中华人民共和国成立初期，从报纸来看，春节期间更多的报道是：过春节巩固农村速成识字学习、宣传婚姻法、进行爱国卫生运动、努力生产、简省节约、农民要为国家工业化的总目标而奋斗等等。20 世纪 60 年代末 70 年代初，正是无产阶级"文化大革命"如火如荼的年代，在那些

---

① 《河南省第一次农民代表大会告全省农民书》（1950 年 3 月 21 日），载中共河南省委农村工作部编印《河南省土地改革文献》（上册），内部资料，1954，第 331～333 页。

② 施炎坤：《关于党的农村思想工作的心理学研究——入心入脑的认知机理及应对策略》，《中共福建省委党校学报》2004 年第 5 期，第 59～62 页。

③ 见贾滕《事变俗移：从春节习俗看社会变迁——以近代以来华北农村为例》，《周口师范学院学报》2008 年第 1 期，第 53～57 页。

革命激情燃烧的岁月里，传统的春节年俗被赋予了强烈的革命色彩。翻开当时的报纸，有关春节的文章题目基本一致——《过一个革命的春节》。例如，"在伟大的毛泽东思想的灿烂光辉照耀下……我国广大贫下中农和在农村安家落户的革命知识青年，满怀革命豪情，一起度过了一个革命化的、战斗化的春节……广大贫下中农和革命知识青年决心更高地举起毛泽东思想伟大红旗，狠抓革命、猛促生产，紧跟伟大领袖毛主席奋勇前进，夺取无产阶级文化大革命的全面胜利……"当时，"抓革命、促生产""移风易俗、力求节俭"等是关于过春节的主流话语——"我们大队过春节，一定遵照毛主席的'备战、备荒、为人民'的指示办事，力求节约。我们要移风易俗过春节，提高阶级觉悟，破除封建迷信思想……"①

在集体利益高于一切的时代，生产、建设是国家的中心工作，是国家主流话语，村落的具体生活，服从于宏大的革命叙事。

但国家主流话语、革命宏大叙事，相比于乡村社会传统、村落生产生活，毕竟是"外来的"，集体利益也不必然与个体利益相一致，与个体追求、个体利益可能是有差异的。在生产效率难以继续提高、乡村社会活力下降的背景下，肇始于20世纪70年代中后期的改革开放，在村落中的一个主要体现便是国家主流话语在村落具体生产生活场景中后退。

第三节　市场经济"销蚀"村落文化生态 （1976 年以来）

20世纪70年代末期至今，中国的改革开放极大地解放和发展了生产力，尤其是21世纪以来，中国特色社会主义建设进入发展快车道，各项事业取得举世瞩目的成就。与此同时，以工业化为产业基础、以市场为资源配置基础的现代化发展，不可避免地造成了以农业为产业基础的乡村文化的危机和"边缘化"；市场经济的发展使社会利益格局、社会关系网络都发生了全新的变化，农民有了更大的选择空间，传统村落的边界日益开放，农民在流动中分化，在职业化、市民化的过程中离村离土，乡村文化

---

① 河南西华县逍遥公社刘寨"五·七"学校一教师：《过一个革命化的春节》，《人民日报》1970 年 1 月 24 日，第 3 版。

急剧变迁，村落文化共同体呈现全新的面貌。

一 市场经济"销蚀"村落文化基础

脱农离村、城乡一体化以及商品下乡、多元文化与庸俗文化下乡，尤其是商品文化深入乡村日常生活，极大地冲击了村落（庄）文化秩序。

"30 亩地一头牛，老婆孩子热炕头"是传统时代中国农民的理想生活。浓厚的土地情结、对耕耘稼穑的重视，使田间地头成为他们安身立命的基本场所，村前屋后、树下巷尾、池塘晒场是他们的生活舞台。乡村田野、农耕文化是生产生活的全部，"日出而作，日落而息"既是生活写照，更是判断农民是否本分的标准。

改革开放后，家庭联产承包责任制以及乡镇企业、贩运贸易等快速发展，乡邻的示范与自身的实践，使农民的商品交换意识萌生、发展，进而大大地解放了思想。经过 40 多年的市场化改革与发展，农村经济获得发展。同时，农民生产方式和生活方式发生了巨大变革，尤其是农民对城市产生无限的向往、市民化意识不断增强，几代人下来，农民终于达成了封闭性人格到开放性人格的转变，形成了在城市与乡村之间的"适时"流动。

国家统计局网站材料表明，1949 年中华人民共和国刚成立时，城市人口 3949 万人，占全国总人口的比重为 7.3%。到 1957 年末，城市人口增加到 7077.27 万人，占全国人口的比重为 10.9%，比 1949 年增加 3.6 个百分点。1978 年城镇人口（居住在城镇地区半年及以上的人口）为 17245 万人，城市化率（城镇人口占全国总人口的比重）为 17.92%。1991 年末，城镇人口增加到 31203 万人，城市化率达到 26.94%，比 1978 年提高了 9.02 个百分点。到 2008 年底，城市化率提高到 45.68%。[①] 2018 年末，我国城镇常住人口 83137 万人，比 2017 年末增加 1790 万人；乡村常住人口 56401 万人，减少了 1260 万人。2018 年我国常住人口城镇化率（城镇人口比重）为 59.58%，比 2017 年末提高 1.06 个百分点。城镇人口增加主要受城镇区域扩张、城镇人口自然增长和乡村人口迁移三方面因素影响，分

---

① 国家统计局综合司：《系列报告之十：城市社会经济发展日新月异》，2009 年 9 月 17 日，国家统计局网站，http://www.stats.gov.cn/ztjc/ztfx/qzxzgcl60zn/200909/t20090917_68642.html。

别影响城镇化率提高 0.42、0.25 和 0.39 个百分点。随着区域协调发展战略的扎实推进，农业转移人口市民化步伐加快，进城落户人口增加，人户分离人口和流动人口分别比 2018 年末减少 450 万人和 378 万人。进城落户使更多的农村人口转变为城镇居民，享受到城镇基本公共服务和社会保障，真正实现由"乡"到"城"的转变。[①]

课题组[②]曾先后利用 2010 年国庆假期、2011 年春节假期，组织师生先后对河南省 11 个市 19 个县的 22 个村庄（见表 5 - 5）进行较为详细的调查，豫北、豫南、豫东、豫西地区均有样本村庄分布，空间布局较为合理。调查前对学生进行了分组培训，以确保调查数据真实可靠。

表 5 - 5　样本来源及基本情况

序号	村庄名
1	安阳市汤阴县白营乡尧石得村
2	开封市杞县葛岗镇西云村
3	周口市沈丘县赵德营镇代营村 11 组
4	开封市通许县大岗李乡杜庄 2 组
5	商丘市睢县河集乡大杨庄村第 3 组
6	周口市太康县高朗乡张车岗村 1 组
7	周口市西华县李大庄乡张五营村 1 组
8	商丘市宁陵县孔集乡宋东村 4 组
9	南阳市南召县留山镇潘寨村东沟组
10	安阳市林州市城郊乡寨根村
11	濮阳市清丰县高堡乡小里屯村 2 组
12	周口市扶沟县汴岗镇东桥村 5 组
13	商丘市睢县长岗镇后常村 4 组
14	漯河市舞阳县孟寨镇效集村 1 组
15	周口市沈丘县付井镇岗王村 5 组

① 《李希如：人口总量平稳增长 城镇化水平稳步提高》，2019 年 1 月 23 日，国家统计局网站，http://www.stats.gov.cn/tjsj/sjjd/201901/t20190123_1646380.html。
② 调查员除一部分为本课题组成员外，其他均是 Z 师范学院的在校河南农村籍大学生。

序号	村庄名
16	安阳市林州市河顺镇黄家坡村1组
17	平顶山市叶县常村乡李家庄村赵庄组
18	信阳市光山县马畈镇马畈村锡山组
19	漯河市召陵区万金镇郭庄村1组
20	洛阳市孟津县白鹤镇宁嘴村16组
21	驻马店市平舆县射桥镇大孙村委新埠口村
22	周口市扶沟县崔桥镇毛寨村

22个村庄共有人口21661人（包括脱农者在内，但不包括脱农者在脱离农村后娶妻生子等衍生的人口），其中男性11565人，女性10096人。1978~2010年，这些村庄共有脱农人员570人，其中男性364人，女性206人。

需要说明的是，这一数据包含的仅仅是通过升学、参军等完全脱离农村日常生活的人口，若加上来往于城乡之间的农民工，这个数字无疑要大得多。

市场经济使人的发展由人对人的依赖转为人对物的依赖，自由和平等成为主流观念。人口的快速流动使新的业缘关系网络不断形成并不断重组，传统的熟人关系网络被打破，传统乡村文化受到市场经济背景下的多元文化的冲击，农民的思想、观念发生了巨大变化，代际、人际观念差异越来越大。市场观念、经济规律驱使农民用市场经济法则评事论人，按市场规则交流交往，这使乡村道德评价体系呈现多元化趋势。整体来看，国家实行工业反哺农业的力度逐渐加大，农民负担不断减轻，资金下乡、政策下乡、技术下乡、人才下乡等帮扶性政策的实施，一方面使农村基础设施逐渐完善，另一方面为农民拥有更多的财产性收入创造了条件。农民家庭收入不断增加的同时，"养牛为耕田、养猪为过年、养鸡为花钱"的观念早已过时，消费观念从简单的保障生存向适度享受转变。

在传统乡村社会，农民对生儿子的关切乃是一种关乎生命、生活意义的价值追求。主流文化讲"不孝有三，无后为大"，村落（庄）邻里之间讲，"看某某家，儿孙一大群"——无比羡慕，"看某某家，连个儿子也没有，绝户头"——异常鄙夷。因此，香火不继、"生命无法延续"，是农民最大的心病。乡里俗语，不可娶没儿子家的女孩为媳妇，一则将来孩子没娘舅可走，二则家风不好——没男孩的家庭往往不考虑后路，不顾及村落（庄）风俗人情，俗称"不够来回""做事绝"——其实也有道理，一旦认为自己断子绝孙，人生就不再有希望，也不再值得期待，这样的人往往会比较小气，难打交道，被亲戚邻居看不起，认为不如今朝有酒今朝醉，追求现世享乐。

但是，在当代中国农村，因为现代性因素，尤其是市场因素的持续冲击，新一代农民（工）安身立命的基础变了，至少已经大大动摇。生儿育女、传宗接代的理念开始转变了。农村大多数年轻人要么在外做生意，要么在外务工，部分人挣钱之后竞相在县城买房（他们是其他后来者的榜样），让父母在县城照看孩子上学，这使得生活成本、教育成本增加，村落（庄）里的舆论已经无人关心，因此年轻人首先是不想生那么多孩子，其次是认为生男生女都一样。

大量年轻人的"不在村"以及大量农村家庭在县城买房居住，产生的另一个结果是无主体村落（庄）的大量存在，村落（庄）成为一个开放的社区，村落（庄）里的社会性评价标准与社会乃至与世界"同步"，人生意义多元，评价标准不一。在传统村落（庄）历史沉淀下来的、以互惠为基础的人际交往、集体意志，"守望相助，疾病相扶"的合作，即"道义乃至行动的共同体"逐渐瓦解。"一旦现代性的因素进入传统的封闭村庄，村庄的社会性价值就会发生变异。传统社会中的秩序被打破了，人们对社会性价值的激烈争夺往往不是整合了村庄的团结，而是破坏了村庄的团结，村庄社会因为对社会性价值的激烈争夺，而使村庄共同体解体，村庄变得原子化起来。"①

进一步探究发现，随着中国经济的发展，社会进入物质丰富时代，广告刺激消费、时尚引领消费形塑着社会主流价值观，鼓励人们通过奋斗过上中产阶级的体面生活。但农民的代际转换需要经历一个较长的历史时期，而且年轻农民（工）由于各种条件的限制，远较其他群体实现"中产梦"困难。在如此悖论下，无奈的是村落（庄）里"传统观念愚昧落后"

① 贺雪峰：《乡村社会关键词：进入21世纪的中国乡村素描》，山东人民出版社，2010，第116~117页。

的看法已经被确立，而很多村落（庄）里走出的人，却仍然"在路上"。

二 家庭再生产功能弱化

当代传统农区普遍可见的村落（庄）青壮年离乡、老人儿童留守现象背后是农民家庭结构的变化、家庭伦理的变化。

从代际差异来看，掌握较多文化知识、经济自主性强的青年农民在家庭、村落拥有更多的发言权和决策权，由此而来，传统婚姻观念、生育观念已经被自主婚恋、少生优育观念替代。正是经济基础、家庭收入结构的变化引起了家庭结构的变化，带来了农村的养老问题与留守儿童问题等，种种变化的结果又成为其他变化的原因，或者种种变化互为条件，在变动中产生变化等。这显示了村落中呈现出来的问题，不存在单一的因果关系，不存在单一因素决定论，我们应当在综合考察的基础上，揭示各种因素背后的联系，阐释其自身的意义。

近年来，学界对乡村发生的巨变予以热切关注。随着在全国不同地区展开的深入村落（庄）的调研，我们对乡村问题的理解越来越深刻。

在内外力量的夹击下，家庭中妇女地位提高与老年人地位下降、婚姻形式多样、宗族名存实亡、村落（庄）文化内生机制缺失共生相伴——可谓旧辙渐破、新轨未立，传统文化与本土文化逐渐式微而现代文化却难以在村庄生根发芽。在村庄经济发展的同时，农村养老问题、留守儿童问题日益严峻。

学界早已注意到青壮年农民离村对留守老人群体的负面影响。其实，农民离村带给农村老年人生活的影响虽是直接的，但不是根本性的，或者说，即便家里没有人外出打工，上述老年人生存困境问题依然在不同程度上存在着，而农民离村使这些问题更加显性化。因为从宏观方面看，农村老年人生存困境的根本原因在于社会的转型，留守老人的生存困境只不过是社会转型过程中，种种矛盾在这个群体身上的集中映射而已。

从经济发展来看，农村收入增长缓慢，不能满足农民生活需求。相对而言，农村收入水平太低、缺乏发展机会，而城市收入较高，因此，农民外出打工是一种理性选择，是一种历史的必然——正是城乡差异造成了农村人员的外流和留守困局及农村老年人群体的生存困境。

从文化来看，在传统时代，由于农耕的经验与人脉资源的积累，老年人在家庭与村庄社区公共事务中有着年轻人无法替代的作用，因此，老年人的生活一般来说是比较悠闲的：干点闲活、说点闲话、管点闲事（尤其像婚丧嫁娶、唱大戏这些事情，必须由老年人主持、主导）。现在，受改革开放以来市场经济大潮的冲击，作为传统伦理文化主要内容的孝道文化日趋式微。一方面，源于年轻人在商品经济侵蚀下家庭观念的淡薄，另一方面，家庭收入来源的变化导致家庭财富承载的尊老价值符号被剥离。加上农村社区舆论转向以挣钱多少作为评价人是否成功的标准以及社会对孝道行为激励的缺乏，使老年人在家庭与社会中处于不利地位。

从社会发展阶段来说，国家的现代化尚未完成，工业反哺农业才刚刚起步，"未富先老"使农村老年人处于家庭结构功能变化、社会保障制度尚未健全的历史断裂带中。正所谓"现在是好的社会，但对老年人来说并不是好的日子""不怪国家，只怪自己老了没能力"。当代中国由农业社会向工业社会转变、乡村社会向城镇社会转变、封闭社会向开放社会转变的加快，相对而言，对农村老年人产生了较多的不利影响。当然，从微观上看，农村老年人并非是一个同质的群体，不但有地域差异，更有着个体差异。一般来说，勤劳善良、注重子女教育，并且子女人生较为成功的老年人，情况要好于一贯懒惰或有其他恶习、子女境况不太理想的老年人。

对此，贺雪峰认为经济与社会的变化造成了"家庭理性化"。

当传宗接代变成每个中国人的义务时，家庭的意义就远不止是一个生产和生活单位，而且是一个宗教单位，是一个让人安身立命之所，是一个让个人有限生命找到无限意义之所，是一个人可以忍辱负重投入全部感情和身心之所。家庭的这种影响，仍然深深烙在每个中国人的身上。比如，中国人的成功，往往不是自己的成功，而是子女的成功，"望子成龙"，子女功成名就，自己人生就圆满了。而无论自己多么成功，如果子女不成器，则会深深地受挫，人生也无成功可言。经过20世纪100年的现代性因素的冲击，到了21世纪，中国农村终于开始发生更为彻底而根本的改变，这就是对人的价值系统的改变，对人生意义的重构，使人安身立命之物被摧毁。

之前在器物层面被打碎的东西，因为意义系统仍在，还可以重建，现在意义系统发生了改变，器物层面被打碎的东西就无法重建……因为不同地区农村经济、社会、文化等因素的差异，不同地区在应对现代性因素的冲击时，反应的方式和速度各有差异，中国农村成为展示现代性与传统碰撞，传统在碰撞中节节后退的巨大现场（试验场）……在现代性因素的冲击下，家庭本身作为宗教的一面逐渐被改造。"养儿防老"从"传宗接代"中脱离出来，因此生儿生女都一样，同时，通过自己的努力来解决养老的问题，而并不一定非得"养儿防老"。一旦生儿育女与传宗接代的联系不紧密，则传统的作为宗教单位、作为人们寄予全部期待与希望的家庭就理性化了……一旦家庭不再是一个人可以寄托全部生命的宗教单位，个人的理性选择就会让人大吃一惊，却又在情理之中。①

三 村落（乡村）文化生态变化

村落（庄）主体观念的改变、家庭功能的变化，必然导致村落（庄）原有文化模式的变化。

关于华北各地的调研以及新闻报道、观察显示，市场经济已经深入乡村的各个方面，超市、微商、快递配送站点等已经在村头出现，智能手机、微信群等已经普及，随着道路村村通、公交车通以及网络的全覆盖，村落（庄）的日常生活已经与社会同步，村落（庄）生活的重大事件及其文化事象也已经不可避免地市场化了。

一是婚丧嫁娶及其仪式市场化。女孩子找对象主要看男方经济实力，为显经济实力，彩礼越来越高，条件越来越高。前些年，关于农村女孩找对象有顺口溜，"男孩要一个儿，房子要盖在路边儿，公婆年龄要四十二三"，总之，主要考虑经济条件；近几年又有了升级版，即除了彩礼外，还要"一动""不动"，"一动"是汽车，"不动"是县城要有房子。这造成农村结婚难，未婚的男孩子对家庭、对村落（庄）日益疏离，好多找不到对象的男孩子，春节也不回家。"在河南农村调查，农民有'生两个儿子哭一场'的说法。为什么生两个儿子要哭一场？因为现在为两个儿子操心，将他们养到18岁，再为他们建房子娶媳妇，不是件容易的事情，而是

---

① 贺雪峰：《乡村社会关键词：进入21世纪的中国乡村素描》，山东人民出版社，2010，第150~154页。

要有数十年的奋斗才可能完成的人生任务……"①

课题组的调研也证实了村落（庄）中有在儿女婚事上坚持金钱利益至上的典型人物存在。②

结婚嫁女坚持金钱至上的同时，喜事、丧事完全没有传统的仪式感，更别说真挚的情感了。结婚仪式西化，完全交给摄影兼婚庆公司办理，年轻时尚的主持人用的净是新词语，大红的请柬是买来的，谁还知道传统的婚书是什么样子呢？丧事的办理完全市场化、娱乐化。丧事的待客、挖墓坑、运棺材甚至哭灵都商业化了，有专业人员做这些工作，主家只要出钱就行了；守灵夜里的歌舞更是娱乐化，否则冷场没人看，丧事办得像喜事一般。

二是传统节日去仪式化。在部分人看来，春节、清明、端午、中秋、重阳等与农耕社会生产生活相关的传统节日已经没有情人节等洋节有吸引力了，而且社会上突然新创了很多节日，如 11 月 11 日光棍节等。在传统的节日里，比如春节，打工回来的年轻人，根本不去祭灶王爷以及煮刀头肉、蒸贡香馍祭祀祖宗家神，甚至懒得在村里拜年，要么热衷娱乐玩耍，要么与工友、生意伙伴吃喝，然后正月初四五就走了；不回村过年的，充其量打个电话、发个微信以及通过微信发个红包。过年的老少同乐、村落（庄）祥和、平安的气氛淡化了，正月十五不过，便又留下落寞的留守老

---

① 贺雪峰：《乡村社会关键词：进入 21 世纪的中国乡村素描》，山东人民出版社，2010，第 150～154 页。

② 2019 年 8 月 7 日，课题组在豫东郸城县李楼乡某村调研，了解到关于当下婚姻问题，有这样一个典型案例。李××两口 65 岁左右，1 子 3 女，小女儿在上中学。李××老婆把钱看得重——钱上说话。两个较大的女儿长得漂亮，李××老婆认为自己的闺女应该配个当官的。大女儿原先说的是邻居李×大嫂的舅家老表，结婚的时候，李××老婆开口要 1 万元钱，当时是在十几年前，1 万元人家男方实在拿不出来，于是退婚了。大女儿后来与砖寺王××儿子结婚，约一年时间，还没有孩子，李××老婆撺掇闺女把王××赶出房子。王说："房子是我盖的，房产证上写着我的名字，你咋要我出去呢？"结果李××大女儿与王×儿子离婚，再嫁到周塔桥桥下头……二女儿说到丁楼，结婚前三天，李家要 10 万元，婆家说弄不来那么多现钱，有存折，存的是死期。丁楼老公公铁，说："我要是把存折给她，这不就是说她一来就当家了吗？"于是不愿意给，退婚。后来女儿的二姑做媒，把这个姑娘说给田×沿。李家二女儿与田×沿婚后已经有个女儿，小两口吵架，李××老婆叫女儿离婚。姑娘二姑是媒人，为此事李××老婆扇了她二姑巴掌。好在最后没离婚。这家家庭条件不错，就是李××老婆捣事……丁楼这家，现在家里有大车、铲车，收粮食的本钱都有几十万元。丁家家长曾经说："我家要是娶了这个儿媳妇，现在会是啥样呢？"王××儿子后来再婚，日子过得也不错。

人、儿童。

三是村落（庄）去舆论化。由于村落（庄）缺乏年轻人，村落（庄）的事情比较单调，大家较为关注经济利益。如随着近年来国家扶贫力度加大，很多贫困户在国家扶持下搞养殖、种植，家庭收益不错，引发了很多邻居的羡慕——个别地方在扶贫中出现"悬崖效应"，大家竞相当贫困户。

2019 年 7 月，豫东 D 县组织一次"围村检查"，李楼乡某自然村有几户日子过得不错，有面包车、挖掘机的农户，趁机提出要当贫困户，要政府补助。课题组为了解这几户的真实情况以及户主的真实想法，于 2019 年8 月进行了入户访谈。其中一户，有 1 儿 1 女两个孩子，都出去打工了；两口子 50 岁左右，带三个小孩（孙女）。问村里贫困户情况，马×× 答："我经常在外面打工，不常在村里，不清楚村里情况。"问："你庄有几家贫困户？"答："不清楚，有十几家吧。听说近来又要弄一批贫困户。"问："听说弄几家？"答："不知道，十几家吧。"问："贫困户有啥政策？每年补助多少？"答："不知道。"问："贫困户咋产生的？是如何认定的？"答："那还不是他们说的。"于是就问："你与村干部联系多不？"答："给他们弄一块干啥呢？我跟他们不挨。他们的事我不知道。"

通过对村支书的访谈，我们了解到了该村的情况。该自然村总共 28 户贫困户，均张榜公示上墙，占总户数的比例为 6%。马×× 这么说，肯定是对政策不了解。推测其想当然认为当贫困户能得到国家帮助；抱着无所谓的心态，要求提一下，能成为贫困户最好。

而对于村落（庄）的公共卫生，比如乱倒垃圾、乱堆杂物等，无人关心，对于缺乏统一规划、竞相垫高地基盖房造成下雨时无法及时排水的现象，只要不牵涉村民的利益，他们就不关心。对村落（庄）里谁家儿女对父母不孝顺、谁家做人做事不合传统老理等，村民均认为是别人的私事，不予置评。

总体来看，由于当下大传统文化、小传统文化以及现代文化在乡村发生碰撞，农民的各种社会行为，缺少统一的标准和规范，在价值选择上呈现无序和迷茫的状态，利己主义、个人主义、金钱至上的思想理念不断凸显，良好乡风乡情的塑造以及对人文精神的关怀不断淡出，部分农民"只管穿衣吃饭，不管理想信念"，只关注眼前利益和目前的生活享受。

结语 村落文化因村落文化生态的改变而变迁

本书论述的传统农业区域，在贺雪峰基于地方与中央政权的关系、开发时期、移民与战乱历史、种植结构与水利条件、土地占有和使用方式、居住结构等六个方面的指标，大致划分的社会文化意义上的北方村庄、南方村庄与中部村庄等三种类型中，[①] 大致属于北方农村。该区域距离中央政权近，长期受战乱影响，现有的村庄多数是由明朝及其后的移民构成，受明初拟定的同姓不得移民一处政策的影响，村庄一般是由几个姓氏联合构成的，宗族组织因缺乏"单独发挥作用的地域基础"和"强大的经济实力基础"而发育不充分。

受各个方面复杂因素的影响，北方农村一般具有如下特点：村庄规模较大，每个村庄一般是由两三个大姓组成，姓氏内部的血缘关系密切，认同度较高和一致行动能力较强，不同血缘的人、家庭之间具有地缘关系，不同姓氏的家族通过合作与斗争而联合成为村庄。总体而言，北方农村形成了以家族（一般为二三十家）为单位的分裂的村庄结构，不同家族之间竞争激烈，并且内部社会分层也比较明显。[②] 从数千年的中国农村农业发展变迁来看，随着晚清以来百余年生产方式与社会形态的变迁，区域乡村的文化生态发生了深刻变革。

晚清至 1949 年，资本帝国主义掠夺，农民在市场化中处于弱势地位，在内外交困之下农村产生经济危机、农民生活条件恶化，加上灾害冲击，国家治理缺失，社会无序，部分家庭丧失再生产功能，传统伦理道德无存、"土豪劣绅"横行，村落内部分化、共识不存、村落自主性缺失，村落文化生态被破坏，使得村落共同体陷入集体行动困境。

中华人民共和国成立后至 1976 年，国家通过土地改革运动，重构乡村社会，村落主体与国家关系、村落主体间关系，乃至家庭的结构与功能都

---

① 贺雪峰：《个案调查与区域比较：农村政策基础研究的进路》，《华中科技大学学报》（社会科学版）2007 年第 1 期，第 112~119 页。

② 桂华、欧阳静：《论熟人社会面子——基于村庄性质的区域差异比较研究》，《中央民族大学学报》（哲学社会科学版）2012 年第 1 期，第 72~81 页。

发生了变化，这本质上是国家对村落文化生态的重构，以主流文化主导农民生产生活。但是，国家主导乡村社会生活，集体化的生产管理模式与传统农业生产模式不相匹配，集体生活与家庭生活的非完全重合，农业、农村单方面支持工业、城市等，以及官僚主义、形式主义盛行等，造成农业生产效率低下、社会活力逐渐丧失，人口—资源矛盾无法得到根本解决，国家不得不从乡村后退，实行刺激农民积极性的政策——反映了中华人民共和国成立后，以国家意志构建的以公共生产为标志的村落政治文化共同体逐渐解体。

农村家庭联产承包责任制、市场化改革，固然解决了农业生产效率低下、乡村社会活力不足的问题，但是，在经济发展的同时，随着村落"人""财""物"的流出、村落经济的分化、多元价值观念的冲击，村落社会共识更加难以达成，村落凝聚力下降——村落自主性（自组织）难以形成，指向集体利益的集体行动难以达成。尤其是近年来的新农村建设和新型城镇化建设，逐渐推动农村样貌从延续了几千年的"村落式"向"社区式"转变。居住形态、村容面貌、邻里关系、农村治理模式以及家庭生活方式逐渐发生变化，以及以此为根基的家族文化、乡邻文化、民风民俗等农村文化也在悄然改变，在变迁过程中，农村传统文化在流失、消解，而新文化形式在衍生、在壮大。

就我们论述的村落文化而言，"所谓文化，就是一个社会过日子的方法"①。过日子即生产生活，是物质生活与精神文化生活的统一，处于自然环境与社会环境中的村落文化主体，无时不处在与自然环境和社会环境的互动中——我们不妨借用生态学中的概念考察村落文化形态、村落文化变迁。生态系统是指在一定时间和空间范围内，生物之间、生物与环境之间相互作用，通过物质循环、能量流动和信息传递，形成特定的营养结构和生物多样性的一个功能单位。将生态系统概念引入文化研究，"文化生态系统应该指在某一相对独立、完整的社会区域中，各种文化因素以其独特的自然环境和社会环境为基础，根植于人们的生产方式和生活方式，并依赖于其自身的各种制度框架运行的不断变化和发展的动态系统"②。

---

① 梁漱溟：《梁漱溟全集》第 1 卷，山东人民出版社，1989，第 615 页。
② 仰和芝：《试论农村文化生态系统》，《江西社会科学》2009 年第 9 期，第 233 ~ 236 页。

　　如何达到生态所蕴含的"健康""美""和谐"等价值旨向？在当前社会经济已经发展到一定阶段、工业反哺农业，国家提出乡村振兴战略、实行城乡一体化发展战略的背景下，需要结合乡村治理的实践及其成效，探索如何唤起乡村自身力量，促进乡村文化生态系统建设实践探索——使村落动起来、活起来，与国家同向而行。

| 第六章 |

西村故事：村落文化共同体的解构与重构

以一个传统农区典型村落百年变迁为个案，分"晚清民国""中华人民共和国成立至改革开放""改革开放以来"三个时段进行微观具体考察。着重从作为村落文化"主体"的人的行为模式、村落共同利益与共识的变化等方面出发，探讨村落文化共同体的解构与重构过程。

第一节　穰州以及西村^①

邓州古称穰，民国成立后称邓县，东北至南阳市区 60 公里，正南至襄阳市区 90 公里，现有焦枝铁路、郑万高铁以及两广高速连接，民国及以前有公路（官路）、湍河白河水路相连。"其候东风雨，西风晴。立春后，草木渐华，蛰虫启户。五月，敛二麦，六七月，敛粟菽，故有'七月挂锄'之谚。三伏盛暑……三冬有雪，河水冻"，其风俗"古称醇厚，悦礼仪，勤耕桑，有三代之风……"^②

《河南统计月报》之《邓县》（1935 年调查^③）载，"县面积为一万一千六百一十六方市里，人口共计五十六万八千五百一十九。耕地仅一万二千

---

① 按学术惯例，书中地名隐去真名，书中人名亦做相应处理。
② 马玉平整理《顺治〈邓州志〉民国〈重修邓先志〉》（合辑），河南人民出版社，2015，第 48～49 页。
③ 《河南统计月报》注明："河南各县调查，系河南省党务特派员办事处奉中央令办之工作，其记载，多系各县党务工作人员与县政府协力合作所得结果，瑕瑜参半。经参证其他调查材料斟酌删改，陆续刊载于此，藉明各县社会之轮廓。"见《邓县》，《河南统计月报》第 1 卷第 7 期，1935，第 64 页。

余顷。县农耕田以麦田最多，菜圃次之，其利用泉水灌溉之稻田甚少"[①]。

1935 年邓县土地岁收情况如表 6 - 1 所示。

表 6 - 1 1935 年邓县土地岁收情况

土地等别	岁收情况	
	过去	现在
上等地	麦八斗	麦五斗
中等地	麦六斗	麦四斗
下等地	麦三斗	麦二斗

"查该县荒地九千九百余顷，仅因土匪滋扰，人民离徙，以致荒废，完全无人纳税。

"全县住户数为十一万零四百五十二户。农人占百分之八十三……

"查县境农业产品除自食粮食蔬菜外，以烟叶，棉花，为大宗。烟叶年产四百五十五万斤。棉花年产一百九十万斤……而农民织产土布，约一千二百万定。烟叶输出三百七十五万斤，棉花一百万斤，均运至湖北汉口上海等处销售。

"……农业与农村：肥料种类来源及每种每石普通价格：肥料分动物类，及腐败植物，皆由农人任意搜集，每石均值洋一角。

"农产物之种类：每年出产农产物以麦为大宗，秋季农产物，以烟草，棉花，芝麻，及玉蜀黍为大宗。

"全县地主占农民全数百分之四十，约有一万二千八百三十四户；自耕农居农民之半额；半自耕农占全农民百分之十六，约有一万四千六百八十八户。佃农占全农民百分之二十，有一万八千三百三十五户。一般农民之凭租方法：农民租方法系由佃户托人介绍担保，并具租田交约，用生产品纳租。一年中每亩普通之农产量，约值十八元，须以五分之二纳租。

"一般农民生活程度极低农用自制土布，平均每人每年衣料费，不过三元；食料多为菜蔬，芋薯之类，年须二十五元。住室多为瓦房，惟极狭

---

① 《邓县》，《河南统计月报》第 1 卷第 7 期，1935，第 64 ~ 67 页。

小，每房平均住三人。

"农忙时期与寻常时期雇农工资之比较：农忙时期雇农工资每日二角，寻常时期，平均为五分。

"全县受过小学教育中学教育大学教育或入私塾及成年人识字者等等人数，统计共约十三万六千零五十人。其中受过小学教育者四万二千人，中学教育者四千人，大学教育者五十人，私塾六万人。成年人识字者三万人。女子占全数千分之三……

"宗教信仰及其他：除少数回人信仰回教外，人民并不信仰任何宗教。"①

该调查还反映出，"吸烟者约占全人口百分之五强"；"普通结婚年龄为十六至二十岁，用旧式之仪仗花轿，富家多收买贫人幼女为婢，无嗣之富豪多纳妾，贫农家有童养媳，多为公婆虐待，穷人娶妻，多由买卖而成"。调查者认为，"县境旧礼教深入人心，淫风不灭"。"丧殡礼节，富人多请当地文人行祭礼甚繁，裔子承继遗产，系各子均分，社会一般对寡妇待遇颇严，惟积习视为不吉之人。妇女除少数人受教育者已不缠足外，城乡妇女，仍多缠足，农村男子有蓄发者约占全人口百分之八。""该县与赛会之俗，惟定期演戏以祀神者甚多，尤以春季为盛，如旧历正月十五日，二月二日，三月三日，及十八日等日为普通之戏会，四方商贾人士，咸借娱乐机会，集市交易。"②

从该调查中可以看出，该县人民食料丰收，年供给颇足，但1935年前后灾荒不时发生，粮食不能满足需求。秋季不是淫雨水灾，便是亢旱旱灾，常致秋禾尽萎，一粒不获，亦无防御之法。人民每年死于疾病者，以疫病为最多，民间疾病亦无特别施救。

民国时期，社会秩序混乱，邓县由于人口众多，且临近豫西山区，匪患尤甚。如调查报告称，乡民因抵御土匪，成立红枪会。

行政管理上，"该县原划分九区二百四十乡镇，乡村间行政有闾邻长承区乡镇长之命而实行之，但已经改行保甲制。该县无新式法院，诉讼由高等法院委承审员，商承县长审理之，监狱由高等法院委监狱员管理之"。

---

① 《邓县》，《河南统计月报》第1卷第7期，1935，第64~67页。

② 《邓县》，《河南统计日报》第1卷第7期，1935，第70页。

穰属西村（见图6-1）在民国时期属穰之北一区林头里，林头里应交田赋地亩共有284顷17亩9分2厘，田赋银472两3钱9分。① 又据村人回忆，民国实行保甲后，西村归老姬营②管辖。1992年老姬营有人作《桃园姬氏新续宗谱·序文》③："大清同治十一年三月我族所立之祠碑云：'至吾姬氏居兹桃园陂也已越世代矣，家乘贯籍殆不可考。相传者始祖讳百川字德原。生子三，长贵昌，次贵宝，又次贵中，兄弟三人鼎峙三门，瓜生固盛，蔓衍亦繁，故亡徙者不知凡几，而依邱墓者尚不百数十家。'这表明，百川公当为我族之始迁祖，桃园陂④（老姬营）即是我姬姓之原住地，至原籍何处，何时迁来，已不可考；还表明发展很快，迁出者不少，在原地住者，也还有一百数十家。又据清初我七世祖平印公之墓碑云：'吾七世祖平印公已整琐□民焉！乃咸丰庚申春，皖匪（指太平军之北伐部队）掠邓，将碑损坏……遂于清同治十一年重立新碑，面复镌旧文。'此说明原碑是早立者。再者，据此推算吾七世祖平印公大约生于明万历年间，殁于清初顺治或康熙年间，其碑又云：'公九男二女，长从政，葬于茔北百余步冯姓门前。仲从林，葬于东庄堤南路北，季从召，葬于东庄堤路南，四从文，七从学，八从美，九从时。五门过继冯姓，六夭亡，世远年湮莫能相传记。'由是表明先人首次立碑时是在平印公亡故几代后，故未能详尽，其老四，老八，老九，均不知去向……"

西村现存民国2年（1913）春月所立《二门显祖姬公讳丛海（？）氏合葬之墓碑》，碑文载："公乃从山之弟从禹之兄，平心公之次子也。当日者膝下承欢、孝敬父母，雁行睦友爱兄弟，孝弟克俭，后嗣亦昌炽焉。登思、登基、登叶，公之子也，延国延寿（？）公之孙也，廷试、廷桂及廷芳，公之曾孙也。廷试、廷桂后嗣难稽。唯（惟）廷芳二子，长文泰、次文儒，父子三人卜茔于祖茔东边，文泰三子，朝仪、朝震、朝双，

---

① 马玉平整理《顺治〈邓州志〉民国〈重修邓县志〉》（合辑），河南人民出版社，2015，第249页。
② 书中村名已做学术处理。
③ 姬先玉：《桃园姬氏新续宗谱·序文》，打印稿，1992。
④ "桃园陂。在县城西北三十里，地名林头里，原接湍河、楚堰，东北接岗水入陂，东西长八百步，南北阔一百七十步，共地二顷一十五亩，西北古渠三道，下有分水古渠三道，两头退水渠二道。"见马玉平整理《顺治〈邓州志〉民国〈重修邓县志〉》（合辑），河南人民出版社，2015，第204页。

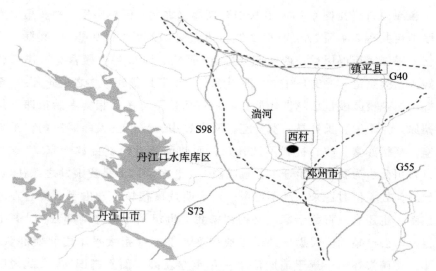

图 6 - 1 西村相对位置示意图 （胡昳绘）

朝震又卜茔祖茔东北艮方，与祖茔相距半里许……奉祀雲（云？）孙振
泗、振德、振礼。"民国 24 年 （1935） 岁次乙亥孟夏立《清显祖考讳振
均、妣张老孺人合葬墓志》载："祖考讳振均……清光绪四年 （1878）
闰三月初八日寿终。享年七十有三……生三子，长讳凤玉及长媳敖孺人，
葬阳宅前，次子凤仪，卒于光绪三十三年 （1907） 七月初四日申时，寿
五十九，次媳张孺人，卒于民国二十年 （1931） 中历九月二十九日寅
时，寿七十五，葬墓之前怀右侧。三子讳凤富及三媳王孺人葬阳宅北边。
长门孙其凤及孙媳常孺人葬父凤玉之茔次……中华民国二十四年岁次乙
亥孟夏穀旦立。"

　　由此二碑文可知，从平心到振均，共八代，按每代人间隔 20 年算，从
1805 年振均出生，向前推 140 年，即平心出生于 1665 年前后。由是推测，
清朝初年 （约 1650～1700 年） 西村一世祖平心公由老营东南迁两里，后
代繁衍生息而成西村。

　　西村与我们前文提到的平舆东村一样，属于普通而非典型的村落，无
村史、村志留存，除了近 10 通残碑、断碣之外，更多的是辈辈相传的
故事。

第二节　西村事例

一　"礼教失""人心废"（"晚清民国"时期）

"……及李自成造难，邓人久陷贼中。自辛巳至乙酉，四五年间，仅存视息，无复顾惜廉耻。于是，礼教失，人心废，不足复言矣……"[1] 晚清民国时期，乡村秩序混乱，与中国历史上的治乱循环一样——民不聊生、无以顾及廉耻、良俗淳风之基础不在，从西村故事中可见一斑。

生与祥兄弟分家。振×勤俭宽厚持家，生三子，共六个孙子，置下100亩地的家产，盖下两进院子、三座偏房，建有走马楼式的楼门（院门），人称东院大楼门头。但后人性情不一。其中生与祥是孙子辈兄弟，关系不睦，分家产时争夺激烈。生说："就是一块砖头，也要一摔两半平分。"祥的二孙子今年（2019）已经82岁，据其回忆，分家在其出生之前，如此可推测，分家之事在1930年前后。

为房檐滴水吵架。为房檐滴水吵架也是兄弟不睦的体现。兄弟几人，继承上辈房屋田产，一长溜宅基地，依次从前往后接续盖房。天一下雨，前家的后房檐必要往下流水，正流进后家的院子里，宅院狭小、满地泥泞，女人就指鸡骂狗、指桑骂槐，前院女人听到了，当然不服，据说，一人正在擀面条，抄起擀面杖就开骂、厮打。而且，前面的和后面的打骂，后面和更后面的同时打骂，因此往往是一场混战。从此一下雨，就为同一个主题吵架、开战，多年不息，这成为故事流传百年。

故事发生的大致年代，我们从一通碑文可推测。"考讳×震……民国戊寅（1938）十月十七日弃养，寿五十八……中华民国二十八年孟春月穀旦立。"吵架诸户乃祀主×震之堂兄诸子，所谓年少气盛，少壮方可"力敌"，推测吵架年代当在1930年前后。

"坏红薯"学马叫。20世纪二三十年代，西村一带遍地土匪，尤其是湍河以西文渠、庙沟、翁家寨等地是土匪的巢穴。有村人艳羡河西土匪抢

① 马玉平整理《顺治〈邓州志〉民国〈重修邓县志〉》（合辑），河南人民出版社，2015，第48~49页。

劫生财容易，便想入伙。无奈没钱买枪，就用一块红绸布包了一个红薯，别在腰里冒充枪。时间久了，红薯坏了，落得外号"坏红薯"。但此人有一绝技，即模仿马叫几可乱真。据说，一天夜里河西土匪抢劫东边三里的小李庄，他跟随土匪队伍在小李庄南坡地里模仿马叫，加上土匪放枪、呐喊，小李庄人都吓跑了，于是土匪得手。还有，村中老人曾调侃，"××小时候曾跟着'打二梢'，跑了几天，在北乡里捡了个火钳回来"。就是说，××跟着抢劫的土匪，人家抢了好东西后，这些"打二梢"的再去将一遍，这些人又叫"甩手子"，他们间或帮土匪拿个东西、抬个伤员，虽非匪徒，但也是为虎作伥之徒，可视作土匪的"帮凶"。这个"打二梢"的已死去多年，如果还活着的话，有95岁左右；"坏红薯"的大孙子2020年应该是整80岁。由此推测，"坏红薯"之学马叫行为也应该发生在20世纪二三十年代。

"置地置到你们家当堂里。"20世纪初，村落分化严重。小农户的生活朝不保夕，一有风吹浪打，就要卖地或借高利贷救急。有人卖就有人买，卖地者割心割肝——子孙如何生活！买地者兴高采烈——又为子孙置下田产了！有富户夸口："再捣蛋，置地置到你们家当堂里！"这在当时被认为是很嚣张、很伤人脸面自尊心的话，甚至是接近灭门霸产的行为。

卖地的前奏是借高利贷。"一般农民借贷之利率及期限方法种类等：农民借贷利率最低为百分之三十，最高为百分之五十，期限为一年或十个月，以不动产为押品，分长期，短期，青苗等。"[1] 富户往往通过高利贷敛财。据说西村二掌柜有200亩地，其堂弟四掌柜有80亩地，二者都放高利贷。中人是"老新"。20世纪80年代，外村人与老新在西村中间大路边的代销点吵架，外村人说："你就是二掌柜的狗腿子，十回卖地、放高利贷，九回都是你的中人！"可见，买地、放高利贷有趁火打劫之嫌，并不为村中舆论所认可，半个世纪过去了，尚有人以此揭对方的"短处"。

"勘丈员"收契税与接鱼、放枪。晚清民国时期，土地买卖，尤其是小块土地买卖在农村应该比较频繁。当时邓县设有契税经理局[2]司其

---

① 见《邓县》，《河南统计月报》第1卷第7期，1935，第64~71页。

② 马玉平整理《顺治〈邓州志〉民国〈重修邓县志〉》（合辑），河南人民出版社，2015，第254页。

事。民国 14 年（1935），省政府始委杨×经为局长，规定局长 1 人，职员 5 人，催款员 16 人。常年经费由该局依生活物资规定。各地方分设勘丈员，按月报价，常年比较数为 66000 元，每月比较数为 5500 元。唯因年有丰杀，地价涨落不定，各勘丈员不能如数开报，有报六七成以上者，有报一成者。取其中数，每月开报，约得比较数之三成。

当时买地的契税较高，约为 14.5%。上述材料反映了一个情况：具体税收由各勘丈员经手，但他们并非如数开报。

西村有一"勘丈员"，此人上过黉学，伯父为晚清秀才，堂兄为县政府科长，也许由是比较跋扈。村中老人传说其在县北某地当契税经理局长[1]，用马车往家里拉银元。访谈中，村中老人讲了这样一个故事，就是前文中提到的生与祥弟兄分家后，生家因虐待死童养媳赵女，再加上主家婆有病等亟须用钱，遂把一块地卖给了祥——按村中老规矩，卖房卖地，先紧兄弟，再紧自家族人。也许是想到向自家兄弟买地不需缴税，也许是想避税，祥就没有主动去"勘丈员"那里交税。一天晚上，该"勘丈员"酒后在村中吆喝："谁家买的小庙前的地，三天内再不交税，就收归公！"无奈之下，事主派大儿子割了三斤猪肉，带一小罐黄酒，去找勘丈员的近门兄弟当中人说和……

据该"勘丈员"之子生前说，有一次，其父趁雨后涨水去湍河接鱼，用牛车上的铁链连成铁索横跨河水，用高粱箔挡水接鱼，收获颇丰。附近徐庄有人眼红，该"勘丈员"安排长工回去拿两支枪来，然后放了几枪，于是再没人敢上前……

这个故事说明了两点：一是面子宽，每辆牛车上一般配的铁链子不过两尺长，居然能把这些铁链子接成铁索拦河，这至少需要几十辆牛车上的铁链子，需要从多家借来，这说明该"勘丈员"面子够大；二是想放枪就放枪，说明村落社会里，特权力、武力已是常态。

牛哄哄的老七保长。西村还有比"勘丈员"更牛的人，那就是他的堂弟——老七保长。老七家庭条件好，是家中独子，在南阳上过学，据说曾为嫖娼卖了铺盖（村人戏言，说他卖了"太平洋"铺单、苏缇面的新被

---

[1] 似乎应是分局长。

子）。估计在 20 世纪 40 年代，十七八岁的老七在族人推举下当了保长。因"少年得志"，不免得意忘形，不知"克己复礼"——根本想不到做人还需要"自我克制"。他整天装模作样在村中晃悠——拄个文明棍，穿一双高腰白袜子，后面跟一个扛枪的保丁，走累了，或者是脚出汗了，就把白袜子脱下来搭保丁脖子上晾着……有人给他打招呼："七大吃饭没？"辈分长的说："老七忙着呢？"老七保长往往摆摆手："别跟我说话，我这会儿不想说话……"

说是少年得志，实际上也许是少不更事或者说是不通人情世故、不知世道凶险，居于乡村一隅，不能看清社会演化的趋势。如果说国家与社会变迁决定同时代人的命运的话，个体性格、个体行为方式，无疑在路径选择与路径依赖中决定了自己的命运、决定了自己的人生。老七保长在任上就吃过现亏。1948 年前后，西村一带经常过军队，主要是国民党部队，一来就找保长派粮派款，不胜其烦。一次中秋节中午，老七家刚把饺子下锅里，还没来得及盛出来吃，从薛家（离西村三四里地，在湍河边）过来两个国民党士兵，找到保长家，说是军队要派粮。老七一则要吃饺子，二则也烦，对两个国民党士兵漫不经心地说："要粮也得等我把饭吃了吧！"而且并未招呼两个当兵的吃饭。两个国民党士兵扭头就走。不一会儿，从薛家过来十几个骑马扛枪的国民党士兵，到老七家二话不说打掉饺子碗，高呼："抓通共的保长！"拳打脚踢，架起老七就走。据说国民党士兵在路上大骂："老子们打仗卖命，你在家吃饺子，让①都不让一下。"后来老七家人赶紧送去钱粮、找人说和，人才被放回来。

就老七保长来说，他并非内生权威，而是家族势力的代言人，也并非村落的保护型经纪人，并未与村民患难与共，加上其居高临下的姿态，在村人心中留下厌烦的记忆。

这些故事，能够流传下来，一则反映了村落里的贫富分化，人们对苦难日子里雪上加霜的事总是记忆深刻；二是村落里的血缘亲情、乡情邻谊淡薄了，在利益追求、生存追求之下，往往置道德礼俗于不顾。

---

① 让，请吃饭的意思，就是"你也吃一碗吧"，可虚可实，多指村人、熟人在饭口时间见面打的礼节性招呼，反映粮食紧缺时代，吃饭在人们日常生活中的重要意义。

二　新社会新时代（1949～1978 年）

1949 年，随着中华人民共和国的成立，西村也发生了巨大的变化。昔日比较贫穷的人家，开始在村中居于政治优势地位。

解放初期的斗争应该是激烈的。据村人传说，当时有几个斗争地主的积极分子，表现活跃。四掌柜的老婆个子较高，一个女性积极分子，由于年龄小、个子很矮，总是蹦起来扇她的脸——可能是动作滑稽，村人记忆深刻；老七保长被吊在窗户上，低着头，窗户上面有钉子，积极分子一打他，猛一抬头，后脑勺便磕着钉子，后来再打就不敢动了……此后 30 年，老七没直过腰，一直收拾村里的牛屎……

没经受住考验的村干部。嚣张的旧当权派倒台了，但新的无产者当权派中，有的人没有经受住考验。有一家从东乡的外县逃难到西村落户，属于典型的无产阶级。解放初期，该户长子积极勇敢，任民兵连长，虽然干工作雷厉风行，但态度粗暴。据现在 80 岁（2020 年）左右的人回忆，当时连十几岁的孩子都怕他，因为他抬手就打、开口即骂。但是，这种粗暴并非全是为了革命事业，中间恐怕夹杂了个人私货。后来，他的官职被免掉，村人对其很反感，他在西村无法立足，带着老婆孩子返回了原籍。村中还有一人，也是在新中国成立后任村干部，但同样粗暴，最后被免职。

偷羊与挖坑。前文说的被罢免的干部，盛气凌人，无人敢惹，是西村的"蹶子"①。由于分得了地主的宅院，大哥去河西招亲，二哥绝户，他家宅基地多，屋后种桃树，门前也很宽绰。大约是 20 世纪 70 年代后期，据说邻居的羊啃了他的树皮，他偷偷把羊打死藏家里，失主到处找都找不到，料到是其所偷，失主全家紧盯他家不放，他实在没办法转移赃物，而死羊藏家里已经臭了。三天后的一个晚上，父子二人偷偷把羊装麻袋里，准备用自行车驮走处理，被失主当场抓获，失主揪住他的领口在村中叫骂……

此人后来生了病，先是耳聋，后来据说得了胃病。在阴阳先生指点下，在其宅子东南角、紧挨前面邻居——正是地主四掌柜的大儿子家，此人为人小心谨慎、低声下气，遇事不敢吭声——的屋后，挖了一个大粪

---

① 相当于现在的"钉子户""缠访户"。

坑。又过了几年，此人病仍未见好，主动把坑填了，说前一个阴阳先生坑他，让他挖的是"药坑"，诅家主害病吃药。不过，最后他仍是因急性胃穿孔而死，1980年前后去世，当时不到60岁。

成群的老街媳妇。西村有个现象——大集体时代，前后两三代人，好多媳妇都是淄河河西文渠老街姑娘。最初的互相介绍肯定重要，但更多的还是社会经济原因。

西村粮食产量比较高，整个大集体时代没有饿肚子的；而老街人在旧社会临街而居，很多人并非靠耕种为生，但在新社会尤其是在集体时代，乡村工商业发展停滞，老街人临街而居的优势变为劣势——人多地少，缺吃少喝。为了家庭温饱，姑娘纷纷东渡淄河嫁西村——三四十年来，西村娶来的老街的媳妇有三四十人。

但是，改革开放以后，此种现象发生了变化。农村人有了出门挣钱谋生的机会，对婚姻的选择便不再依据生存的粮食标准，也不再依从家庭的"命令"。临街而居的优势凸显——靠近省道，与外界信息交流多，机会多。西村"老街媳妇"现象逐渐休止，老街媳妇越来越少，而且还有结婚后离婚的。

巷里吵架。大集体时代的西村，也是挣扎生存的世界。西门坑北一家，孩子多，孩子们结婚后住房紧张，几对夫妻挤在一个院里，主房之外，东西两厢的房子几乎门对门，门前只有一条很窄的过道，村人称为"巷里"。"巷里"人多事杂，孩子、鸡猫狗猪，都是农家离不开的生活、生存"要素"，都是"活物"，在狭小的空间内难免磕磕碰碰，因此，几家人几乎天天为鸡毛蒜皮的事吵架，日久成为西村理所当然的"文化事象"——若两三天没听见吵骂声，村人便感到奇怪，巷里这几天咋不吵架了？便会推想其背后定有原因……

经过乡村社会革命，除了家庭人口结构（年龄、身体状况等）差异，村落里的生活状况大体是一致的——村民在生产队、生产大队组织下生产，以核心家庭为生活单元，社会活动在大队、公社安排下进行，婚丧嫁娶等一切老风俗不再被遵循。人们常说的一句话就是，一切按"新社会"规矩来。在物质紧缺时代，日子都过得艰难，干群矛盾、日常生活中鸡毛蒜皮的小事成为村落日常矛盾的主要内容。

但是，在变中仍有常。耕种、收割、交公粮以及排水、挖沟、整修土地等在生产队、生产大队组织下进行，在人们比邻而居的生活共同体中，田地、水渠、大型农具、道路、水井、麦场以及电力设施、机械等仍是公用的，村落文化主体之间仍在进行反复、重复的博弈，因而基本的共识，即基本的生活秩序仍是基于共同的需求，那么，别人和自己的行为方式，便有一个大差不差的度，逾矩者还是会引起公愤。

三　"占地气""修家谱"（1978 年至今）

1978 年是西村人难忘的时间节点。地主、富农一律摘帽，黑、红牌子一律平等，黑牌子扬眉吐气、欢天喜地。加上实行家庭联产承包责任制，粮食产量大增，西村又是优质烟叶生产基地，种植烤烟经济效益较好。20 世纪 80 年代，西村盖了好多的新房子，而有眼光的人家，省吃俭用，努力供孩子上学。

老井金鸭娃与坟园好地气。西村西边 200 米处有老井一口，井口用青石条围拢，需上三级青石台阶才能到井口，据说此井是西村西边的杨家井，但西村尤其是西村南部家户久在此井挑水吃。改革开放后，西村西门有人在刚恢复高考就以民办教师身份考上大学，进而读研究生，并在国家部委工作；其邻居家大孩子即四掌柜的大孙子，也在其鼓励帮助下，一路读大学、工作，又在工作期间自学考上研究生……

无疑地，读书求学与个人意志、家庭环境以及时代环境关系紧密，是社会、时代与个人努力结合的结果。但村人自有其理解。一是说，西面老井里有金鸭子，"劳模"（第一个考上大学的人的母亲）看到过，四掌柜曾在早上去井里打水，在井边草丛里看到过，这说明他们是有福之人，子孙后代有福分；二是前文提到的 20 世纪 90 年代去世的老新是这样理解的："西门上坟园地气好呀，要不，读书的比牛毛还多，考上学的比牛角还少，他们咋能考上呢？旧社会人家就有地、过好日子，不是地气好是啥？"

占地气与立碑。看见金鸭子的事，幽眇难寻，但对于地气，应该说，西村人内心还有几分相信。一是父母去世要请阴阳先生择地定向，定出殡下土时间；二是立碑修坟园的人更多了，如有人在家族坟园周边栽了几十棵柏树并立了几通碑。

未完的故事：修家谱的意愿与建宗亲微信群。今天的西村，村北有西电东输的万伏特高压线路经过；稍远一点的北边，是从丹江口水库渠首出发的南水北调水渠；春节期间有挂各地牌照的汽车出入——扶犁者的儿女们化身为工农兵学商……所有的这些，说明西村与中国的现代化建设的步调一致。毋庸置疑，西村的后代，尤其是相当部分的精英，已经迈出了永远离开村庄的一步；留在村里的人家，居住生活条件已经与县城无大的区别，村头超市商品丰富、价格公道，自来水、煤气灶、马桶与热水器已经普及，硬化的水泥路已经户户通，村内水泥路边竖立着太阳能路灯……

西村的经济条件越来越好，但村落空心化日益严重，村落文化道德的隐忧由来已久且状况不见好转。

其一，婆媳关系难处似乎是一个普遍现象。理念的代际差异与利益的纠葛，以致鲜有婆媳关系融洽者，家庭长辈再也不是顺理成章的家长，家庭的天平向儿媳妇一方倾斜。不融洽的婆媳关系直接的后果就是"养老问题"多多——多数时候，似乎除了钱的问题，还有情感联系问题。村中三五闲坐的老年人，似乎都在诉说自家的不如意。直接的结果就是村内老人户较多。所谓老人户，就是有儿女，但老人与儿女分家立户，各自为独立生产生活单元。尤其是一些丧偶老人，晚景生活多有不便。

其二，一些人打牌成瘾。"冬春二季农隙之时，赌风最盛，聚赌多日，输者倾家破产，悍者创结为匪，弱者不免作窃，且有因赌而致斗殴或涉讼者，其影响社会治安风化及个人失业者甚大。县中嗜毒品者，以吸鸦片为多。据调查吸烟者约占全人口百分之五强。"① 就西村来说，打牌风气似乎百年不变。新中国成立前，富家女人打牌，久有传说，四掌柜老婆好与××他妈一起打牌，不知啥时候输给人家一匹紫花布，30 年后还向其索要。大集体时代，田间地头、农闲时牛屋等处，大人小孩群集玩牌。改革开放以来，逐渐形成一个打牌群体，有一二十人，男女均有，整天打牌，农活、家务皆不料理，家庭矛盾突出，为此事常常吵骂不断……当前，电话微信联系便捷，午后傍晚，约牌局更加便利……

---

① 见《邓县》，《河南统计月报》第 1 卷第 7 期，1935，第 64 ~ 71 页。

"礼教失，人心废，不足复言矣。杀运将终，皇清启命，救民出汤火，渐返醇（淳）风，以光圣治。是在乎司民牧者矣。"① 对"皇清启命，救民出汤火"虽不敢苟同，但政治安定、人民丰衣足食，确实是"渐返醇（淳）风"的基础。展望未来，可以说，经过改革开放以来几十年的发展，西村已有建设良风美俗的现实性与可能性。

而一个故事是这样的。村里一名80余岁的村医，也是1992年老姬营组织修谱时的积极参与者，一直有个愿望，想把西村的家谱修起来，但是自己年迈，力有不逮。他曾与本村在外当教师的人有过商讨，但对方是在职人员，时间、精力有限。正是在2019年西村西门立碑仪式上，老村医坐着轮椅，到现场面对50余人，讲了几句话，大致是这个意思："再过几十年，西村将不复存在，子孙后代恐怕连老祖宗是谁都不记得了。还是趁我没死、脑子里还记点东西，你们主动把家谱修修，把我们西村的记忆留下，把我们村庄这个地方特有的文化符号留下……"

老村医感动了在场的好多人，有人开始主动联系在外工作的人于2019年暑假共同回去商议修家谱之事。有人立即行动起来，建起了"欢天喜地西村"微信群，有积极分子倡导天南海北的青壮年入群，短短两天，已经五六十人进群，大家对西村的事情似乎都很关心。年长者在群里号召大家，以家族和睦为重，不要为一些微小的负面事情而不悦——主观上，大家生活富裕之后，有了对村落和谐、和美的追求意愿；而且，这似乎预示着，在修家谱这件事上，可能会在积极分子群体（也可称为新乡贤）的带动下，达成集体行动……②

结语　如何从过去走向未来

——村落的良风美俗何以可能？

西村的人与事，乃是个体行为与社会结构辩证关系在具体时空场域的

---

① 马玉平整理《顺治〈邓州志〉民国〈重修邓县志〉》（合辑），河南人民出版社，2015，第48～49页。

② 2019年9月，在上级资金扶持下，村中的热心人联络在外工作的人，对村庄进行了规划，计划美化坑塘、建花园式小广场、安装路灯等。

体现。"中国传统文化的大传统在与不同区域农村实践相接触的过程中，不断适应和变异而成就了不同的小传统，而正是这些小传统构成了当地农民的地方性共识，并与其他区域农村的地方性共识区别开来。"① 正是这些具体故事，构成了西村有别于他村的地方性知识。

但是，近年来，西村通过求学而离村，或者因务工经商而外出落户，在县城买房子的人越来越多。西村渐成留守村、空心村，昔日的矛盾、冲突没有了根源，但联系也少了，大多数青壮年几乎只有在春节才回村几天，对村庄的事情既不知道也不关心，甚至四五十岁的人不认识二三十岁的人。

那么，西村能否激发内生动力，与国家倡导的美丽乡村建设同步？能否建成和谐家园，建成寄托乡愁的故乡？如何在原有的地方性知识基础上形成新的地方性共识？这些还需要在以后的事上看。

---

① 贺雪峰：《行动单位与农民行动逻辑的特征》，《中州学刊》2006 年第 5 期，第 129 ~ 133 页。

结语

互动生成：当代村落文化共同体的重构

血缘、地缘以及生产生活史构成了独特地域文化，并由此形成村落的时空与边界，使村落成为社会的基本社群认同单位（尤其是中西部农区单姓村落，更有家族移民传说与祖上显要人物传说），自有其运行机制，自有其文化演进方式。

一 村落文化共同体的演进方式

殷海光《中国文化的展望》列举了文化的种种定义，综合来看，文化系由解决问题的传统方法构成的。文化也由许多反应形式构成，大家都曾接受这些反应形式，因为这些反应形式在实际生活中曾经行之有效。简单地说，文化是由学习得来的解决问题的方式构成的，而且是在生产生活过程中互动的产物。文化系由习惯的和传统的思想方式、情绪和反应方式构成，这些方式足以表现一个特殊社会在一个特殊的情境里应付问题时不同的地方；是被一群人所采用且在时间更迭中传承下来的一种选择方式；是适应外界环境和人为环境的一套技术；是由学习得到的，由社会传递而来的行为或风俗。文化是有地域限制的、多少各不相同的、有独特性的行为系统，是事物、价值、符号的意义，以及一再复现的行为方式。这一再复现的行为方式的功能是指引社会里个人的行动。①

传统农业区域村落更由于其对土地的依赖、男耕女织的自给自足而与外部交流较少——传统时代，相当多的农民终生没有去过县城是很正常的

---

① 殷海光：《中国文化的展望》，上海三联书店，2009，第1~58页。

事情；这种相对封闭独立的生产生活单元及其沉淀的各具特色的文化，既是中国传统社会及其文化的细胞，也是其基础。因而传统农业区域村落文化应该符合所有文化所具有的特点与变迁规律。

为理解村落文化共同体的演变，我们不妨借鉴复杂适应性理论。

"复杂性在一般意义上不仅是纯粹本体论的或纯粹认识论的，而是包括了这两个方面。"① 基于系统论的复杂适应性理论强调"适应性造就复杂性"，系统宏观结构和现象是由于微观 Agent（有智能的主体或实体）相互作用而涌现产生的。

复杂性范式主要有以下原则。

（1）整体性原则。每个部分都无法代替整体，每个部分都不能说明整体所独有的特性，低层次的规律也不能说明高层次的规律。

（2）开放性原则。波普尔在描述社会封闭与开放关系时说，"封闭社会的特征是信奉巫术的禁忌，而开放社会则是这样一个社会：其中人们在一定程度上已学会批判地对待禁忌，并凭自己的智性权威来作出决定"②。可见，开放性是对封闭性的超越。开放性指系统与外部环境的关联性和相互作用——正是通过与环境之间的物质、能量、信息的交换，系统才能保持其旺盛的生命力。

（3）混沌性原则。强调初始条件对于系统整体演化的重要性。"初始条件的微小变化，可能会在终结现象上造成巨大的差异。在前期的一个微小误差，可能在后期形成一个巨大的差别。"③ 认识事物时要注重对初始条件的了解和把握。

（4）自组织原则。在复杂系统演化过程中，存在着"自组织"和"被组织"两种基本方式。其中，"被组织"是指事物的演化过程受外来因素的制约，而"自组织"正相反，是一个依靠自身力量，自发的、自主的演化过程。"自组织"包含三个过程："第一，由非组织到组织的过程演化；第二，由组织程度低到组织程度高的过程演化；第三，在相同组织层次上

---

① 〔美〕雷舍尔：《复杂性：一种哲学概观》，吴彤译，上海科技教育出版社，2007，第 26 页。
② 〔英〕卡尔·波普尔：《开放社会及其敌人》，陆衡等译，中国社会科学出版社，1999，第 15 页。
③ 徐隽：《混沌理论对高校心理健康教育的启示》，《中国成人教育》2009 年第 12 期，第 8～9 页。

由简单到复杂的过程演化。"① 这三个过程分别从不同的角度映射出事物"自组织"演化过程的各种境况。

复杂适应性系统中的主体行为是由一组规则决定的，是规则之下的"刺激—反应"。从生物学角度说，"适应"是生物体调整自己以适应环境的过程，随着时间推移、经验积累，主体靠不断变换规则来适应其所在的相互作用的系统。

所有的复杂适应性系统的主体，都具有 4 个特性、3 个机制。②

特性一，聚集。较为简单的主体的聚集相互作用，必然涌现出复杂的大尺度行为，这样组成的聚集又可以形成更高一级的主体——介主体。③机制一，在聚集体形成过程中，始终有一种机制在起作用——标识。标识提供具有协调性和选择性的聚集体。主体用标识来操纵对称性。标识能够促进选择性相互作用，它允许主体在一些不易分辨的主体或目标中去进行选择。设置良好的、基于标识的相互作用，为筛选、特化和合作提供了合理的基础。这就使介主体和组织结构得以涌现，即使在其各部分不断变化时它们仍能维持。总之，标识是隐含在主体中具有共性的层次组织机构（"主体/介主体/介介主体/……"）背后的机制。④ 特性二，非线性。非线性相互作用使我们无法为聚集反应找到一个统一适用的聚集反应率。非线性范式是理解复杂系统运行方式和运作规律的关键。克劳斯·迈因策尔认为，"复杂系统的数学框架中，复杂性一方面定义为一种非线性，这是混沌和自组织的必要条件，但不是充分条件；另一方面，线性意味着叠加原理，用通俗的说法是'整体只是其部分之和'"⑤，而非线性成为复杂系统演化的内在根据。特性三，流。流是随着时间的流逝和经验的积累而反映出变异适应性的模式。经济学上的乘数效应和再循环效应对所有主体都很

---

① 吴彤：《自组织方法论研究》，清华大学出版社，2001，第 10 页。
② 〔美〕约翰·H. 霍兰：《隐秩序：适应性造就复杂性》，周晓牧、韩晖译，上海科技教育出版社，2011，第 9～11 页。
③ 〔美〕约翰·H. 霍兰：《隐秩序：适应性造就复杂性》，周晓牧、韩晖译，上海科技教育出版社，2011，第 12 页。
④ 〔美〕约翰·H. 霍兰：《隐秩序：适应性造就复杂性》，周晓牧、韩晖译，上海科技教育出版社，2011，第 15 页。
⑤ 〔德〕克劳斯·迈因策尔：《复杂性中的思维：物质、精神和人类的复杂动力学》，曾国屏译，中央编译出版社，1999，第 345～346 页。

重要。① 特性四，多样性。任何单个主体的持续存在都依赖于其他主体提供的环境。每种主体都安顿在由以该主体为中心的相互作用所限定的合适的生态位上。主体的多样性是一种动态模式，通常具有持存性和协调性。主体的模式在演化，多样性是不断适应的结果。每一次新的适应，都为进一步的相互作用和新的生态位提供了可能性。② 机制二，内部模型。内部模型代表主体实现预知的机制。主体在其所收到的大量的输入中挑选模式，然后将这些模式转化为内部结构的变化。最终结构的变化，即模型，必须使主体能够预知，即认识到再次遇到该模式（或类似模式）时，随之发生的后果将是什么。③ 机制三，积木。在现实情况中，内部模型立足于一个恒新环境中的有限样本上，而内部模型只有在其描述的情景反复出现时才是有用的。通过自然选择和学习，寻找那些已被检验过能够再使用的元素，人们就能够把复杂事物进行分解……将经过检验的积木组合起来，应付新的情况，采取适当行动，取得满意结果。使用积木生成内部模型，是复杂适应性系统的一个普遍特征。④

千百年来，散落在中国大地上的千千万万个村落，尤其是以农业为主的定居生活的传统农区的村落，形成了一个个的复杂适应性系统；村落中具有主动行为能力的主体（个人）、介主体（家庭）、介介主体（联合家庭、家族）等在竞争、合作、凝聚、演化、互动、协调、适应中，推动着系统的演化。

在传统农区，尤其是中原传统农区的村落，往往流传着从洪洞县大槐树下移民，或从其他地方移民而来的故事，这必然包含先人筚路蓝缕的创业故事。其中，面对自然环境的威胁，邻里合作、异姓之间的合作往往奠定了村庄发展的基础。以今河南省项城市的几个自然村为例。当地传说，今项城市徐冢自然村的来历是这样的。清乾隆年间（1736～1796），人口

---

① 〔美〕约翰·H. 霍兰：《隐秩序：适应性造就复杂性》，周晓牧、韩晖译，上海科技教育出版社，2011，第23～26页。

② 〔美〕约翰·H. 霍兰：《隐秩序：适应性造就复杂性》，周晓牧、韩晖译，上海科技教育出版社，2011，第27～31页。

③ 〔美〕约翰·H. 霍兰：《隐秩序：适应性造就复杂性》，周晓牧、韩晖译，上海科技教育出版社，2011，第31～34页。

④ 〔美〕约翰·H. 霍兰：《隐秩序：适应性造就复杂性》，周晓牧、韩晖译，上海科技教育出版社，2011，第34～37页。

大幅增长，人多土地少，遇到荒年，不少人外出逃荒，以图活命。有一年，天旱无雨，五谷不稳，徐湾徐姓一家再一次拿起要饭棍，一路乞讨来到百冢铺集，遇到一位姓郭的，说明了出来讨饭的原因。姓郭的说："没有田地？有个地方现在没人居住，你敢不敢去开荒？"姓徐的说："就是因为缺少田地才出来逃荒，有啥不敢去的。"老徐来到这个地方一看，有四座大冢子高高耸立，上下长满荆棘野草，没有一家住户，显得阴气森森。老徐还看到，四个冢子之间有一片高地，高出地面数尺，即使发大水也淹不了这里。他知道一点风水，认为这里虽然阴森，但四个冢子南北对立，中间高地属阳，阴阳互补，应该是一块风水宝地。于是说："中，我就住在这里了。"姓郭的说："老徐，这里摆荒几百年了，人家都说这里阴气太盛，谁也不敢来这里居住。如今你敢在这里居住，我家田地也不多，就陪着你，咱两家一起开垦这里的荒地。"从此，徐家、郭家烧野草、砍荆棘、搭茅庵，就在这里定居下来。土地整理出来了，全是好黄土地，种上庄稼收成很好。几代人以后，有了村庄规模，两姓友好相处，不分彼此，也都发了家。郭家说："你徐家第一个敢在这里居住，这个地方就以徐姓命名吧。"徐姓说："咱徐、郭二姓能发家，是沾了这四座大冢子的光，我看就叫徐冢吧！"从此，这里有了徐冢村，两姓人口都很旺盛。① 田老家自然村的来历是这样的："吾始祖于宣德元年来自山东。以渔为生，与朱、冯两姓同舟共济，盖至姻也。斯时，陈颍间多榛莽，诏民垦荒，为世业，故三姓同来占荒。"② 王庄自然村传说如下。明初，王姓夫妇携三幼子由山西移民河南项城。到项城，虽见项城荒地一眼望不到边，可王氏夫妇总想找个依靠，于是来到港河东边一片大坡边缘，遇到一家刚刚迁此的王姓，便在此搭了茅庵，夫妻二人齐力开垦土地。到孩子们长到十多岁时，已经垦出两三百亩土地，生活有了保障。两家王姓虽不同宗，总属一个王字，相互帮衬，和谐相处。后来子孙兴旺，具有村庄规模，村名就叫王庄。③

① 《徐冢由来》，载项城市政协编《项城乡村历史文化要览》卷一，内部资料，2018，第300页。
② 《田老家自然村》，载项城市政协编《项城乡村历史文化要览》卷三，内部资料，2018，第1199页。
③ 《王庄自然村传说》，载项城市政协编《项城乡村历史文化要览》卷一，内部资料，2018，第294页。

初始的艰难为村落主体的相互合作奠定了基础，在相互合作中，主体之间形成互相信任的预期与倾向合作的内部模型，而合作的传说则成为村落的合作规则的一部分，从而在村落系统内逐渐形成一种均衡。

但村落（庄）天然是一个分化的场域，同样处于"上交皇粮不怕官，孝敬父母不怕天"的自组织村落系统中，在家庭结构、个人能力、初始条件、意外事件等因素作用下，根据复杂适应性系统的非线性特征，村落主体的境遇是不同的，在缺乏强制性外力平衡的情况下，会沿着不平衡的路径走下去。在存量资源一定的情况下，社会周期性的灾荒、战乱等的发生会加速不平衡演进速度，当一部分人的生存都成问题的时候，村落的均衡便被打破了——首先是生存困难者因不遵守规则不会产生更大的损失而不再按此前的规则行事，改变"内部模型"；其次又因为主体是有自主能力的主体，他们之间的行为是互动的，一部分主体行为方式的改变必然引起另一部分主体行为方式的改变。

殷海光认为："文化价值与生物逻辑之间的违离还有程度的高低问题。生物逻辑对其违离有一个忍受域。这个忍受域之大小又因受不同文化的影响而有大小之别。例如，中国古老文化以'忍受'为最高美德。因此，中国一般文化分子除了具有特别忍受暴政的美德以外，对于忍受饥饿、水灾、旱灾、虫灾以及疾疫所能到达的忍受域，绝非年轻的美国人所能企及。在这一方面，中国文化似乎总是名列前茅。虽然如此，中国文化分子究竟还是人，而不是化石。所以，中国文化的忍受域固然特别大，但不是无穷大。因此，中国有黄灾委员会之出现。任何文化对其文化价值之违离生物逻辑的忍受程度都是有一条最后忍受线的。一过此线，任何文化价值的要求，都会打回票，或变成呆账，或根本被推翻。当文化价值违离生物逻辑时，其所要求违离的程度在忍受域以内因而可以'将就'时，生物逻辑可以有弹性地向文化价值调整。例如，我们的生物逻辑之一是喜欢吃好东西，可是我们的传统文化价值是讲节约。在这种情形之下，如果有道德夫子叫我们不要大鱼大肉的吃，而吃青菜豆腐。我想，为了勉学作'圣贤'，许多人是可以照办的。然而，如果我们的道德夫子对于这种成绩还不满意，他要大家向甘地看齐，人人向伯夷、叔齐学习，那末大家恐怕只好'作鸟兽散'了。复次，当违离生物逻辑的文化价值不复有社会基础，然因其尚为一形式条件，因心理惯性而使它余威犹存，很少有人敢于正面反对时，就很容易变成舌头上服务的词令。如果现在有人强调'妇道'，强调片面的'贞操'，我想就会落空。"①

此外，特定事件、特殊人物也会改变村落系统规则与主体的"内部模型"，或者使其他主体无所适从。以今项城市西夏庄为例。夏姓迁此百年后，村内发生一起严重内殴事件，一部分夏姓人家迁到东刘夏庄定居落户。又过了200年，因村内有一泼妇，天不怕、地不怕、骂大街、乱找茬，鸡狗不得安宁，居民不堪其扰，又迁出一部分。②

需要指出的是，村落里的大多数人，在大多数时候、大多数事情上，是理性的，但囿于文化水平低下，非理性行为、短视行为也大量存在，并在互动之下因果相生。

学界"争论的核心往往是村落具有一定的独立性和自主性，但因为国家政权建设和市场化等现代性因素的大举介入，原初意义上的村落自主性正在不断地走向解体"③。进入民国以后，村落受国家、市场的影响越来越大，村落系统的开放性日益增强，系统规则以及主体内部模型随之发生了改变。尤其是改革开放以来，随着家庭联产承包责任制的实行、打工经济的兴起与个人主义理念的盛行，核心家庭对联合家庭、个人对家庭的依赖性大大减弱，家庭对村落的生存依赖性减弱，村落归属感淡漠。村落自主行为主体开始与村落系统外部主体产生互动，为适应新的规则，形成了新的内部模型——传统的村落文化共同体逐渐发生质的改变。

二 村落文化"失序"与村落文化主体"共振"

根据复杂适应性理论，村落内的主体之间的自主性行动，既可能在村落范围内形成合作、协调的"内部模型"，从而形成和谐村落文化的良性循环——我们称其为村落文化共同体的"聚合"，也可能形成互不信任与反向预期之下的村落内部主体之间分裂与斗争的恶性循环——我们称其为

---

① 殷海光：《中国文化的展望》，上海三联书店，2009，第45页。

② 《西夏庄轶事》，载项城市政协编《项城乡村历史文化要览》卷二，内部资料，2018，第740页。

③ 刘伟：《论村落自主性的形成机制与演变逻辑》，《复旦学报》（社会科学版）2009年第3期，第133～140页。

村落文化共同体的"涣散"。

(一) 村落文化"失序"

随着城乡交流的日益频繁，农民在目睹了城乡之间的物质文化差距之后，文化心理上的矛盾与冲突也就自然产生。一方面，城市现代文化强烈地冲击了乡村原有的文化价值观念，使农民产生一定的心理压力和情绪压力；另一方面，在城市强大的吸引力和优势文化挤压下的农民（特别是新生代农民）又不甘心落后，自主性追求意识不断增强，积极通过各种途径改变生活状况和生活方式，并实现身份的转换，挤入城市社会，实现市民化，但其所面临的压力和困惑并没有减少。如此，诸多的新生代农民（工）既不愿在农村生活（不认同村落文化），但又无法在城市立足，在回不去的农村与进不去的城市的纠结中，村落（庄）文化共同体逐渐呈"涣散"状态。

同事胡博士讲了这样一个故事。

1996 年的 6 月底，我到河南省新蔡县×集乡×庙一张姓同学家玩。早晨起床无事可做，我们俩就在他们村子外边溜了一圈，看到他们这里的农村有一个非常奇异的现象：几乎没有一个麦秸垛是完好无损的，都有被火烧过的痕迹。如果是一个麦秸垛或者是少数几个麦秸垛被烧，倒也正常，但所有的麦秸垛都是被烧过的，这就反常了。因为当时在农村，农民还是要养牛的，收麦后的麦草要及时地垛起来作为牛在秋冬季的食草。也就是说，如果这家没有麦秸垛的话，他基本上就不考虑养牛了。

我就问这个同学，"你们这里是不是有风俗要点一下麦秸垛？"我的同学就笑了，"怎么可能呢？什么风俗也不可能说去点麦秸垛啊！"我又问，"那你们这里的麦秸垛是怎么回事？"同学告诉我，"我们这里如果一个人想报复他的仇人，基本上是采取点麦秸垛的方式。把他家的麦秸垛一烧，这家就会出现很大的麻烦。如果一家的麦秸垛被点了，这家人不会在村里到处辱骂诅咒，而是在家里仔细思考，到底谁会点我们家的麦秸垛？当然，他所思考的结果未必是一家，有可能是很多家，他也拿不准。所以就抱着宁肯多烧几家也不能让一家漏网的心态，等时机成熟的时候，他会去点好几家的麦秸垛。第二波被点的人家，也会像他一样思考：到底是谁点了自家的麦秸垛？然后采取相同的手段，继续点别人家的麦秸垛。一般说来，三五波过后，这个村里的麦秸垛基本上就没有幸免的了"。

听到这样的解释我感觉很震惊，我的同学却习以为常。他说，在他们这个村子里边，如果一个人的羊跑到邻居家里去，如果此人足够厉害，或者是两家人关系还可以的话，还能把羊给要回来。如果不是，哪怕你是亲眼看着你的羊到了邻居家，你也很难要得回来。

这个村子距离安徽省临泉县非常近，计划生育比较严厉的时候，这边的妇女往往抱着孩子跳过一条小沟，就到了安徽省临泉县，本地的计生干部只能"望沟兴叹"。据推测，可能这里是当年捻军的主要活动区域之一，因而民风彪悍，不喜吵闹，而爱动手。同学说，若有俩人发生矛盾，往往三五句话之后，就会有人说出"搞死你"的话语来，然后就打成一团。[1]

该村内的主体，已经形成了互不信任、互相针对性反应的"内部模型"，村落内的规则似乎也随之改变，如果村落没有进一步开放、外部资源注入、外部强制性规则执行的话，村落文化的失序状态将无法改变。

（二）村落文化主体"共振"

作为复杂适应性系统的主体，村落中的个体的人、家庭、宗族等是多样性的，虽然其行动（反应）是情境性的、非线性的，内部模型也是变化的，但是因地域的限制、家庭交往圈的重合、近距离生产生活形成的信息对称与交往便利乃至习俗形成（信任文化与良好预期）等，在抵御共同灾害、谋取共同利益时，村落主体之间有集体行动的需要与成功的可能，我们称之为村落文化主体的"共振"。

信阳市息县林乡郑店村小陈楼[2]，有 460 人，五六十户（主要指以 20 世纪 60 年代出生的人为户主的联合家庭），以陈姓为主，外姓 10 户左右。

---

① 感谢胡博士提供田野调查材料，村庄地名已做学术处理。
② 本材料系 2019 年 6 月 17 日上午对同事胡副教授访谈、与其讨论得来。感谢无私提供！

在外姓中，目前黄姓有四五户。小陈楼一带方言与安徽六安的相似，大致属六安地域文化圈。近年来，村落文化的变化是明显的。例如，20世纪八九十年代村里有人家办红白喜事，全村都去，其中的区别在于本门的人全天候在场，其他的人，白天去、晚上回。2000年前后，随着青壮年大量外出打工，村里办红白喜事把餐饮承包出去。若是丧事，请人挖墓坑要600元左右，抬棺材的每人100元，外加帝豪烟1条（100元左右）、毛巾1条，如果家庭条件好的话，所给的烟、毛巾的质量会更好。

小陈楼陈姓与黄姓矛盾甚深，陈姓内部是否有矛盾呢？答案是肯定的，有两件事可兹佐证。

一件事是因女人而产生冲突。陈姓一媳妇甲，大约1975年生，已经有两个孩子，在上海打工，2010年和一个本村陈姓、她叫叔的男人乙私奔，乙比甲还小三岁，也有家庭孩子。乙虽姓陈，但与甲原夫丙家门户不近。以前两家关系不错，都有两个孩子，两个男人经常在一起抓鱼、卖鱼。事情发生后，甲丙双方先谈判，丙要求甲回来，不计前嫌，但甲不愿意，双方争吵无果。后来，乙的父亲死了，母亲随乙一起离村，乙的两个孩子随其母亲在外打工，乙哥哥全家也出去了。甲的孩子跟着男方。相当于两个人都抛弃了家庭。丙家很生气，正好乙家的祖坟在丙家田旁边，丙家用推土机把自家的田推成鱼塘，对方祖坟逐渐沉入水底。

另一件事是因坐席而产生冲突。有一家族源于同一个曾祖父，分五支，清明节时在外的人回去祭祖，往往炫耀男丁，聚众打一会儿牌，并讨论两个议题：一是祭祖、放鞭炮，可劲儿放鞭炮；二是吃饭，费用由五支轮流出。各支刚开始也接受捐赠，即使不是本支的，也可以自愿捐钱。2007年，有一个开公司的，资产千万，捐了一万元。但他是小辈，吃饭时在座的家族人士有村干部、在读研究生、县局副局长、省厅副处长，以及七八十岁的老者，但他自认为捐了一万元钱，回来又带着男女秘书、司机等五六人，就一屁股坐在上席，有人提醒他，让他下来，他不同意，别人叫不下来。有会事人把他亲叔、大爷安排和他一桌，这样他就坐不下去了，一气之下，不吃饭就走了。后来祭祖，大家仍然回去，那个人也会回去，但再也不嚣张了，各支也不热衷于接受捐赠了，宁愿自己掏钱。此事背后也有一些深层次的原因：20世纪90年代前后，大家认为，有本事的去从政，没本事的才去打工经商。很多人虽挣了钱、发了财，但一直觉得在村里没有从政的人受尊重。所以此人捐了款，故意带一帮人回来，要坐上席争面子。

用一个当事人的话说："温饱问题解决后，加上事业有成，好多人开始关心村落的事情，注重名望等文化影响力。"在陈村的内部斗争过程中，陈姓有钱人大力支持，有知识的、在外工作的人也大力支持，主要是为了出多年的恶气。这说明了多年前的回忆、村落文化的积淀起着基础性的作用，也说明乡村文化没有走出回忆，没有走出历史，没有脱离政治，没有脱离时代。村落政治的外在参与者，以其资源影响着甚至主导着村落内某些事情（事件）的走向。

从复杂适应性系统视角来看，陈姓、黄姓之间的争斗，属于系统内部介主体之间的博弈（虽然陈姓内部也有矛盾）。我们看到，在市场经济已经深入村落内部、系统已经处于开放状态的情况下，系统内的介主体仍然能够以其故有的"内部模型"（争斗的情感记忆）行事，展现出系统内主体、介主体的反应惯性，即文化变迁滞后于社会其他层面的变迁，尤其是文化规范特征的变迁更为困难、缓慢。"一个文化系统中，对文化分子的思想行为甚至情感，规定其应当或不应当，善或恶等等预规（prescriptions）或应迫（imperatives），就是规范特征。伦理和道德是规范特征的总汇……文化的规范特征常透过社会控制、传统力量、奖励、惩罚、批评等展布出来……规范特征常为一主宰特征。不同的文化之最核心的差别乃规范特征之不同。许多文化冲突之最后'决战'乃规范特征之战。就中国文化来说，住洋房，坐汽车，所遇到的抗力较小；可是，要人不拜祖宗、不孝亲，打破男女界线，那是极其困难的事。至于要学人士子不读'圣贤书'，那更是'大逆不道'的事。"①

三 共建美好家园：构建新的村落（社区）文化生态

礼源于俗，俗源于生产生活——文化是文化主体之间长期互动的产物。毫无疑问的是，文化还需要主动求变。

---

① 殷海光：《中国文化的展望》，上海三联书店，2009，第41页。

（一）新的村落文化应该是"大传统"与"小传统"互动生成的

因为世界无时无刻不在变动之中，任何文化总要接受、承受内部的要求和适应外部的环境，能够与时俱进的文化才是富有生机、有生命力的文化。文化的积淀是一个长期的过程，文化的变化必然是一个冲突与斗争的过程。晚清以来的中国，经历了变化、变迁，但晚清变局迄今有近 200 年，新文化运动、五四运动迄今已 100 多年，改革开放迄今已 40 多年。改革开放以来，国家、市场在社会生活中越来越起着基础性作用，并以此推进中国经济社会发展取得长足进步，极大增强了中华民族的文化自信。同时，随着时间的沉淀，我们对古今中西文化、对社会发展的理解和认识越来越深刻。"谈及改革开放，田国强认为，大家应该首先考虑到的是两大基本的客观现实，无法改变的客观现实。第一个是个体的利益，无论是国家层面，还是单位和个人，在通常的情况下他都是考虑个人的利益的。第二，人是逐利的，制度的制定就异常重要。田国强表示，制度的制定并不是要改变人性，它实质是把人性作为基本的约束条件来设计游戏规则，以此顺应人性，让人们自愿的改变其行为的结果，以此实现个体理性和集体理性的激励相容。"①

从前文小陈楼的故事看，时至今日，敬祖宗、重家族以及不忘村落（庄）"历史"的故乡情结等传统文化因素仍然在村落（庄）生活中发挥作用，甚至左右村民生活。就国家层面看，我们国家的发展战略是一种追赶战略。教育农民、改造乡村，乃至今天的乡村振兴战略、美丽乡村建设，都是一脉相承的——符合、服从国家总体发展的目标。问题是，马列主义、毛泽东思想和中国特色社会主义理论体系是我们党的指导思想，加强爱国主义、集体主义、社会主义思想教育和革命传统教育，树立社会主义核心价值观，大力弘扬主旋律，是国家主导文化，但国家主导文化的教育形式主要针对城市或国家机关及企事业单位人员，而对于组织性比较分散的农民来说，这种教育方式、教育内容与他们的生活、与他们的心理需求还有一定的距离。因此，必须把国家的宏观发展战略与具体的村落（庄）生

---

① 《田国强：改革开放顺应人性 形成了新的游戏规则》，2019 年 6 月 29 日，新浪财经，http：//finance. sina. com. cn/hy/hyjz/2019 - 06 - 29/doc - ihytcerm0118265. shtml？cre = tianyi&mod = pchp&loc = 26&r = 0&rfunc = 100&tj = none&tr = 12。

产生活实践结合起来，在新的"大传统"与新的"小传统"的良性互动中和谐、有效发展。

（二）重构新的村落文化生态

与新的"大传统"相比，当今新的、可以使村落（庄）形成和谐合作的良风美俗的"小传统"无疑需要重构——在新时代，村落文化生态需要重构。

改革开放、社会主义市场经济促进了农村经济快速发展，就业机会与收入差异使农民在城市与乡村之间大规模流动，农民生产方式和生活方式发生巨大变化，尤其是对城市的向往心理、市民化意识不断增强，加上传统村落的边界日益开放，使农民在流动中分化，在职业化、市民化的过程中离村离土，乡村文化急剧变迁，以农业为基础的村落文化生态出现危机。

以2006年税费改革为标志，国家开启了"工业反哺农业""城市反哺乡村"历史进程——"资源开始下乡"。在此背景下，应该结合乡村治理构建村落文化生态。一是自然形成的村落是真实的治理单元，良好的村落文化生态既是治理的目标也是治理的基础。只有农民响应国家方针政策、主动行动，乡村治理方能"持续运转"。传统村落（"家庭联合体"、个体日常活动场域）以其传统的地缘、血缘以及空间结构之上的文化生态系统，构成真实的"治理单元"。发挥村落文化主体的能动作用，构建自我维系平衡、和谐发展的乡村文化生态微系统，既是治理的目标也是善治的前提。二是"帮扶"治理对于乡村治理现代化具有根本性意义。乡村的发展及其未来在"乡村之外"：乡村的发展前景必不同其此前所是，要建成美丽宜居的"城镇化乡村"，在农村人、财、物持续流出背景下，单靠村庄、在村农民自身力量、市场化作用远远不够，必须要在国家推动下，全社会共同参与，以非"经济人"行为破解发展困境；在"资源"下乡背景下，村庄与国家高效互动问题将愈发突出。在持续的"帮扶"治理下，以"一核"（党支部）、"多元"（多元参与主体）协同治理模式，教育农民、动员农民参与治理，通过外部"输血"构建村落（社区）良好文化生态系统，发挥乡村内部的"造血"功能，从而使乡村治理真正"活"起来，即国家推动下的乡村外部"帮扶"及其"治理"（各级各类学校、机关、企事业单位，以小带大、以点带面开展的各具特色的社会治理共同体建设实践），是制度优势转化为治理优势的有效途径，更是治理的长效机制。

建构的目标，应该是形成当代农民生产生活需要的真文化。因为"当文化的本质是'平衡的、和谐的、自足的'，叫作真文化。反之，当个人常常觉得'精神受了挫折'，就叫作'假文化'"。①

通过对农民的教育、宣传、动员，久久为功，逐步形成在个体理性、自觉基础上，"建设生态良好、干群融洽、邻里和谐、互助合作、共治共享的文化生活样态"。

（三）建构村落文化生态路径思考

吸取"邹平"乡建模式缺乏坚强组织依托、成员干部良莠不齐的失败教训，村落文化生态系统建构需要在基层党支部领导下进行。

（1）采取"一核""多元"协同治理模式，经济建设与思想文化建设并举，以"群众路线""社会动员"激活乡村内生力量，通过积极分子群体的示范带动"人"的教育、改造、提高（改变并强化系统主体的"内部模型"，从而影响主体行为方式），塑造人的全新生活理念，以个体理性、自我约束的生活方式，逐步构建指向未来图景的，动态平衡、自我循环的村落（社区）文化生态系统，最终使村落（社区）成为鲜活的共治共享、生产生活共同体。

（2）遵循集体行动逻辑，发挥积极分子的作用。合作共赢是村落文化共同体的本质与终极旨向，虽然大家都知道这个世界最终要合作共赢，但和谐相处、愉快合作总是有条件的。为此，需要引入集体行动逻辑。如果说复杂适应性理论解释了相对封闭的系统的自我演化规律的话，那么集体行动逻辑则可以为达到集体行动的目的提供启示。

涉及集体行动的集体利益有两种：相容性利益与排他性利益。前者指利益主体在追求这种利益时是相互包容的，利益主体之间的博弈是正和博弈；后者指利益主体在追求这种利益时是互相排斥的，利益主体之间的博弈是零和博弈。排他性的利益集团碰到的是"分蛋糕"的问题，希望分利者越少越好，总是排斥他人进入，而相容性的利益集团碰到的是"做蛋

---

① 《吴文藻人类学社会学研究文集》，民族出版社，1990，第66页。

糕"的问题，做蛋糕当然是人越多越好、蛋糕做得越大越好，故这类集团总是欢迎具有共同利益追求的行为主体加入其中，可谓"众人拾柴火焰高"。因此，相容性集团就有可能实现集体的共同利益，但也仅仅是可能而已，因为还是绕不开集团成员的"搭便车"行为倾向问题，所以还是要解决集体与个人之间的利益关系问题。"由具有相同利益的个人所形成的集团，均有进一步追求扩大这种集团利益的倾向"① 这一论断是片面的。某个人的活动使整个集团状况有所改善，如果假定个人付出的成本与集团的收益是相同的，那么付出成本的个人却只能获得其行动收益的极小份额。在一个集团范围内，集团收益是公共性的，即集团中的每一个成员都能共同且均等地分享收益，而不管他是否为之付出了成本。集团收益的这种性质促使集团的一些成员想"搭便车"而坐享其成。集团越大，分享收益的人越多，为实现集体利益而进行活动的个人分享份额就越小。所以，在严格坚持经济学关于人及其行为的假定条件下，经济人或理性人都不会为集团的共同利益采取行动——集体行动的困境是一种客观存在的社会现象……这种非合作博弈下的集体行动逻辑反映在公共事务管理现实中可能会出现公共产品供给短缺、公共资源利用无度、公共秩序混沌无序、公共组织效率低下、公共政策执行失范等诸多问题。② 在中国传统语境中，"一个和尚挑水吃，两个和尚抬水吃，三个和尚没水吃"，即是对集体行动困境的形象揭示。因此，需要一种动力机制——"有选择性的激励"，这一机制要求对集团的每一个成员区别对待，"赏罚分明"。具体是：对于那些为集团利益的增加做出贡献的个人，除了使他能够获得正常的集体利益的份额，再给他额外的收益；制定出一套使个人行为与集体利益相一致的规章制度，一旦某个成员违背，就对之进行惩罚。尽管如此，由于集团规模大、成员多，要做到赏罚分明需要花费高额的成本，包括信息成本、度量成本以及制度的实施成本等。显然，不仅是收益分享问题阻碍了大集团实现其共同利益，而且组织成本随着集团规模的扩张而剧增也阻碍共同利益

---

① 〔美〕奥尔森：《集体行动的逻辑》，陈郁、郭宇峰、李崇新译，上海人民出版社，1995；〔美〕奥尔森：《国家的兴衰：经济增长、滞胀和社会僵化》，李增刚译，上海人民出版社，2007。

② 陈潭：《集体行动的困境：理论阐释与实证分析——非合作博弈下的公共管理危机及其克服》，《中国软科学》2003 年第 9 期，第 139～144 页。

的实现（但有一种例外，那就是小集团，小集团由于规模小、组织成本小，比较容易达成集体行动）。

能够组织起来的集团在多大程度上会组织起来，在不同的社会、不同的历史时期会有很大的不同。而且需要说明的是，奥尔森的逻辑前提仍然是理性人假设，问题是理性人并不就是自私自利的同义语，在大集团中，需要利他主义行为存在而且也确实存在，其原因在于行为人的道德满足感或其他个人偏好。从这个意义上说，人应该是经济人、理性人以及感性人的集合体，这几种行为倾向既存在于个体身上，也在群体之中有所体现，只是在不同的情境中、内外互动之下会有不同的侧重而已。一般来说，具有相容性利益，尤其是与社会利益相一致的大型潜在性利益集团的集体行动可以通过"有选择性的激励"，同时花费一定的制度实施成本达成目标——集体行动是困难的，在创建任何组织或合作新模式时，都会需要特定的启动成本，包括对陌生事物的恐惧与抵制。如果强制是一种选择性激励的话，就需要坚强的领导，等待有利的时机。

从系统论视角看，乡村的一个个村落系统，其内部主体以利益最大化为内部模型，在长期、反复的适应性反应过程中，在效率、合理化的基础之上，主体之间逐渐形成稳定预期，达成均衡。在此情境下，基于主体之间的信任以及系统规则认同，在面对重大共同利益时，若有权威人物（领导骨干）领导，加上正确的方法（科学的策略与路线），有积极分子带头，有强制性惩罚与选择性激励（强制性）等，系统主体便会产生共振，即达成集体行动。集体行动是维护集体利益的基础，水利设施建设、生活设施建设、环境美化、教育养老等有赖于此，对于能够顺畅合作、维持生产生活秩序良性运行的村落（乡野），我们说它"古风犹在""有三代之风"，是理想乡村生活或乡村生活追求的目标。

近几年，国家在精准扶贫、扫黑除恶、乡村振兴等政策实践背景下，赢得了民心、淘汰了不合格干部与历练了干部队伍、营造了风清气正的环境——开放性机制的确立、外部资源的输入、强规则的确立，已经为村落（庄）自组织系统向他组织的转化奠定了基础，下一步国家建设美丽乡村、资金下乡应当能发挥更大作用。但目前仍然所缺的，恐怕还是来自村落（庄）的积极回应，即集体行动需要积极分子发挥带头作用。

就具体的村落来说，前文小陈楼的例子有一定的启发意义。有人群的地方就有矛盾，但合作共赢的道理大家懂，关键是如何化解矛盾、创造合作条件进而达成合作。在大环境已然改变——村落已然开放、国家社会资源不断注入，村落内部的博弈从主要是分蛋糕到做大蛋糕、分蛋糕转变——博弈形态的变化，使共享、共赢、共同发展，共建美好家园，成为村落的共同需求、共同愿望。在此情境下，村落正规权威（党支部、村委、党员等）、村落精英（离村、在村人员）的引领作用凸显。前文提到的小陈楼村，其中80%以上的人口，或者说在共同利益下村落内大部分人达成了集体行动、产生了共振。通过这种现象，我们发现了村落文化的发展趋势：一方面，这种集体行动、这种共振，是在引入了国家资源、国家力量，引入了离村精英后，在离村精英、在村骨干引导、操作下，以某种情感、意愿以及文化符号（陈姓同宗——当事人说，村落是祖辈生存的根基、血脉的本源）号召而达成、产生的；另一方面，即便是增量资源的瓜分，也并非没有矛盾。

荀子曰："故有良法而乱者有之矣；有君子而乱者，自古及今，未尝闻也。传曰：'治生乎君子，乱生乎小人。'此之谓也。"[1] 村落权威、村落精英在礼俗社会中的作用已经为历史所证明——士的作用。"中国旧日社会秩序之维持，不假强制而宁依自力……然强制虽则少用，教化却不可少。自来中国政府是消极于政治而积极于教化的，强制所以少用，盖在缺乏阶级以为操用武力之主体；教化所以必要，则在启发理性，培植礼俗，而引生自力。这就是士人之事了。士人居四民之首，特见敬重于社会者，正为他'读书明理'主持风教，给众人作表率。有了他，社会秩序才是活的而生效。夫然后若农、若工、若商始得安其居乐其业。他虽不事生产，而在社会上却有其绝大功用。道德、礼俗、教化，是辗转循环互为影响；三者无一定先后之序，而有贯乎其中者，则理性是已。理性，宽泛而言，就是人们的心思作用；狭义则指人心所有之情义。道德之自觉自律，舍心思作用则无可能，舍情义之感则不能生动有力。礼俗当其既成，在普通人未必还有多少自觉，又隐然有其威力，在普通人似亦难语于自律。然论其

---

① （清）王先谦：《荀子集解》（上），载《新编诸子集成》第1辑，陈啸寰、王星贤点校，中华书局，1988，第151页。

所由形成，则固自有其为社会众人所共喻共信者在，这便是理性了……士人自觉地或不自觉地供其利用，亦是有的……他们零散在民间，只是各自随意应机以发挥其所学而已……按之历史实情，社会秩序最后既然仍不能无借于王权，则不可免地，君主还是居于最高。于是士人只有转居于君主与民众之间，以为调节缓冲。"①

　　国家、社会对新乡贤、积极分子的引导激励，新乡贤、积极分子自觉、逐步升华其内心的精神追求，对于由基于共同记忆的利益之争，转向为血脉、文化留存的美好家园建设而行动，是不可或缺的。

---

　　① 梁漱溟：《中国文化要义》，上海人民出版社，2018，第 239～241 页。

参考文献

著作

〔美〕艾恺:《最后的儒家——梁漱溟与中国现代化的两难》,王宗昱、冀建中译,江苏人民出版社,2004。

〔巴西〕约绪·德·卡斯特罗:《饥饿地理》,黄秉镛译,生活·读书·新知三联书店,1959。

蔡尚思、方行编《谭嗣同全集》(增订本),中华书局,1981。

陈瀚笙:《三十年来的中国农村》,载薛暮桥、冯和法编《〈中国农村〉论文选》,人民出版社,1983。

陈业新:《明至民国时期皖北地区灾害环境与社会应对研究》,上海人民出版社,2008。

池子华:《中国流民史·近代卷》,安徽人民出版社,2001。

崔宗埙:《河南省经济调查报告》,财政部直接税署经济研究室资料,民国三十四年三月(1945 年 3 月)。

〔德〕斐迪南·滕尼斯:《共同体与社会:纯粹社会学的基本概念》,林荣远译,北京大学出版社,2010。

〔美〕杜赞奇:《文化、权力与国家:1900—1942 年的华北农村》,王福明译,江苏人民出版社,2003。

〔法〕弗里德曼:《中国东南的宗族组织》,刘晓春译,王铭铭校,上海人民出版社,2000。

费孝通：《基层行政的僵化》，氏著《费孝通文集》第 5 卷，群言出版社，1999。

费孝通：《乡土中国 生育制度 乡土重建》，商务印书馆，2011。

福柯：《疯癫与文明：理性时代的疯癫史》，刘北成、杨远婴译，生活·读书·新知三联书店，1999。

郭沫若：《中国史稿》第 1 册，人民出版社，1976。

韩愈：《韩愈集》，严昌校点，岳麓书社，2000。

〔美〕何炳棣：《明初以降人口及其相关问题：1368—1953》，葛剑雄译，生活·读书·新知三联书店，2000。

贺雪峰：《乡村社会关键词：进入 21 世纪的中国乡村素描》，山东人民出版社，2010。

侯永禄：《农民家史》，人民文学出版社，2012。

《淮阳县志》，河南人民出版社，1991。

〔美〕黄宗智：《华北的小农经济与社会变迁》，中华书局，1985。

纪昀等撰《历代职官表》卷九（上），上海古籍出版社，1993。

贾滕：《乡村秩序重构及灾害应对——以淮河流域商水县土地改革为例（1947～1954）》，社会科学文献出版社，2013。

卡尔·波普尔：《开放社会及其敌人》，陆衡等译，中国社会科学出版社，1999。

克劳斯·迈因策尔：《复杂性中的思维：物质、精神和人类的复杂动力学》，曾国屏译，中央编译出版社，1999。

孔雪雄编著《中国今日之农村运动》，中山文化教育馆，1935。

雷舍尔：《复杂性：一种哲学概观》，吴彤译，上海科技教育出版社，2007。

李大钊：《东西文明根本之异点》，载陈崧编《五四前后东西文化问题论战文选》，中国社会科学出版社，1989。

梁漱溟：《乡村建设理论》，上海人民出版社，2006。

梁漱溟：《中国文化要义》，上海人民出版社，2005。

辽宁省图书馆编《学习〈毛泽东选集〉第五卷参考资料》，辽宁人民出版社，1978。

凌濛初：《初刻拍案惊奇》，云南人民出版社，2011。

刘大鹏：《退想斋日记》，乔志强标注，山西人民出版社，1990。

刘少奇：《论党》，载《刘少奇选集》上卷，人民出版社，1981。

马俊亚：《被牺牲的"局部"：淮北地区社会生态变迁研究（1680—1949）》，北京大学出版社，2010。

马克思、恩格斯：《马克思恩格斯选集》，人民出版社，2012。

〔美〕马若孟：《中国农民经济：河北和山东的农业发展，1890—1949》，史建云译，江苏人民出版社，2013。

马玉平整理《顺治〈邓州志〉民国重修〈邓县志〉》（合辑），河南人民出版社，2015。

民国《凤台县志》，颍上余炳成静胜斋，民国25年（1936）铅印本。

民国《商水县志》，民国七年（1918）刊本。

民国《项城县志》，民国三年（1914），摄提阁石印本。

〔美〕明恩溥：《中国乡村生活》，午晴、唐军译，时事出版社，1998。

《明太祖实录》卷六，台湾影印本，1962。

彭南生：《中间经济：传统与现代之间的中国近代手工业（1840—1936）》，高等教育出版社，2002。

齐思和、林树惠、寿纪瑜编《鸦片战争》（四），上海人民出版社，2000。

钱俊瑞：《中国目下的农业恐慌》，载薛暮桥、冯和法编《〈中国农村〉论文选》，人民出版社，1983。

钱穆：《政学私言》，九州出版社，2010。

（清）《扶沟县志》（光绪十九年刊本），成文出版社有限公司影印，1976。

（清）昆冈等修《清会典事例》第6册，中华书局，1991。

（清）薛福成撰《庸盦文别集》卷3，上海古籍出版社，1985。

（清）张应昌编《清诗铎》（下册），中华书局，1960。

《清太祖实录》卷六，中华书局，1986。

《全唐诗》，王仲闻、傅璇琮点校，中华书局，1960。

《商水县志》，河南人民出版社，1990。

司马光：《司马温公文集》卷六，中华书局，1985。

孙立坤编著《河南当代家庭变迁调查》，人民出版社，2004。

〔美〕瓦戈：《社会变迁》，王晓黎等译，北京大学出版社，2007。

王健文主编《政治与权力》，中国大百科全书出版社，2005。

王天奖等编著《河南近代大事记》，河南人民出版社，1990。

王亚南：《中国官僚政治研究》，中国社会科学出版社，1981。

魏宏运主编《二十世纪三四十年代冀东农村社会调查与研究》，天津人民
　　出版社，1996。

《文宗显皇帝实录》（二），中华书局，1986。

吴彤：《自组织方法论研究》，清华大学出版社，2001。

吴毅：《村治变迁中的权威与秩序：20世纪川东双村的表达》，中国社会科
　　学出版社，2002。

〔西德〕安娜：《中国——我的第二故乡》，生活·读书·新知三联书店，
　　1980。

西水头村党支部、村委会编《西水头村志（1949~2009）》，河南人民出版
　　社，2011。

忻平、胡正豪、李学昌主编《民国社会大观》，福建人民出版社，1991。

许道夫：《中国近代农业生产及贸易统计资料》，上海人民出版社，1993。

杨存德编著《历史文化名城邓州：水文化》，作家出版社，2007。

叶适：《叶适集》，中华书局，2010。

殷海光：《中国文化的展望》，上海三联书店，2009。

〔英〕吉登斯：《民族-国家与暴力》，胡宗泽等译，生活·读书·新知三
　　联书店，1998。

〔英〕罗伯特 D. 帕特南：《使民主运转起来：现代意大利的公民传统》，
　　王列、赖海榕译，江西人民出版社，2001。

〔英〕齐格蒙特·鲍曼：《共同体》，欧阳景根译，江苏人民出版社，2003。

〔英〕沈艾娣：《梦醒子：一位华北乡居者的人生》，赵妍杰译，北京大学
　　出版社，2013。

余英时：《反智论与中国政治传统——论儒、法、道三家政治思想的分野
　　与汇流》，载刘小枫编《中国文化的特质》，生活·读书·新知三联书
　　店，1990。

〔美〕约翰·H. 霍兰：《隐秩序：适应性造就复杂性》，周晓牧、韩晖译，
　　上海科技教育出版社，2011。

曾国藩：《曾国藩全集·家书》（一），岳麓书社，2011。

〔美〕詹姆斯·R. 汤森、布兰特利·沃马克：《中国政治》，顾速、董方译，江苏人民出版社，2005。

张鸣：《乡村社会权力和文化结构的变迁（1903—1953）》，广西人民出版社，2001。

张鹏举、丁云岸主编《鹿邑民俗志》，中州古籍出版社，1991。

张思：《近代华北村落共同体的变迁——农耕结合习惯的历史人类学考察》，商务印书馆，2005。

张昭军：《圣贤学问与世俗教化——晚清时期程朱理学与纲常名教关系辨析》，载中国社会科学院近代史研究所政治史研究室、河北大学历史文化学院编《晚清改革与社会变迁》（下），社会科学文献出版社，2009。

章太炎：《驳建立孔教议》，载汤志均编《章太炎政论选集》，中华书局，1977。

赵尔巽：《清史稿》（第 46 册），中华书局，1977。

镇平县十区自治办公处编《镇平县自治概况》，京城印书局，1933。

郑全红：《中国家庭史：民国时期》，载张国刚主编《中国家庭史》，人民出版社，2004。

中共河南省委党史工作委员会：《河南解放区的土地改革》，河南人民出版社，1991。

中华人民共和国国家农业委员会办公厅编《农业集体化重要文件汇编（1958—1981）》，中共中央党校出版社，1981。

周口地区民政局编《周口地区民政民俗志》，中州古籍出版社，1998。

周同宾：《乡关回望：中原农耕笔记》，百花文艺出版社，2009。

论文

曹海林：《村落公共空间：透视乡村社会秩序生成与重构的一个分析视角》，《天府新论》2005 年第 4 期。

陈国和：《乡村政治与四五十年代的土改小说》，《湖北社会科学》2007 年第 1 期。

陈智勇：《先秦时期的井文化》，《安阳师范学院学报》2008 年第 4 期。

党国英：《农村改革的逻辑》，载党国英等《中国农村研究：农村改革 40 年（笔谈一）》，《华中师范大学学报》（人文社会科学版）2018 年第 5 期。

韩鹏云、徐嘉鸿：《乡村社会的国家政权建设与现代国家建构方向》，《学习与实践》2014 年第 1 期。

何凡能等：《中国传统农区过去 300 年耕地重建结果的对比分析》，《地理学报》2012 年第 9 期。

河南省政府秘书处编印《各县社会调查·商水》，《河南统计月报》第 3 卷第 6 期，1937。

河南省政府秘书处编印《河南省各县人口统计》，《河南统计月报》第 2 卷第 7 期，1935 年 7 月。

贺雪峰：《行动单位与农民行动逻辑的特征》，《中州学刊》2006 年第 5 期。

贾滕：《当代农村大学生群体阶层突破研究——以豫东黄淮平原 M 村为个案》，《中国青年研究》2013 年第 10 期。

李红婷：《结构与功能：百年中国农村家庭历史变迁》，《民族高等教育研究》2013 年第 4 期。

李里峰：《土改结束后的乡村社会变动——兼论从土地改革到集体化的转化机制》，《江海学刊》2009 年第 2 期。

李伟中：《知识分子"下乡"与近代中国乡村变革的困境——对 20 世纪 30 年代县政建设实验的解析》，《南开学报》（哲学社会科学版）2009 年第 1 期。

刘伟：《论村落自主性的形成机制与演变逻辑》，《复旦学报》（社会科学版）2009 年第 3 期。

刘再聪：《村的起源及"村"概念的泛化——立足于唐以前的考察》，《史学月刊》2006 年第 12 期。

刘振华：《"盆地之子"彭雪枫对别廷芳的统战工作》，《党史文苑》2010 年第 11 期。

彭南生、贾滕：《论近代农户收入的制约性因素——以 20 世纪二三十年代的华北棉农为例》，《史学月刊》2008 年第 1 期。

施炎坤：《关于党的农村思想工作的心理学研究——入心入脑的认知机理及应对策略》，《中共福建省委党校学报》2004 年第 5 期。

司峻、袁伦中：《抗世蔑俗的晚清女诗人高梅阁》，《中州今古》1994 年第 2 期。

田先红：《农民行动单位与上访行为逻辑的区域差异——一个解释模型》，《人文杂志》2012 年第 4 期。

汪木兰：《中央苏区文化模式论》，《江西师范大学学报》1993 年第 2 期。

王斯福、赵旭东、孙美娟：《什么是村落?》，《中国农业大学学报》（社会科学版）2007 年第 1 期。

王天奖：《民国时期河南"土匪"略论》，《商丘师专学报》（社会科学版）1988 年第 4 期。

王旭：《近代中国乡村社会变迁的历史图景——王先明〈乡路漫漫：20 世纪之中国乡村（1901—1949）〉评析》，《史学月刊》2018 年第 11 期。

吴冠军：《家庭结构的政治哲学考察——论精神分析对政治哲学一个被忽视的贡献》，《哲学研究》2018 年第 4 期。

谢俊美：《科举制度存废的历史考察》，《历史教学问题》1998 年第 4 期。

徐隽：《混沌理论对高校心理健康教育的启示》，《中国成人教育》2009 年第 12 期。

杨建华、姜方炳、李传喜：《浙江乡村社会 60 年的发展逻辑》，《中共宁波市委党校学报》2010 年第 1 期。

张健：《中国社会历史变迁中的乡村治理研究》，博士学位论文，西北农林科技大学，2008。

张培刚：《清苑农家经济》，《社会科学杂志》第 8 卷第 1 期，1937 年 3 月。

张英秀：《原子化村庄农民自组织的缺失与再生——基于集团理论的分析》，《四川行政学院学报》2011 年第 6 期。

赵蓬、李桂玲：《古代谷物加工器具之传承》，《农业考古》2014 年第 6 期。

相关资料

陈建功编《南岭村志》，内部资料，2007。

大张营村志编委会《淮阳县大张营村志》，内部资料，2010。

东窑村志编纂委员会《东窑村志》，内部资料，2016。

巩义市芝田村志编纂委员会《芝田村志》，内部资料，2003。

国家统计局综合司：《城市社会经济发展日新月异》，2009 年 9 月 17 日，国家统计局网站，http://www.stats.gov.cn/ztjc/ztfx/qzxzgcl60zn/200909/t20090917_68642.html。

黄宗智主编《中国乡村研究》第 2 辑，商务印书馆，2004。

贾国忠：《故园史话——寨子贾村文史故事集》，未刊稿，2000。

贾氏宗谱编修理事会《河南登封尚志堂贾氏宗谱》，内部资料，2017。

贾先玉：《桃园贾氏新续宗谱·序文》，内部资料，1992。

《李希如：人口总量平稳增长 城镇化水平稳步提高》，2019 年 1 月 23 日，国家统计局网站，http://www.stats.gov.cn/ztjc/ztfx/qzxzgcl60zn/200909/t20090917_68642.html。

桥塘村党支部、桥塘村委会编《桥塘村志》，内部资料，1999。

清《商水县志》，乾隆十二年（1747）刻本。

《商水县统计资料汇编 1949—1957》，内部资料，1958。

太康县郭氏族谱续修委员会《太康郭氏族谱·家乘》，内部资料，2016。

《田国强：改革开放顺应人性 形成了新的游戏规则》，2019 年 6 月 29 日，新浪财经，http://finance.sina.com.cn/hy/hyjz/2019-06-29/doc-ihytcerm0118265.shtml? cre = tianyi&mod = pchp&loc = 26&r = 0&rfunc = 100&tj = none&tr = 12。

王镈：《知无子备忘录》，未刊手稿，内乡县地方志办公室存。

王毓主编《河南档案珍品评介》，河南省档案局发内部资料，1996。

项城市政协编《项城乡村历史文化要览》，内部资料，2018。

张伟：《绿林强人李其芳》，载中国人民政治协商会议河南省洛宁县委员会文史资料委员会编《洛宁文史资料》第四辑，1989。

张祯祥：《张楼村志》，未刊稿，2002。

政协河南省方城县学习文史委员会编《方城文史资料汇编》，无日期。

政协洛阳市委员会文史资料研究委员会编《洛阳文史资料》第一辑，1985。

中共河南省委办公厅编印《中共河南省委一九五五年重要文电汇集》（上

册），1956。

中共河南省委农村工作部编印《河南省土地改革文献》（上册），1954。

中国人民政治协商会议河南省邓县委员会文史资料委员会编《邓县文史资料》第一辑，1984。

中国人民政治协商会议河南省汝阳县委员会文史资料研究委员会编《汝阳文史资料》第二辑，1988。

中国人民政治协商会议河南省新野县委员会学习文史委员会编《新野文史资料》第十四辑，1988。

中国人民政治协商会议河南省新野县政协文化和文史资料委员会编《新野文史资料》第十四辑，1998。

中国人民政治协商会议南阳市委员会文史资料研究委员会编《南阳文史资料》第八辑，1992。

中国人民政治协商会议南阳市政协学习和文史资料委员会编《南阳文史资料》第七辑，中国文史出版社，2010。

中国人民政治协商会议南召县委员会学习文史委编《南召文史资料》第十四辑，2006。

中国人民政治协商会议唐河县委员会编《唐河文史资料》第十三辑，2016。

中国人民政治协商会议镇平县委员会文史资料委员会编《镇平文史资料》第一辑，日期不详。

民国期刊、报纸

《河南统计月报》第 1 卷第 7 期，1935 年 7 月。

内务部印行《赈务通告》第 4 期，1920 年 12 月 5 日。

内务部印行《赈务通告》第 6 期，1920 年 12 月 25 日。

《锡报》《大公报》《民国日报》《解放日报》《（天津）大公报》。

档案

扶沟县人民法院：《扶沟县第二区白马乡郭寨村暗杀案的破获情况及调查报告》（1953 年 10 月 19 日），扶沟县档案局档案，档案号：扶沟县法院卷宗第六卷第 7 件。

《河南土地改革情况介绍》（1951），河南省档案局档案，档案号：永久卷第 79 卷。

中共淮阳地委政研室：《项城县七区火星阁村的调查材料》（1951），河南省档案局档案，档案号：全宗一第 9 卷第 11 件。

中共西华县二区区委：《西华二区南凌村情况调查》，西华县档案局档案，档案号：西华县委全宗第七卷第 1 件。

中共西华县二区区委：《西华县第二区南凌典型村调查情况》（1949 年 12 月 21 日），西华县档案局档案，档案号：西华县委全宗第一卷第 1 件。

中共西华县委会：《西华县六区复查试点焦岗乡工作介绍》（1951 年 12 月 22 日），西华县档案局档案，档案号：西华县委档案永久卷之 6（六）第 3 件。

中国第二历史档案馆档案，档案号：全宗号 116，案卷号 438。

周恩来：《中央人民政府政务院关于加强防汛工作的指示》（1951 年 6 月 8 日），邓州市档案局档案，档案号：永久卷第 19 卷。

后　记

本书在已经完成的 2014 年立项的国家社科基金项目成果上修改而成。

我生于农村，长于农村，又在农村中小学工作了 9 年，30 多岁才拖家带口进入城市。对乡村人物、故事、风土人情有很多感悟、思考，但真正做起乡村文化研究来，还是存在困难。一方面由于学力有限；另一方面，在社会快速发展中的乡村文化，总是处在变动不居中，是其是难，非其非亦难。拙作经历结项修改，又经历出版前的多次修改，我仍然觉得有修改空间，对此难免遗憾。

在搜集资料、整理资料、实地调研中，在写作与修改过程中，我得到诸多师友的帮助，感激之情难以尽述，自会铭记在心。

本书能够在心仪的出版社出版，得益于宋淑洁编辑的援手，感谢她专业的意见建议以及不厌其烦的规范性修改。

读书写作苦中有乐，其实更是一件奢侈的事情。工作之余，或节假团圆日，却蜗居斗室，枯坐桌前，莫名烦恼、无端发笑，不扶倾倒之油瓶、不顾父母儿女需要照料……凡此种种，令人愧悔。年过半百，忽然觉得，父母生此儿、妻子嫁此夫、儿女遇此父，皆应有"恨"。

近几年，与几个志同道合的老伙伴、小伙伴一起读书、探讨，一起做田野调查，获益匪浅，甚为荣幸。

本书出版，得到单位相关领导、科研处、学科办的支持，非常感谢。

错误与不足之处，文责自负，敬请方家批评指正。

是为记。

德中　壬寅仲春于醒虎居

图书在版编目（CIP）数据

　　故乡记忆：晚清以来中西部村落文化变迁／贾滕著
. -- 北京：社会科学文献出版社，2022.12（2024.5 重印）
　　ISBN 978 - 7 - 5228 - 0733 - 1

　　Ⅰ.①故…　Ⅱ.①贾…　Ⅲ.①村落文化 - 研究 - 中国
- 清后期　Ⅳ.①K928.5

　　中国版本图书馆 CIP 数据核字（2022）第 169998 号

故乡记忆：晚清以来中西部村落文化变迁

著　　者／贾　滕

出 版 人／冀祥德
责任编辑／宋淑洁
文稿编辑／周浩杰
责任印制／王京美

出　　版／社会科学文献出版社
　　　　　　地址：北京市北三环中路甲 29 号院华龙大厦　邮编：100029
　　　　　　网址：www. ssap. com. cn
发　　行／社会科学文献出版社（010）59367028
印　　装／河北虎彩印刷有限公司

规　　格／开本：787mm × 1092mm　1/16
　　　　　　印张：18.25　字数：288 千字
版　　次／2022 年 12 月第 1 版　2024 年 5 月第 2 次印刷
书　　号／ISBN 978 - 7 - 5228 - 0733 - 1
定　　价／98.00 元

读者服务电话：4008918866